El

MANUAL

del PROFETA

JOHN ECKHARDT

CASA
CREACIÓN
Para vivir la Palabra

Para vivir la Palabra

MANTÉNGANSE ALERTA;
PERMANEZCAN FIRMES EN LA FE;
SEAN VALIENTES Y FUERTES.
—1 CORINTIOS 16:13 (NVI)

 El manual del profeta por John Eckhardt
Publicado por Casa Creación
Miami, Florida
www.casacreacion.com
©2017, 2021 Derechos reservados

Library of Congress Control Number: 2017933650
ISBN: 978-1-62999-060-6
E-book ISBN: 978-1-62999-324-9

Desarrollo editorial: *Grupo Nivel Uno, Inc.*
Diseño interior: *Grupo Nivel Uno, Inc.*

Publicado originalmente en inglés bajo el título:
The Prophet's Manual
por Charisma House
Lake Mary, FL 32746 USA
Copyright © 2017 John Eckhardt
Todos los derechos reservados.

Nota de la editorial: Aunque el autor hizo todo lo posible por proveer teléfonos y páginas
de Internet correctas al momento de la publicación de este libro, ni la editorial ni el autor se
responsabilizan por errores o cambios que puedan surgir luego de haberse publicado.

Impreso en Colombia

21 22 23 24 25 LBS 9 8 7 6 5 4 3 2 1

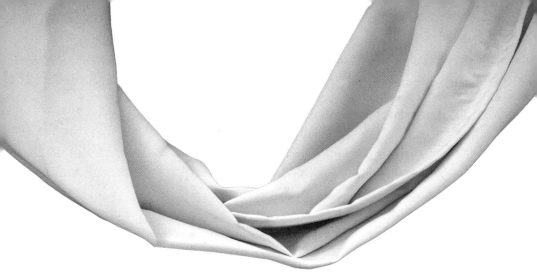

CONTENIDO

Parte IV: Permanezca en el fluir

PROFETAS, ¡ES HORA DE LEVANTARSE!

Levántate, resplandece, porque ha llegado tu luz y la gloria del Señor ha amanecido sobre ti. Porque he aquí, tinieblas cubrirán la tierra y densa oscuridad los pueblos; pero sobre ti amanecerá el Señor, y sobre ti aparecerá su gloria. Y acudirán las naciones a tu luz, y los reyes al resplandor de tu amanecer.

—Isaías 60:1–3

DIOS INCITA A sus profetas cuando hay oscuridad. Cuando mira su entorno y todo lo que se está moviendo en la tierra, su espíritu empezará a testificar que la luz de Dios es más necesaria que nunca. Dios usa a sus profetas para hacer que su luz resplandezca en lugares de tinieblas, dispersando maldad y opresión de todo tipo. De naciones a comunidades a vidas individuales, aquellos que están en tinieblas necesitan luz. Los que están en tinieblas necesitan escuchar la voz del Señor.

Hay una nueva gloria que viene sobre los profetas. Hay una nueva honra y favor llegando sobre ellos. Aquellos que han sido ignorados y oprimidos vienen. Aquellos que han estado en desesperación son ahora animados. Hay una comunidad mundial de profetas que está siendo desafiada y llamada. Están en cada nación y ciudad. Ya no se esconderán. Las naciones los verán. Sus ciudades los escucharán. Las iglesias los reconocerán. Profeta, su luz ha llegado.

He preparado *El manual del profeta* como un recurso para ayudar a equiparlo y animarlo en su llamado profético. En este libro, conocerá la naturaleza verdadera del llamado del profeta, su rol en el cuerpo de Cristo y en el mundo, la forma en que un profeta puede ser activado en áreas específicas del ministerio profético y cómo un profeta puede permanecer en el fluir de la declaración profética precisa y edificante.

Tal como usted posiblemente lo ha sentido y expresado, muchos profetas han estado en la oscuridad y no han conocido su verdadero llamado. La religión y la tradición se los ha ocultado. Pero ya no más. Es hora de que los profetas vean y salgan de la oscuridad y de las cuevas.

Tal como el Señor se movió sobre Abdías para esconder y alimentar a cien profetas que huían de Jezabel (1 Reyes 18:4), Dios también lo ha sostenido a usted en la cueva. Él le ha alimentado con pan y agua. Él no dejó que usted muriera. Sin embargo, es hora de salir de su cueva. Es tiempo de salir de las sombras. Es tiempo de profetizar. Es hora de cumplir con su llamado.

Este libro también trata de la necesidad del profeta de ser restaurado, reubicado, reenviado y reequipado por las cambiantes épocas venideras. Los profetas que han sido heridos, desanimados, frustrados, echados, maltratados y perseguidos, el cielo los está tocando. Aunque la persecución y la tribulación son parte del llamado, hay veces en que el profeta debe buscar la sanidad y liberación que tanto necesita. En este libro veremos maneras para que los profetas sean sanados y restaurados.

> "Porque yo te devolveré la salud, y te sanaré de tus heridas" —declara el Señor— "porque te han llamado desechada, diciendo: 'Esta es Sion, nadie se preocupa por ella'".
>
> —JEREMÍAS 30:17

PREPÁRENSE PARA EL ACEITE FRESCO

Si se ha estado preguntando a dónde se fue su fuego, sepa que cuando usted estimule su don nuevamente, las personas volverán a buscarlo. Dirán: "¿Qué dice el Señor?". Usted ya no será un marginado de la sociedad.

Permita que cualquier cosecha que el enemigo ha robado sea restaurada.

> Y os restituiré los años que comió la oruga, el saltón, el revoltón y la langosta, mi gran ejército que envié contra vosotros.
>
> —JOEL 2:25

Un aceite fresco viene del cielo para los profetas. Dios está derramándolo sobre sus profetas. Dios le ha visto y su copa rebozará. Dios es Dios que da hasta rebozar.

> Pero tú aumentarás mis fuerzas como las del búfalo; seré ungido con aceite fresco.
>
> —SALMO 92:10

Profeta, hay una unción fresca que viene sobre usted. Quizá haya sido ungido una vez antes, pero prepárese para algo nuevo. David fue ungido tres veces. Cada unción lo llevó a un nuevo nivel de poder y autoridad.

Prepárese para nuevos niveles de poder y autoridad. Prepárese para un nuevo fluir de profecía. Sus declaraciones serán más fuertes y profundas. Su oído será más sensible a la voz de Dios.

> Te levantarás y tendrás misericordia de Sion, porque es tiempo de tener misericordia de ella, porque el plazo ha llegado.
>
> —SALMO 102:13

Este es el tiempo indicado para el favor. Este es el tiempo preparado para levantarse y resplandecer. Esta es una temporada nueva para los profetas. Ya terminó el invierno, y la primavera ha llegado.

> Se han mostrado las flores en la tierra, el tiempo de la canción ha venido, y en nuestro país se ha oído la voz de la tórtola.
>
> —CANTARES 2:12

Dios ama a sus profetas. Él ha visto su condición. Ahora, Él dice que se levanten y resplandezcan. Su luz ha llegado, y la gloria del Señor ha ascendido sobre usted.

PARTE I

EL LLAMADO DEL PROFETA AL MINISTERIO

CAPÍTULO 1

¿ES USTED UN PROFETA?

Y los espíritus de los profetas están sujetos a los profetas.

—1 Corintios 14:32

AL EMPEZAR A leer este libro, usted podría cuestionarse sobre la naturaleza de su llamado como profeta. Podría preguntarse si está llamado al oficio de profeta o a ser un creyente que habla según Dios se mueve sobre él. Indudablemente, estas son funciones muy diferentes; sin embargo, lo que me he llegado a dar cuenta a lo largo de mis años como ministro profético es que, ya sea que usted sea un creyente profético o que esté activo en el papel de un profeta, hay características que todos compartimos.

Los profetas son lo mismo en todo el mundo. Toda nación los tiene. Toda ciudad los tiene. Toda región los tiene. Existen en toda generación. Usted no está solo. Es parte de una compañía mundial de profetas. Las mismas cosas los entristecen, los mueven, les dan gozo y los hacen llorar. Las páginas siguientes de este capítulo enumeran, identifican y describen características comunes que comparten los profetas y la gente profética. Este conocimiento le dará fortaleza y confianza para ser el profeta que Dios lo ha llamado a ser y para reconocer y validar a los otros profetas en su vida.

¿Está listo para descubrir si usted es profeta? Bien, usted podría ser un profeta si

Toma una postura.

Los profetas se oponen a los hacedores de maldad cuando nadie más lo hace. Los profetas responderán al llamado y se levantarán contra los hacedores de maldad.

> ¿Quién se levantará por mí contra los malignos? ¿Quién estará por mí contra los que hacen iniquidad?
>
> —Salmo 94:16

Es diferente.

Los profetas no son personas comunes. Son diferentes. Están configurados de manera distinta. Ellos no piensan igual que los demás. Ven las cosas de forma diferente. No les gusta que los demás digan: "Así es como es", o "Siempre nos ha pasado de esta manera".

Ellos ven lo que los demás no. No están satisfechos con las cosas como están. Ven la intención de Dios de progreso y cambio. Desean movimientos y cosas nuevas. Muchas veces, tienen un descontento santo. Los profetas son agentes de cambio.

Si usted es así, entonces, sepa que hay muchos iguales a usted. No está loco, y no está solo.

> Y yo haré que queden en Israel siete mil, cuyas rodillas no se doblaron ante Baal, y cuyas bocas no lo besaron.
> —1 Reyes 19:18

Marcha a un ritmo diferente.

A diferencia de la persona común, a los profetas los motiva un conjunto de valores diferente.

Está motivado por el amor.

Los profetas aman a Dios, a su pueblo (la iglesia) y al mundo. Ellos se opondrán a cualquier cosa que venga a matar, robar y destruir.

Este amor los hace protectores, defensores, libertadores e intercesores.

El mensaje principal de un profeta es amar a Dios y amarse unos a otros. Los profetas van a lidiar contra cualquier cosa que nos impida amar a Dios y amarnos unos a otros.

> Jesús le dijo: Amarás al Señor tu Dios con todo tu corazón, y con toda tu alma, y con toda tu mente. Este es el primero y grande mandamiento. Y el segundo es semejante: Amarás a tu prójimo como a ti mismo.
> —Mateo 22:27–39

Extiende misericordia.

A veces, se presenta a los profetas solamente como severos y malos, pero los profetas son misericordiosos. No ponen en riesgo sus creencias, pero dan lugar a la misericordia y redención en sus mensajes. Los profetas representan el sentir de Dios, y Dios es misericordioso.

> Por la misericordia de Jehová no hemos sido consumidos, porque nunca decayeron sus misericordias.
> —Lamentaciones 3:22

> Ve y clama estas palabras hacia el norte, y di: Vuélvete, oh rebelde Israel, dice Jehová; no haré caer mi ira sobre ti, porque misericordioso soy yo, dice Jehová, no guardaré para siempre el enojo.
> —Jeremías 3:12

> Con un poco de ira escondí mi rostro de ti por un momento; pero con misericordia eterna tendré compasión de ti, dijo Jehová tu Redentor.
> —Isaías 54:8

Ve el potencial en las cosas pequeñas.

Los profetas pueden ver el principio y hacia dónde se dirige algo. Pueden ver el potencial cuando otros ven pequeñeces.

Porque los que menospreciaron el día de las pequeñeces se alegrarán, y verán la plomada en la mano de Zorobabel. Estos siete son los ojos de Jehová, que recorren toda la tierra.

—ZACARÍAS 4:10

Puede acceder a los pensamientos de Dios.

Los profetas saben lo que Dios está pensando, y dicen lo que Dios piensa. Los pensamientos de Dios no son los pensamientos del hombre. Los profetas piensan de manera diferente. No están limitados a la manera de pensar del hombre.

Porque mis pensamientos no son vuestros pensamientos, ni vuestros caminos mis caminos, dijo Jehová. Como son más altos los cielos que la tierra, así son mis caminos más altos que vuestros caminos, y mis pensamientos más que vuestros pensamientos.

—ISAÍAS 55:8–9

Conoce los caminos de Dios.

Israel conocía las obras de Dios, pero Moisés conocía sus caminos. La Escritura dice: "Sus caminos (de justificación y justicia) notificó a Moisés, y a los hijos de Israel sus obras" (Salmo 103:7, paréntesis añadido). No es suficiente conocer las obras de Dios; también tenemos que conocer sus caminos.

Espera en Dios.

Tiene una expectativa de lo que el Señor hará. Usted espera que Él actúe. Espera que Él juzgue. Espera que se revele a sí mismo. Espera que Él cumpla su palabra.

Mi alma espera a Jehová más que los centinelas a la mañana, más que los vigilantes a la mañana.

—SALMO 130:6

Esperaré, pues, a Jehová, el cual escondió su rostro de la casa de Jacob, y en él confiaré.

—ISAÍAS 8:17

Hace preguntas difíciles.

Los profetas quieren conocer el porqué. Desean sabiduría y entendimiento cuando la vida parece confusa. No se conforman con el dicho religioso: "Uno nunca puede conocer verdaderamente el pensamiento de Dios". Los profetas son amigos de Dios. Desean visión sobre preguntas desconcertantes y desafíos en su generación y sociedad.

Sobre mi guarda estaré, y sobre la fortaleza afirmaré el pie, y velaré para ver lo que se me dirá, y qué he de responder tocante a mi queja. Y Jehová me respondió, y dijo: Escribe la visión, y declárala en tablas, para que corra el que leyere en ella. Aunque la visión tardará aún por un tiempo, mas se apresura hacia el fin, y no mentirá; aunque tardare, espéralo, porque sin duda vendrá, no tardará.

—HABACUC 2:1–3

Pregunta: "¿Quién te ha fascinado?".

¿Quién os fascinó para no obedecer a la verdad, a vosotros ante cuyos ojos Jesucristo fue ya presentado claramente entre vosotros como crucificado?

—GÁLATAS 3:1

Los maestros legalistas habían fascinado a los gálatas. La versión de *Dios habla hoy* dice: "¿Quién los embrujó?". Otra traducción dice: "¿Quién los ha hechizado?" (NTV).

Se opone a la sabiduría del mundo.

La iglesia no puede operar en la sabiduría mundana, sino en la sabiduría divina. La sabiduría de Dios es mayor a la del hombre, cuya sabiduría es terrenal, sensual y diabólica.

Por tanto, he aquí que nuevamente excitaré yo la admiración de este pueblo con un prodigio grande y espantoso; porque perecerá la sabiduría de sus sabios, y se desvanecerá la inteligencia de sus entendidos.

—ISAÍAS 29:14

¿Dónde está el sabio? ¿Dónde está el escriba? ¿Dónde está el disputador de este siglo? ¿No ha enloquecido Dios la sabiduría del mundo?

—1 CORINTIOS 1:20

Arranca lo que Dios no ha sembrado.

Pero respondiendo él, dijo: Toda planta que no plantó mi Padre celestial, será desarraigada.

—MATEO 15:13

Dios lo usa para guiar a otras personas a sus deberes y destino.

Los profetas conocen a aquellos que Dios ha llamado y destinado. Conocen a los que son llamados y a los que no lo son. A ellos les encanta ver a las personas andando en su propósito. Los profetas no son egoístas. Quieren ver a los demás cumpliendo su propósito.

Y le dijo Jehová: Ve, vuélvete por tu camino, por el desierto de Damasco; y llegarás, y ungirás a Hazael por rey de Siria.

—1 REYES 19:15

Es una comadrona espiritual.

Las comadronas o parteras ayudan en el alumbramiento. Los profetas nos ayudan a llevar a cabo los planes de Dios para nuestra vida a través de la oración, prédica, enseñanza y profecía: a dar a luz.

Y por haber las parteras temido a Dios, él prosperó sus familias.

—Éxodo 1:21

Tiene inspiración.

A los profetas los mueve la inspiración. Una vez que son inspirados para hacer algo, difícilmente se detienen. Una vez que están motivados, cuidado. Vencerán todo obstáculo cuando saben que algo viene de Dios. No subestime el poder de la inspiración.

Conoce el poder de la inspiración.

Inspiración es el proceso de ser estimulado para hacer o sentir algo, especialmente algo creativo. Los profetas son inspirados para hablar, orar, cantar y adorar.

Es temido.

Herodes le temía a Juan. Dios usa a los profetas para liberar un temor santo, el cual es necesario hoy día. Permita que los profetas surjan y traigan temor santo a esta generación.

> Porque Herodes temía a Juan, sabiendo que era varón justo y santo, y le guardaba a salvo; y oyéndole, se quedaba muy perplejo, pero le escuchaba de buena gana.
>
> —Marcos 6:20

Señala al pecado.

Dios siempre ha usado a los profetas para señalar el pecado.

> Clama a voz en cuello, no te detengas; alza tu voz como trompeta, y anuncia a mi pueblo su rebelión, y a la casa de Jacob su pecado.
>
> —Isaías 58:1

> Si yo no hubiera venido, ni les hubiera hablado, no tendrían pecado; pero ahora no tienen excusa por su pecado.
>
> —Juan 15:22

Lucha contra la carnalidad.

La carnalidad siempre ha sido un problema en las iglesias. *Carnal* significa ser dado a los placeres de la carne o ser mundano. Lo profetas están en contra de la carnalidad. Esta hace que la gente se vuelva sectaria y que exalte al hombre. La carnalidad incluye envidia, conflicto y división.

> De manera que yo, hermanos, no pude hablaros como a espirituales, sino como a carnales, como a niños en Cristo. Os di a beber leche, y no vianda; porque aún no erais capaces, ni sois capaces todavía, porque aún sois carnales; pues habiendo entre vosotros celos, contiendas y disensiones, ¿no sois carnales, y andáis como hombres?
>
> —1 Corintios 3:1–3

Llama a ejercer ayuno, oración y humildad.

Muchas veces, los profetas llaman a la iglesia a la humildad. Se necesita arrepentimiento del orgullo, desobediencia y rebeldía. El ayuno es una de las formas bíblicas para humillar al alma. La humildad, el arrepentimiento y el ayuno son clave para el avance.

> Proclamad ayuno, convocad a asamblea; congregad a los ancianos y a todos los moradores de la tierra en la casa de Jehová vuestro Dios, y clamad a Jehová.
>
> —JOEL 1:14

> Por eso pues, ahora, dice Jehová, convertíos a mí con todo vuestro corazón, con ayuno y lloro y lamento. [...] Tocad trompeta en Sion, proclamad ayuno, convocad asamblea.
>
> —JOEL 2:12 y 15

Ofende a la gente.

Los profetas pueden ofender a la gente. Los profetas pueden hacer enfadar a las personas. Hay gente que odia la verdad. No le gusta lo que dicen los profetas. Recuerde, Jesús ofendió a la gente de su pueblo. Ofendió a los fariseos y a los líderes religiosos de su tiempo. Él no les endulzó el oído, sino que dijo la verdad.

Si usted no quiere ofender a nadie, no puede ser profeta.

> Y se escandalizaban de él. Pero Jesús les dijo: No hay profeta sin honra, sino en su propia tierra y en su casa.
>
> —MATEO 13:57

> Entonces acercándose sus discípulos, le dijeron: ¿Sabes que los fariseos se ofendieron cuando oyeron esta palabra?
>
> —MATEO 15:12

Dice cosas que la gente no quiere oír.

> El rey de Israel respondió a Josafat: Aún hay un varón por el cual podríamos consultar a Jehová, Micaías hijo de Imla; mas yo le aborrezco, porque nunca me profetiza bien, sino solamente mal. Y Josafat dijo: No hable el rey así.
>
> —1 REYES 22:8

Dice la verdad.

Debido a las malas profecías (profetas falsos y vanos), Israel fue llevado en cautiverio. Estos mal llamados profetas no le dijeron la verdad a Israel. Jeremías se opuso a ellos y le dijo a Israel la verdad. Profetas, digan la verdad.

> Tus profetas vieron para ti vanidad y locura; y no descubrieron tu pecado para impedir tu cautiverio, sino que te predicaron vanas profecías y extravíos.
>
> —LAMENTACIONES 2:14

Es ferviente.

Apasionado significa "tener o mostrar gran emoción o celo; ardiente caliente en extremo, resplandecer".[1] Muchas veces, se dice que los profetas son "demasiado emotivos" o "demasiado celosos"; pero ser ferviente es la naturaleza de un profeta.

Ferviente en oración, amor, prédica, enseñanza y adoración; con frecuencia, ellos se preguntan por qué no todos son fervientes.

> Confesaos vuestras ofensas unos a otros, y orad unos por otros, para que seáis sanados. La oración eficaz del justo puede mucho.
> —SANTIAGO 5:16

> Os saluda Epafras, el cual es uno de vosotros, siervo de Cristo, siempre rogando encarecidamente por vosotros en sus oraciones, para que estéis firmes, perfectos y completos en todo lo que Dios quiere.
> —COLOSENSES 4:12

> Y ante todo, tened entre vosotros ferviente amor; porque el amor cubrirá multitud de pecados.
> —1 PEDRO 4:8

Tiene celo.

El celo es pasión. Jesús tenía celo por la casa de Dios. Su celo hizo que echara a los cambistas del Templo.

La casa de Dios es la iglesia. Los profetas tienen un celo (pasión) por la iglesia. El celo consumirá a los profetas. Ellos no pueden quedarse sin hacer nada al ver que se destruye la casa de Dios. Tienen que actuar.

> Y es que mi amor (pasión, celo) por tu casa (Templo) me consume (me controla completamente, Juan 2:17); ¡caen sobre mí los insultos (Los vituperios de los que te vituperaban, cayeron sobre mí; Romanos 15:3) de los que te ofenden!
> —SALMO 69:9 (RVC, PARÉNTESIS AÑADIDO)

Es radical.

La palabra *radical* significa "Tajante, que no admite términos medios".[2]

Puede ser colocado como pedernal.

Un pedernal es una piedra muy dura que simboliza firmeza y no tener cambios. Los profetas pondrán su rostro como un pedernal cuando saben que algo es de Dios. Se opondrán al mundo entero si es necesario. Los profetas se pronuncian con la ayuda de Dios.

> Porque Jehová el Señor me ayudará, por tanto no me avergoncé; por eso puse mi rostro como un pedernal, y sé que no seré avergonzado.
> —ISAÍAS 50:7

Necesita entender cuando las cosas no tienen sentido.

Esto puede ser muy frustrante para un profeta. Le gusta que las cosas tengan sentido. Él o ella quiere saber por qué.

A veces, es demasiado severo con usted mismo.

Debido a la naturaleza de su don, los profetas pueden ser severos consigo mismos. Por esta razón, a veces, es difícil restaurar a los profetas cuando fallan. Eventualmente, los profetas pueden ser muy severos consigo mismos debido a la forma en que ven las cosas. Profeta, si comete un error, no lo tome con tanta severidad. Hay misericordia para los demás, así como para usted.

Tiene tendencia a ser intenso.

Intenso significa "tener o mostrar opiniones o sentimientos; extremadamente sincero o serio".[3] Los profetas no son calmados. Se les dificulta entender a los creyentes que no tienen intensidad.

Es humano.

Los profetas están sujetos a pasiones similares a las de los demás; aun así, ellos caminan en poder y autoridad por la gracia de Dios y su llamado. Ellos no permiten que sus pasiones les impidan hacer lo que debe hacerse. Han aprendido a someter sus pasiones bajo la autoridad de Dios y a someterse a la voluntad de Él. Ellos oran con más fuerza.

> Elías era hombre sujeto a pasiones semejantes a las nuestras, y oró fervientemente para que no lloviese, y no llovió sobre la tierra por tres años y seis meses.
>
> —Santiago 5:17

Es tenaz en la oración.

Cuando los profetas reciben una carga, la llevan en oración, sin importar cuánto tiempo tarde. Se aferrarán a una tarea de oración por años si fuera necesario. Si desea un ministerio de oración fuerte en su iglesia, reúna a unos cuantos profetas.

Cuando los profetas reciben una carga, no pueden quitársela de encima. Ellos llevan esa carga. Esa carga es la tarea que el Señor les dio. A veces, tratan de sacudírsela, pero esta no los deja. Tendrá que lidiar con la carga porque no lo va a dejar. Una carga es un peso, algo que el profeta carga. Puede ser un mensaje, un ministerio o una tarea.

> La profecía que vio el profeta Habacuc.
>
> —Habacuc 1:1

Le gustan las interrupciones santas.

A los profetas les encanta cuando Dios interrumpe un servicio y hace algo nuevo. Los profetas se aburren con la rutina y la tradición. Ellos no quieren estar atorados en un "orden del servicio". A ellos les encantan los "de repentes" de Dios.

> Y de repente vino del cielo un estruendo como de un viento recio que soplaba, el cual llenó toda la casa donde estaban sentados.
>
> —HECHOS 2:2

Dios hace algunas cosas de repente. A veces lo que los profetas hablan "se demora", pero en otras ocasiones sucede "de repente".

Es sensible al ámbito espiritual

Los profetas son los más sensibles de los cinco ministerios. Dios ha configurado a los profetas para que tengan sensibilidad espiritual. Ellos tienen que aprender a manejar esta sensibilidad aumentada. Tienden a "atrapar cosas" sin intentarlo. Su sensibilidad está relacionada a ser extremadamente intuitivos, altamente conscientes y observadores intensos.

Los profetas se mueven en el espíritu…

Se mueven inmediatamente en el Espíritu…

Se dejan llevar por el Espíritu…

Oran en el Espíritu

Cantan en el Espíritu

Andan en el Espíritu

Danzan en el Espíritu

> La mano de Jehová vino sobre mí, y me llevó en el Espíritu de Jehová, y me puso en medio de un valle que estaba lleno de huesos.
>
> —EZEQUIEL 37:1

> Yo estaba en el Espíritu en el día del Señor, y oí detrás de mí una gran voz como de trompeta.
>
> —APOCALIPSIS 1:10

> Y al instante yo estaba en el Espíritu; y he aquí, un trono establecido en el cielo, y en el trono, uno sentado.
>
> —APOCALIPSIS 4:2

> Y me llevó en el Espíritu a un monte grande y alto, y me mostró la gran ciudad santa de Jerusalén, que descendía del cielo, de Dios.
>
> —APOCALIPSIS 21:10

Es espontáneo.

Su espontaneidad es resultado de la inspiración. *Espontáneo* significa "sucede o se lleva a cabo como resultado de un impulso o inclinación repentina y sin estímulo externo o premeditado".[4] A veces, a las iglesias no les importa mucho la espontaneidad. Algunas prefieren todo planeado de antemano.

Espera vasijas nuevas y vino nuevo.

> Sucederá en aquel tiempo, que los montes destilarán mosto, y los collados fluirán leche, y por todos los arroyos de Judá correrán aguas; y saldrá una fuente de la casa de Jehová, y regará el valle de Sitim.
>
> —JOEL 3:18

> Mas el vino nuevo en odres nuevos se ha de echar; y lo uno y lo otro se conservan.
>
> —LUCAS 5:38

Huele la inmundicia.

¿Sabía que los profetas pueden oler? Pueden oler la inmundicia. Pueden oler el pecado. También pueden oler el dulce aroma de la oración y adoración. Pueden oler el pan donde se predica la Palabra. Pueden oler la fragancia del Señor cuando Él está presente en una iglesia.

Profeta, no tema oler; usted no está loco.

> Si todo el cuerpo fuese ojo, ¿dónde estaría el oído? Si todo fuese oído, ¿dónde estaría el olfato?
>
> —1 CORINTIOS 12:17

> Yo me levanté para abrir a mi amado, y mis manos gotearon mirra, y mis dedos mirra, que corría sobre la manecilla del cerrojo.
>
> —CANTARES 5:5

Conoce a Jezabel.

Jezabel es una profetiza falsa. Elías conocía a Jezabel y ella conocía a Elías. Los profetas detestan cuando se le permite a Jezabel andar libremente en la iglesia. Jezabel representa un espíritu de control, manipulación, seducción, intimidación y promiscuidad sexual.

> Pero tengo unas pocas cosas contra ti: que toleras que esa mujer Jezabel, que se dice profetisa, enseñe y seduzca a mis siervos a fornicar y a comer cosas sacrificadas a los ídolos.
>
> —APOCALIPSIS 2:20

> Cuando vio Joram a Jehú, dijo: ¿Hay paz, Jehú? Y él respondió: ¿Qué paz, con las fornicaciones de Jezabel tu madre, y sus muchas hechicerías?
>
> —2 REYES 9:22

Clama contra las abominaciones.

Abominación es aquello que es desagradable y detestable. Esto es lo que Dios abomina: orgullo, mentira, asesinato, maquinaciones malignas, maldad, testigos falsos y discordia.

> Seis cosas aborrece Jehová, y aun siete abomina su alma: Los ojos altivos, la lengua mentirosa, las manos derramadoras de sangre inocente, el corazón que maquina pensamientos inicuos, los pies presurosos para

correr al mal, el testigo falso que habla mentiras, y el que siembra discordia entre hermanos.

—Proverbios 6:16–19

Porque los hijos de Judá han hecho lo malo ante mis ojos, dice Jehová; pusieron sus abominaciones en la casa sobre la cual fue invocado mi nombre, amancillándola.

—Jeremías 7:30

Detecta cuando las cosas están fuera de lugar.

Los profetas disciernen cuando las situaciones están envueltas en desorden y confusión o cuando están desalineadas.

Por esta causa te dejé en Creta, para que corrigieses lo deficiente, y establecieses ancianos en cada ciudad, así como yo te mandé.

—Tito 1:5

Porque aunque estoy ausente en cuerpo, no obstante en espíritu estoy con vosotros, gozándome y mirando vuestro buen orden y la firmeza de vuestra fe en Cristo.

—Colosenses 2:5

De manera que, teniendo diferentes dones, según la gracia que nos es dada, si el de profecía, úsese conforme a la medida de la fe.

—Romanos 12:6

No le impresionan los edificios.

Los profetas no se impresionan con el ornamento religioso. Ellos entienden que Dios no habita en templos hechos con manos humanas. Ellos buscan el templo verdadero, el cual es el pueblo de Dios lleno del Espíritu Santo.

Si bien el Altísimo no habita en templos hechos de mano, como dice el profeta.

—Hechos 7:48

Y a unos que hablaban de que el templo estaba adornado de hermosas piedras y ofrendas votivas, dijo: En cuanto a estas cosas que veis, días vendrán en que no quedará piedra sobre piedra, que no sea destruida.

—Lucas 21:5–6

Usted es contagioso.

El espíritu del profeta es fuerte e influencia a los demás. Dios ha llamado a los profetas a ser contagiosos. Usted no puede quedarse con esto para sí mismo. Es alguien que influencia. Usted puede impartir.

Después de esto llegarás al collado de Dios donde está la guarnición de los filisteos; y cuando entres allá en la ciudad encontrarás una compañía de profetas que descienden del lugar alto, y delante de ellos salterio, pandero, flauta y arpa, y ellos profetizando. Entonces el Espíritu de Jehová vendrá sobre ti con poder, y profetizarás con ellos, y serás mudado en otro hombre.

—1 Samuel 10:5–6

Los profetas deben querer que todos escuchen de Dios y hablen por Él. Los profetas no deberían querer que lo profético sea un club para unos cuantos "ungidos". Ellos quieren que los líderes sean proféticos y que la gente sea profética. Les encanta cuando la gente escucha, habla y obedece la palabra del Señor. Los profetas no se ponen celosos cuando Dios usa a otras personas.

A veces, cuando le pregunta a un profeta: "¿Qué está diciendo Dios?", él le responderá: "¿Qué le está diciendo Dios a usted?".

Y Moisés le respondió: ¿Tienes tú celos por mí? Ojalá todo el pueblo de Jehová fuese profeta, y que Jehová pusiera su espíritu sobre ellos.

—Números 11:29

Está preocupado por los asuntos, propósitos y planes de Dios.

La agenda de Dios es la prioridad del profeta, no la del hombre. El profeta sabe que solo los planes y propósitos de Dios permanecerán y que cualquier otra cosa es una pérdida de tiempo. A los profetas no les gusta perder el tiempo en cosas que no son ordenadas por Dios.

Muchos son los planes en el corazón del hombre, mas el consejo del Señor permanecerá.

—Proverbios 19:21, lbla

Jesús les dijo: Mi comida es que haga la voluntad del que me envió, y que acabe su obra.

—Juan 4:34

Jehová de los ejércitos juró diciendo: Ciertamente se hará de la manera que lo he pensado, y será confirmado como lo he determinado.

—Isaías 14:24

Espera escuchar el sonido.

Los sonidos son importantes para los profetas. Los oídos del profeta están abiertos a los sonidos del cielo. Hay ciertos sonidos que animan a los profetas. La música con unción anima a los profetas. El sonido incorrecto es una señal de que algo está mal. Algunas iglesias y ministerios tienen un sonido viejo.

Entonces Elías dijo a Acab: Sube, come y bebe; porque una lluvia grande se oye.

—1 Reyes 18:41

Oíd atentamente el estrépito de su voz, y el sonido que sale de su boca.

—Job 37:2

Las nubes echaron inundaciones de aguas; tronaron los cielos, y discurrieron tus rayos.

—Salmo 77:17

Estos son ejemplos de los sonidos que mueven a los profetas:

- El sonido de la trompeta
- El sonido de las muchas aguas
- El sonido de la lluvia
- El sonido de la alarma
- El sonido del viento
- El sonido de la batalla
- El sonido del grito
- El sonido de la alabanza
- El sonido de la música
- El sonido de la prédica
- El sonido del canto

Es un gran ayudador.

Los profetas ayudan a edificar. Ayudan a los líderes. Ayudan a las iglesias. Ayudan en oración. Ayudan en adoración. Nos ayudan en la transición. Nos ayudan a pasar a lo nuevo. Ser ayudador y tener el deseo de ayudar es la naturaleza de un profeta. Los profetas proveen ayuda sobrenatural. Si usted necesita ayuda, busque un profeta.

Zorobabel, hijo de Salatiel, y Jesúa, hijo de Josadac, se levantaron entonces y comenzaron a reedificar la casa de Dios en Jerusalén; y los profetas de Dios estaban con ellos apoyándolos.

—Esdras 5:2

Es voluntario en la crisis.

Cuando los demás huyen de la crisis, los profetas se ofrecen como voluntarios. Ellos están hechos y diseñados para llevar soluciones y orden donde hay crisis y caos.

Inspira valor.

El valor es importante, especialmente para los líderes. Asa cobró valor después de oír la palabra del profeta Obed. Luego, él continuó quitando los ídolos de la tierra. Los profetas animarán a los líderes para hacer lo que Dios desea.

Cuando oyó Asa las palabras y la profecía del profeta Azarías hijo de Obed, cobró ánimo, y quitó los ídolos abominables de toda la tierra de Judá y de Benjamín, y de las ciudades que él había tomado en la parte

montañosa de Efraín; y reparó el altar de Jehová que estaba delante del
pórtico de Jehová.

—2 Crónicas 15:8

Habla paz.

Shalom es la palabra hebrea que significa paz, sanidad, plenitud y prosperidad.

Escucharé lo que hablará Jehová Dios; porque hablará paz a su pueblo
y a sus santos, para que no se vuelvan a la locura.

—Salmo 85:8

Le habla a los dioses.

Los dioses son los jueces, los poderosos y los gobernadores. Dios está en la
reunión de los dioses. Estamos en la asamblea de los dioses (los gobernadores,
los poderosos, los hijos e hijas de Dios). Somos jueces, y Dios está en medio de
nosotros. Emitimos veredictos y aprobamos sentencias. Levántense, santos; ustedes son los dioses.

Dios está en la reunión de los dioses; en medio de los dioses juzga.

—Salmo 82:1

Dios preside el tribunal del cielo, y dicta su sentencia contra los dioses
allí reunidos.

—Salmo 82:1, tla

Yo dije: Vosotros sois dioses, y todos vosotros hijos del Altísimo.

—Salmo 82:6

Jesús les respondió: ¿No está escrito en vuestra ley: Yo dije, dioses sois?
Si llamó dioses a aquellos a quienes vino la palabra de Dios (y la Escritura no puede ser quebrantada).

—Juan 10:34–35

Está enfocado en el corazón.

Los profetas están preocupados por el corazón (los motivos). Las muestras
externas no los impresionan. Ellos detestan que el pueblo honre a Dios con sus
labios, cuando su corazón está lejos de Él. Los profetas buscan la pureza del corazón. Disciernen el corazón. Dios mira el corazón.

Dice, pues, el Señor: Porque este pueblo se acerca a mí con su boca, y
con sus labios me honra, pero su corazón está lejos de mí, y su temor
de mí no es más que un mandamiento de hombres que les ha sido
enseñado.

—Isaías 29:13

Y Jehová respondió a Samuel: No mires a su parecer, ni a lo grande de
su estatura, porque yo lo desecho; porque Jehová no mira lo que mira

el hombre; pues el hombre mira lo que está delante de sus ojos, pero Jehová mira el corazón.

—1 Samuel 16:7

Es compasivo.

Aunque los profetas pueden ser duros y fuertes, también son compasivos. David fue compasivo cuando Natán lo desafió.

Compasivo significa mostrar amabilidad y preocupación o simpatía. Los sinónimos incluyen: cariñoso, amable, bondadosos, compasivo, tierno, sensible, misericordioso, solidario, acogedor, atento, paternal, maternal, apacible, benévolo, generoso, dador y humano.

> Y tu corazón se conmovió, y te humillaste delante de Dios al oír sus palabras sobre este lugar y sobre sus moradores, y te humillaste delante de mí, y rasgaste tus vestidos y lloraste en mi presencia, yo también te he oído, dice Jehová.
>
> —2 Crónicas 34:27

Es representante de Dios.

Los profetas tienen pasión por ver a Dios representado correctamente. A ellos no les gusta cuando Dios es mal representado. Son defensores feroces de la verdad y de la verdad de Dios. ¡No represente mal al Señor!

Tiene celos piadosos.

Celos, en este caso, simplemente demuestra que a usted le importa apasionadamente algo y no quiere verlo destruido. Los profetas son protectores. Protegen al pueblo de Dios y la verdad de Dios. Protegen el honor de Dios. Los profetas pelearán contra cualquier cosa que venga a matar, robar y destruir. Ellos no se quedarán viendo entrar al enemigo. Alzarán su voz y harán lo que sea necesario.

> El respondió: He sentido un vivo celo por Jehová Dios de los ejércitos; porque los hijos de Israel han dejado tu pacto, han derribado tus altares, y han matado a espada a tus profetas; y sólo yo he quedado, y me buscan para quitarme la vida.
>
> —1 Reyes 19:10

Es fiel (leal).

La fidelidad y la lealtad a Dios son importantes para los profetas. Ellos llaman a los reincidentes al arrepentimiento. Desafían a la iglesia cuando hay infidelidad y deslealtad a Dios y a su verdad. Los profetas predican compromiso. Retan a cualquier persona o cosa que aparte a la iglesia de Dios. Enfatizan una lealtad y devoción sincera a Dios a pesar de lo cambiante de los tiempos y de lo que el mundo enseñe.

Muchas veces, se le considera demasiado estricto.

Los profetas se preguntan con frecuencia: "¿Estoy siendo demasiado estricto? ¿Estoy siendo demasiado dogmático?". Para los profetas es obediencia o desobediencia. Tienen un estándar y ese estándar es obediencia.

Los profetas conocen las bendiciones de la obediencia y los problemas de la desobediencia. La gente rebelde y desobediente tiene problemas con los profetas.

Aunque, a veces, los profetas parecen estrictos, también son misericordiosos. Ellos tienen el corazón de Dios, el cual es tanto santo como misericordioso.

> Si quisiereis y oyereis, comeréis el bien de la tierra; si no quisiereis y fuereis rebeldes, seréis consumidos a espada; porque la boca de Jehová lo ha dicho.
>
> —Isaías 1:19–20

Quiere que la gente experimente la bendición de la obediencia.

Los profetas no son malos ni tienen un espíritu malo. Lo que los profetas desean en realidad es que nosotros seamos bendecidos y prósperos a través de la obediencia. Los profetas saben que, si estamos dispuestos y somos obedientes, comeremos de lo bueno de la tierra (Isaías 1:19). Los profetas quieren lo mejor para la iglesia y el pueblo de Dios. Ellos desean que estemos encima y no debajo, que seamos cabeza y no cola, bendecidos en nuestra entrada y en nuestra salida, que prestemos y no pidamos prestado, que tengamos salud, integridad, paz, gozo y riqueza.

Tiene un alto estándar de santidad.

Esto puede provocar problemas de relación con aquellos que no tienen estándares altos. Algunos considerarán que los profetas tienen estándares muy altos. Otros, que son demasiado estrictos o sentenciosos.

> Seguid la paz con todos, y la santidad, sin la cual nadie verá al Señor.
>
> —Hebreos 12:14

Eleva y porta el estandarte.

Un estandarte es una bandera, una pancarta, una señal, una insignia. Los estándares atraen, reúnen y motivan a la gente hacia una causa. Las pancartas pueden verse a distancia. Necesitamos portadores de estándares. Los portadores de estándares son aquellos que reúnen y animan a la gente por una causa justa. Los profetas son portadores de estandartes.

> No vemos ya nuestras banderas propias; no hay más profeta; ni hay con nosotros quien sepa. ¿Hasta cuándo?
>
> —Salmo 74:9, jbs

> Nosotros nos alegraremos en tu salvación, y alzaremos pendón en el nombre de nuestro Dios;
>
> —Salmo 20:5

Has dado a los que te temen bandera que alcen por causa de la verdad.
—Salmo 60:4

Pasad, pasad por las puertas; barred el camino al pueblo; allanad, allanad la calzada, quitad las piedras, alzad pendón a los pueblos.
—Isaías 62:10

Quiere que se hagan las cosas como Dios quiere.

Dios le da patrones y planos a los profetas.

Y mira, y hazlos conforme a su semejanza, que te ha sido mostrado en el monte.
—Éxodo 25:40

Es un ejemplo.

Los profetas deben ser ejemplo para los demás: "Hermanos míos, tomad como ejemplo de aflicción y de paciencia a los profetas que hablaron en nombre del Señor" (Santiago 5:10).

Los profetas son ejemplo de cómo soportar el sufrimiento y ejercitar la paciencia, perseverancia y constancia.

Es un igualitario.

Juan el Bautista vino a llenar valles y derrumbar montañas. Los profetas ayudan a derrumbar el orgullo y a levantar la humildad. Esto es nivelar: igualar, demoler, derribar, clasificar, derribar.

Todo valle se rellenará, y se bajará todo monte y collado; los caminos torcidos serán enderezados, y los caminos ásperos allanados.
—Lucas 3:5

Entiende la severidad de Dios.

Mira, pues, la bondad y la severidad de Dios; la severidad ciertamente para con los que cayeron, pero la bondad para contigo, si permaneces en esa bondad; pues de otra manera tú también serás cortado.
—Romanos 11:22

Severidad es el juicio estricto de Dios. Los profetas entienden la severidad de Dios hacia aquellos que tienen corazón duro e impertinente. Hoy día, no escuchamos mucho acerca de la severidad. *Severo* significa "estricto en juicio y disciplina".[5] Dios es misericordioso, pero algunas veces es severo.

Los profetas tienen que andar en equilibrio entre la misericordia y la severidad de Dios.

Está despierto.

Los profetas están despiertos a las cosas del Espíritu, y no soportan cuando las iglesias están dormidas. Están alerta a lo que Dios está haciendo. Cuando los demás duermen, el profeta está despierto. Los profetas se preguntan por qué están dormidos los demás. Ellos no pueden dormir como todos. Dios no los deja dormir. No pueden adormecerse. Los profetas claman "¡despierten!".

> Por lo cual dice: Despiértate, tú que duermes, y levántate de los muertos, y te alumbrará Cristo.
>
> —Efesios 5:14

> Despierta, despierta, vístete de poder, oh Sion; vístete tu ropa hermosa, oh Jerusalén, ciudad santa; porque nunca más vendrá a ti incircunciso ni inmundo.
>
> —Isaías 52:1

Está preocupado por la gloria de Dios.

La gloria de Dios es importante para los profetas. Ellos quieren que Dios sea glorificado en todo, y se opondrán a cualquier cosa o persona que trate de tomar la gloria de Él. La gloria de Dios es su honor, poder, fama, santidad, majestuosidad y autoridad. Los profetas promueven y defienden la gloria de Dios. Ellos derribarán cualquier cosa que se exalte a sí misma y trate de robar la gloria de Dios.

> Si alguno habla, hable conforme a las palabras de Dios; si alguno ministra, ministre conforme al poder que Dios da, para que en todo sea Dios glorificado por Jesucristo, a quien pertenecen la gloria y el imperio por los siglos de los siglos. Amén.
>
> —1 Pedro 4:11

Tiene un discernimiento (o radar) agudo.

Este es un punto fuerte en los profetas. Ellos disciernen. A veces, es difícil de manejar porque son sensibles al ámbito espiritual.

Discernimiento en el griego significa: evaluación judicial, discernir, disputa. Viene de una palabra que significa: separar minuciosamente, retirar, oponer, discriminar, decidir, dudar, contender, discrepar, juzgar, parcialidad, vacilar y titubear.

Cuando el que discierne se ve confrontado con algo que aparenta ser bueno externamente, pero que no lo es, eso se convierte en una piedra de tropiezo para su espíritu. Carnalmente, él ve señales buenas, pero su espíritu disputa, se opone, duda, contiende, discrepa, vacila y titubea contra la apariencia externa. El discernimiento es una guerra interna en la lucha de alinear lo que se percibe con lo que Dios es y lo que se está ofreciendo.[6]

> Pero el alimento sólido es para los que han alcanzado madurez, para los que por el uso tienen los sentidos ejercitados en el discernimiento del bien y del mal.
>
> —Hebreos 5:14

Sabe cuando es tiempo de ir hacia una nueva dirección.

Los profetas detestan moverse en círculos. Ellos saben cuándo es tiempo de dejar de rodear la montaña.

> Bastante habéis rodeado este monte; volveos al norte.
> —Deuteronomio 2:3

Ve la medida.

Ezequiel vio la vara de medir de la casa del Señor. Además, vio la medida del río (profundidad de las aguas: a la altura del tobillo, de la rodilla, del hombro). *Medida* significa "establecer las dimensiones, cantidad o capacidad de algo".[7] Los profetas pueden ver la profundidad de la santidad, oración, adoración, revelación, amor, alcance y similares. Medir nos ayuda a saber dónde estamos y en qué áreas necesitamos mejorar.

Y me habló aquel varón, diciendo: Hijo de hombre, mira con tus ojos, y oye con tus oídos, y pon tu corazón a todas las cosas que te muestro; porque para que yo te las mostrase has sido traído aquí. Cuenta todo lo que ves a la casa de Israel.

> Y he aquí un muro fuera de la casa; y la caña de medir que aquel varón tenía en la mano era de seis codos de a codo y palmo menor; y midió el espesor del muro, de una caña, y la altura, de otra caña.
> —Ezequiel 40:4–5

> Midió otros mil, y me hizo pasar por las aguas hasta las rodillas. Midió luego otros mil, y me hizo pasar por las aguas hasta los lomos. Midió otros mil, y era ya un río que yo no podía pasar, porque las aguas habían crecido de manera que el río no se podía pasar sino a nado.
> —Ezequiel 47:4–5

Es un buen evangelista.

Todos deberíamos evangelizar, incluyendo a los profetas. Ellos son buenos en evangelizar porque tienen discernimiento y son sensibles a la condición de la gente, incluyendo a los perdidos. Cuando los profetas ministran, redarguyen; eso es parte de una evangelización exitosa.

Las iglesias proféticas tendrán también muchas salvaciones debido a la fuerte presencia de Dios al poder del Espíritu Santo para redargüir.

Los profetas también llevan la carga del Señor por los perdidos.

> Pero si todos profetizan (dando testimonio inspirado e interpretando la voluntad y el propósito divinos), y entra un incrédulo, o uno sin ese don, por todos será convencido, por todos será juzgado.
> —1 Corintios 14:24, lbla, paréntesis añadido

A veces, los no creyentes responden mejor a los profetas que a los creyentes. Alguien me señaló esto. La ciudad de Nínive se arrepintió cuando Jonás predicó.

Jesús dijo que Sodoma se habría arrepentido al ver sus obras. Elías fue enviado a una viuda no creyente. Eliseo sanó a un leproso incrédulo.

> Y añadió: De cierto os digo, que ningún profeta es acepto en su propia tierra. Y en verdad os digo que muchas viudas había en Israel en los días de Elías, cuando el cielo fue cerrado por tres años y seis meses, y hubo una gran hambre en toda la tierra; pero a ninguna de ellas fue enviado Elías, sino a una mujer viuda en Sarepta de Sidón.
>
> —Lucas 4:24–26

> Y tú, Capernaum, que eres levantada hasta el cielo, hasta el Hades serás abatida; porque si en Sodoma se hubieran hecho los milagros que han sido hechos en ti, habría permanecido hasta el día de hoy.
>
> —Mateo 11:23

Es un buen ministro de liberación.

Los profetas generalmente operan con los dones de discernimiento de espíritus y la palabra de conocimiento que son muy valiosos para el ministerio de liberación. Los profetas pueden "dar en el clavo" en lo que se refiere a identificar a los demonios y echarlos fuera. Su sabiduría espiritual y sensibilidad ayudan grandemente cuando ministran liberación. Además, he visto a mucha gente libertada por medio de la palabra profética.

> Envió su palabra, y los sanó, y los libró de su ruina.
>
> —Salmo 107:20

Es innovador.

Generalmente, los profetas son los primeros en aceptar el cambio y lo nuevo que Dios está haciendo. Comprenden y aceptan los nuevos movimientos de Dios. Si quiere ser parte de la gente innovadora del Espíritu, rodéese de profetas. Ellos detestan el estancamiento y el vino viejo. A los profetas les encanta el vino nuevo y las vasijas nuevas.

Los profetas liberan frescura.

Teme al Señor.

Los profetas comprenden y promueven el temor al Señor. Reaccionan cuando la gente pierde el temor del Señor. Los profetas promueven reverencia a Dios y a las cosas del Espíritu. Un profeta cree que no puede haber éxito verdadero y bendición sin el temor del Señor.

> A Jehová de los ejércitos, a él santificad; sea él vuestro temor, y él sea vuestro miedo.
>
> —Isaías 8:13

Trae reverencia (temblor) por Dios.

Muchos han perdido la reverencia a Dios. ¿Qué ha sucedido con el temblor? Los profetas se pronuncian cuando se ha perdido la reverencia.

Servid a Jehová con temor, y alegraos con temblor.

—SALMO 2:11

"¿No me teméis?" —declara el Señor. "¿No tembláis delante de mí, que puse la arena como frontera del mar, límite perpetuo que no traspasará? Aunque se agiten las olas, no prevalecerán; aunque rujan, no pasarán sobre ella.

—JEREMÍAS 5:22, LBLA

Por tanto, amados míos, como siempre habéis obedecido, no como en mi presencia solamente, sino mucho más ahora en mi ausencia, ocupaos en vuestra salvación con temor y temblor.

—FILIPENSES 2:12

Expone la idolatría.

La idolatría es más que solo adorar imágenes. Es cualquier cosa que reemplace a Dios. La adoración y exaltación del hombre, ministerio, poder, posesiones, grupos y fama no es más que idolatría. A la codicia se le llama idolatría. Los profetas son fieros oponentes de los ídolos. Se oponen a la idolatría que invade a la iglesia.

No tendrás dioses ajenos delante de mí.

—ÉXODO 20:3

Hijitos, guardaos de los ídolos. Amén.

—1 JUAN 5:21

Haced morir, pues, lo terrenal en vosotros: fornicación, impureza, pasiones desordenadas, malos deseos y avaricia, que es idolatría.

—COLOSENSES 3:5

Expone a los reprobados (rechazo continuo de Dios).

Un reprobado es una persona sin principios morales; uno que no tiene vergüenza; un depravado, sin principios o una persona malvada; alguien rechazado por Dios y sin esperanza de salvación. El rechazo continuo a Dios y a su Espíritu es peligroso y malvado. (Vea Hechos 7:51.)

Y como ellos no aprobaron tener en cuenta a Dios, Dios los entregó a una mente reprobada, para hacer cosas que no convienen.

—ROMANOS 1:28

Y de la manera que Janes y Jambres resistieron a Moisés, así también éstos resisten a la verdad; hombres corruptos de entendimiento, réprobos en cuanto a la fe.

—2 TIMOTEO 3:8

Examinaos a vosotros mismos si estáis en la fe; probaos a vosotros mismos. ¿O no os conocéis a vosotros mismos, que Jesucristo está en vosotros, a menos que estéis reprobados?

—2 CORINTIOS 13:5

Profesan conocer a Dios, pero con los hechos lo niegan, siendo abominables y rebeldes, reprobados en cuanto a toda buena obra.

—Tito 1:16

Expone a las zorras (astucia).

Una zorra es una persona astuta, timadora o ingeniosa. Esta astucia también puede personificarse en la comadreja, refiriéndose a una persona conocida como engañosa y traicionera.

Mas él, comprendiendo la astucia de ellos, les dijo: ¿Por qué me tentáis?

—Lucas 20:23

Y les dijo: Id, y decid a aquella zorra: He aquí, echo fuera demonios y hago curaciones hoy y mañana, y al tercer día termino mi obra.

—Lucas 13:32

Como zorras en los desiertos fueron tus profetas, oh Israel.

—Ezequiel 13:4

Cazadnos las zorras, las zorras pequeñas, que echan a perder las viñas; porque nuestras viñas están en cierne.

—Cantares 2:15

Expone a los seductores y a los espíritus de seducción.

Seducir significa "atraer o dirigir (a alguien) para que se aparte del comportamiento o manera de pensar adecuada; inducir (a alguien) a involucrarse en actividad sexual, como por coqueteo o persuasión; tentar hacia una postura o estado diferente".[8]

Mas los malos hombres y los engañadores irán de mal en peor, engañando y siendo engañados.

—2 Timoteo 3:13

Os he escrito esto sobre los que os engañan.

—1 Juan 2:26

Pero tengo unas pocas cosas contra ti: que toleras que esa mujer Jezabel, que se dice profetisa, enseñe y seduzca a mis siervos a fornicar y a comer cosas sacrificadas a los ídolos.

—Apocalipsis 2:20

Pero el Espíritu dice claramente que en los postreros tiempos algunos apostatarán de la fe, escuchando a espíritus engañadores y a doctrinas de demonios.

—1 Timoteo 4:1

Expone al espíritu de Mammón.

Mammón es avaricia, codicia y amor al dinero. Jesús lo expuso entre los líderes de Israel. Usted no puede servir a Dios y a Mammón. Los falsos profetas son controlados por Mammón. Los verdaderos profetas exponen a Mammón.

> Ninguno puede servir a dos señores; porque o aborrecerá al uno y amará al otro, o se llegará al uno y menospreciará al otro; no podéis servir a Dios y a las riquezas.
>
> —MATEO 6:24, JBS

> Porque raíz de todos los males es el amor al dinero, el cual codiciando algunos, se extraviaron de la fe, y fueron traspasados de muchos dolores.
>
> —1 TIMOTEO 6:10

Expone lo oculto.

Los profetas verán aquello que está oculto: orgullo, ambición, lujuria, brujería, maldad, malas intenciones y mentiras.

> ¡Ay de los que se esconden de Jehová, encubriendo el consejo, y sus obras están en tinieblas, y dicen: ¿Quién nos ve, y quién nos conoce?!
>
> —ISAÍAS 29:15

> ¡Cómo fueron escudriñadas las cosas de Esaú! Sus tesoros escondidos fueron buscados.
>
> —ABDÍAS 6

Expone la hipocresía.

Observe en Mateo 6:2–16, Mateo 23:3–29, y en otros lugares a lo largo de Mateo, cuánto habló Jesús (en la figura profética de Moisés) acerca de la hipocresía. Hipocresía es la "práctica de asegurar que se tienen estándares o convicciones morales a los cuales el comportamiento de la persona no se apega; fingir".[9]

> Hipócritas, bien profetizó de vosotros Isaías.
>
> —MATEO 15:7

> Y por la mañana: Hoy habrá tempestad; porque tiene arreboles el cielo nublado. ¡Hipócritas! que sabéis distinguir el aspecto del cielo, ¡mas las señales de los tiempos no podéis!
>
> —MATEO 16:3

> Pero Jesús, conociendo la malicia de ellos, les dijo: ¿Por qué me tentáis, hipócritas?
>
> —MATEO 22:18

> Así que, todo lo que os digan que guardéis, guardadlo y hacedlo; mas no hagáis conforme a sus obras, porque dicen, y no hacen.
>
> —MATEO 23:3

> Mas ¡ay de vosotros, escribas y fariseos, hipócritas! porque cerráis el reino de los cielos delante de los hombres; pues ni entráis vosotros, ni dejáis entrar a los que están entrando.
>
> —MATEO 23:13

Y lo castigará duramente, y pondrá su parte con los hipócritas; allí será el lloro y el crujir de dientes.

—MATEO 24:51

Quiere que la gente experimente a Dios.

Y llamó Jacob el nombre de aquel lugar, Peniel; porque dijo: Vi a Dios cara a cara, y fue librada mi alma.

—GÉNESIS 32:30

Sueños, visiones, gloria, llanto, visitaciones nocturnas, bajo el poder durante periodos de tiempo largos, ángeles; esto es lo que los profetas quieren que los demás experimenten en la presencia de Dios.

Quiere ver algo terminado.

Donde hay una necesidad, un problema, una situación o un error, los profetas no solamente hablan del tema. ¡Ellos quieren acción! A veces, se meten en problemas porque presionan para que haya acción y cambio. Detestan cuando algo no está terminado y la gente solamente lo cubre y retrasa.

Está enfocado y le gusta orar por los planes y propósitos de Dios.

Los profetas no quieren orar por cualquier cosa y por todo. Quieren enfocarse totalmente en lo que Dios quiere hacer. Quieren "dar en el blanco". Están enfocados en la voluntad de Dios en una situación determinada. Si quiere dar en el blanco, pídale a un profeta que ore.

Busca ríos espirituales.

A los profetas les gusta el fluir del Espíritu. El fluir del Espíritu se asemeja a un río. El río de Dios es importante para los profetas. Ellos quieren iglesias y creyentes que fluyan. Quieren saber dónde fluye el poder de Dios.

A los profetas no les gusta cuando está bloqueado el fluir del Espíritu. Ellos se esfuerzan en quitar los obstáculos que bloquean al río. Quieren estar en servicios donde haya un fluir del Espíritu fuerte. Los profetas quieren ver al río de Dios fluir en su región y territorio.

Del río sus corrientes alegran la ciudad de Dios, el santuario de las moradas del Altísimo.

—SALMO 46:4

El que cree en mí, como dice la Escritura, de su interior correrán ríos de agua viva.

—JUAN 7:38

Los profetas buscan ríos, corrientes, flujo, agua viva, iglesias que sean ríos y represas espirituales.

Cava pozos.

Los profetas cavarán pozos donde no hay agua. A ellos no les gusta cuando las cosas del Espíritu están atoradas y detenidas. Son como Isaac, quien volvió a cavar los pozos que los filisteos habían cerrado. Los profetas volverán a cavar los pozos que el pecado, la apatía y la transigencia han cerrado en alguna región. Ellos cavan pozos nuevos y abren los viejos. Los profetas harán que fluya el agua.

Si quiere que los pozos fluyan y el agua corra, busque un profeta.

> Y volvió a abrir Isaac los pozos de agua que habían abierto en los días de Abraham su padre, y que los filisteos habían cegado después de la muerte de Abraham; y los llamó por los nombres que su padre los había llamado.
>
> —GÉNESIS 26:18

Construye los lugares arruinados.

Al igual que Nehemías, los profetas reconstruyen. Construyen los antiguos lugares arruinados. Levantan lo que antes era desolado. Reparan las ciudades arruinadas. Los profetas reparan, reconstruyen y restauran.

> Reedificarán las ruinas antiguas, y levantarán los asolamientos primeros, y restaurarán las ciudades arruinadas, los escombros de muchas generaciones.
>
> —ISAÍAS 61:4

Es reparador de portillos y restaurador de calzadas para habitar.

Los profetas tratan con ruinas, paredes rotas, caminos perdidos y cimientos caídos en la vida de la gente. Están interesados en reconstruir, reparar y restaurar la vida de los quebrantados.

> Y los tuyos edificarán las ruinas antiguas; los cimientos de generación y generación levantarás, y serás llamado reparador de portillos, restaurador de calzadas para habitar.
>
> —ISAÍAS 58:12

Se para en la brecha.

Esto es intercesión. Es suplicar en nombre de la gente. Es pararse en la brecha. Es pedir misericordia.

> Dichosos los que guardan juicio, los que hacen justicia en todo tiempo.
>
> —SALMO 106:3

> Y trató de destruirlos, de no haberse interpuesto Moisés su escogido delante de él, a fin de apartar su indignación para que no los destruyese.
>
> —SALMO 16:23

Y busqué entre ellos hombre que hiciese vallado y que se pusiese en la brecha delante de mí, a favor de la tierra, para que yo no la destruyese; y no lo hallé.

—Ezequiel 22:30

Repara altares.

Un altar es un lugar de sacrificio, consagración, adoración, oración, gloria y manifestación.

Entonces dijo Elías a todo el pueblo: Acercaos a mí. Y todo el pueblo se le acercó; y él arregló el altar de Jehová que estaba arruinado.

—1 Reyes 18:30

Entraré al altar de Dios, al Dios de mi alegría y de mi gozo; y te alabaré con arpa, oh Dios, Dios mío.

—Salmo 43:4

Desea ver liberación y restauración.

Mas este es pueblo saqueado y pisoteado, todos ellos atrapados en cavernas y escondidos en cárceles; son puestos para despojo, y no hay quien libre; despojados, y no hay quien diga: Restituid.

—Isaías 42:22

Hace que los corazones retornen (reconciliación).

Los profetas tratan con asuntos del corazón. El ministerio profético hace retornar el corazón y trae reconciliación entre aquellos que han estado separados.

El hará volver el corazón de los padres hacia los hijos, y el corazón de los hijos hacia los padres, no sea que venga yo y hiera la tierra con maldición.

—Malaquías 4:6, lbla

Tiene intimidad con Dios.

La intimidad es una fortaleza del profeta. Él sabe cómo apartarse y reunirse con Dios. Intimidad se trata de una relación personal cercana, familiar y generalmente afectiva o amorosa con otra persona o grupo. A los profetas les encanta estar a solas con Dios. A ellos les encanta ministrar al Señor (adorar).

Los profetas cultivan la intimidad con el Padre y la capacidad de escuchar su voz. Ayunar, orar y ministrar al Señor es parte de la manera en que los profetas se acercan a Dios.

Ministrando éstos al Señor, y ayunando, dijo el Espíritu Santo: Apartadme a Bernabé y a Saulo para la obra a que los he llamado.

—Hechos 13:2

Mi amado habló, y me dijo: Levántate, oh amiga mía, hermosa mía, y ven.

—Cantares 2:10

Es mensajero del pacto.

El rey envió a los profetas a llamar a Israel para que volvieran al pacto. Los profetas se preocupan por el pacto. La iglesia es la comunidad del pacto del Nuevo Testamento. Un pacto quebrantado (compañerismo) entristecerá a los profetas. Ellos exigen que vivamos según las obligaciones de nuestro pacto.

> Y la tierra se contaminó bajo sus moradores; porque traspasaron las leyes, falsearon el derecho, quebrantaron el pacto sempiterno.
> —Isaías 24:5

> Y el Dios de paz que resucitó de los muertos a nuestro Señor Jesucristo, el gran pastor de las ovejas, por la sangre del pacto eterno
> —Hebreos 13:20

Busca el fruto.

Jesús fue a Israel en busca de fruto. Él maldijo la higuera porque no tenía fruto. Israel era religioso, pero sin fruto. El fruto es importante para Dios y para el profeta. Los profetas odian la infertilidad. Ellos necesitan más charlas, sermones, oraciones y actividades religiosas. Los profetas buscan fruto. Se entristecen ante la falta de fruto.

> Haced, pues, frutos dignos de arrepentimiento.
> —Mateo 3:8

> Y dijo al viñador: He aquí, hace tres años que vengo a buscar fruto en esta higuera, y no lo hallo; córtala; ¿para qué inutiliza también la tierra?
> —Lucas 13:7

> Y viendo una higuera cerca del camino, vino a ella, y no halló nada en ella, sino hojas solamente; y le dijo: Nunca jamás nazca de ti fruto. Y luego se secó la higuera.
> —Mateo 21:19

Busca obras.

El profeta dice: "La fe sin obras es muerta". Los profetas detestan la afirmación de tener fe sin las acciones correspondientes. Me gusta la versión Nueva Traducción Viviente de Santiago 2:17: "Como pueden ver, la fe por sí sola no es suficiente. A menos que produzca buenas acciones (actos y acciones de obediencia para respaldarla), está muerta y es inútil (inoperante, muerta)".

> Así también la fe, si no tiene obras, es muerta en sí misma.
> —Santiago 2:17

Ve las obras.

Los profetas no se dejan llevar por lo que la gente dice, sino por lo que hace (sus obras). Una obra es algo que puede llevarse a cabo; un acto o acción.[10] La gente produce obras malas u obras justas.

No todo el que me dice: Señor, Señor, entrará en el reino de los cielos, sino el que hace la voluntad de mi Padre que está en los cielos.

—MATEO 7:21

Porque todo aquel que hace lo malo, aborrece la luz y no viene a la luz, para que sus obras no sean reprendidas. Mas el que practica la verdad viene a la luz, para que sea manifiesto que sus obras son hechas en Dios.

—JUAN 3:20–21

Vosotros hacéis las obras de vuestro padre. Entonces le dijeron: Nosotros no somos nacidos de fornicación; un padre tenemos, que es Dios.

—JUAN 8:41

Hijitos míos, no amemos de palabra ni de lengua, sino de hecho y en verdad.

—1 JUAN 3:18

Y blasfemaron contra el Dios del cielo por sus dolores y por sus úlceras, y no se arrepintieron de sus obras.

—APOCALIPSIS 16:11

Busca sinceridad.

Sincero significa "no fingido o sin daño, genuino, ser sin hipocresía o pretensión. Verdadero, puro, no adulterado".[11]

Así que celebremos la fiesta, no con la vieja levadura, ni con la levadura de malicia y de maldad, sino con panes sin levadura, de sinceridad y de verdad.

—1 CORINTIOS 5:8

Pues no somos como muchos, que medran falsificando la palabra de Dios, sino que con sinceridad, como de parte de Dios, y delante de Dios, hablamos en Cristo.

—2 CORINTIOS 2:17

Presentándote tú en todo como ejemplo de buenas obras; en la enseñanza mostrando integridad, seriedad.

—TITO 2:7

Busca lágrimas (llanto).

Las lágrimas (llanto) son señal de un espíritu contrito. Los profetas buscan arrepentimiento verdadero y lágrimas cuando hay necesidad de volver al Señor.

Los sacrificios de Dios son el espíritu quebrantado; al corazón contrito y humillado no despreciarás tú, oh Dios.

—SALMO 51:17

Los que sembraron con lágrimas, con regocijo segarán.

—SALMO 126:5

Por eso pues, ahora, dice Jehová, convertíos a mí con todo vuestro corazón, con ayuno y lloro y lamento.

—Joel 2:12

No juzga por las apariencias.

Los profetas ven el interior. No los engaña la apariencia externa.

¡Ay de vosotros, escribas y fariseos, hipócritas! porque sois semejantes a sepulcros blanqueados, que por fuera, a la verdad, se muestran hermosos, mas por dentro están llenos de huesos de muertos y de toda inmundicia.

—Mateo 23:27

Tiene hambre y sed de justicia.

Una de las cosas que motivan a los profetas es el deseo de hacer y ver lo que es justo. Los profetas detestan la injusticia. Tienen un fuerte deseo de ver que las cosas se hagan y se preparen bien. Eso es lo que satisface al profeta.

Bienaventurados los que tienen hambre y sed de justicia, porque ellos serán saciados.

—Mateo 5:6

Dios bendice a los que desean la justicia, pues él les cumplirá su deseo.

—Mateo 5:6, tla

Puede identificar a los hijos del diablo.

Dicho de otra manera, los profetas pueden identificar a la gente que está siendo usada y controlada por el diablo para causar daño y destrucción. Jesús identificó a la gente de esta manera. Pablo identificó a Elimas, el hechicero, de esta forma. Los profetas pueden identificar a los enemigos de Dios y de su reino.

Vosotros sois de vuestro padre el diablo, y los deseos de vuestro padre queréis hacer. Él ha sido homicida desde el principio, y no ha permanecido en la verdad, porque no hay verdad en él. Cuando habla mentira, de suyo habla; porque es mentiroso, y padre de mentira.

—Juan 8:44

Dijo: ¡Oh, lleno de todo engaño y de toda maldad, hijo del diablo, enemigo de toda justicia! ¿No cesarás de trastornar los caminos rectos del Señor?

—Hechos 13:10

No puede tolerar el mal.

Tolerar significa "permitir la existencia, presencia, práctica o acción sin prohibirlo o impedirlo; permitir".[12] Los profetas se oponen al mal.

Al que solapadamente infama a su prójimo, yo lo destruiré; no sufriré al de ojos altaneros y de corazón vanidoso.

—Salmo 101:5

Porque si alguien viene y predica a otro Jesús, a quien no hemos predicado, o recibís un espíritu diferente, que no habéis recibido, o aceptáis un evangelio distinto, que no habéis aceptado, bien lo toleráis.

—2 Corintios 11:4, lbla

Pero tengo unas pocas cosas contra ti: que toleras que esa mujer Jezabel, que se dice profetisa, enseñe y seduzca a mis siervos a fornicar y a comer cosas sacrificadas a los ídolos.

—Apocalipsis 2:20

Lucha (contiende) contra lo perverso.

Los que se apartan de la ley alaban al malvado; los que la cumplen están en contra de él.

—Proverbios 28:4, dhh

Los que violan la ley aplauden al malvado, quienes la observan se enfrentan con él.

—Proverbios 28:4, blph

Entonces reprendí a los oficiales, y dije: ¿Por qué está la casa de Dios abandonada? Y los reuní y los puse en sus puestos.

—Nehemías 13:11

Buscarás a los que tienen contienda contigo, y no los hallarás; serán como nada, y como cosa que no es, aquellos que te hacen la guerra.

—Isaías 41:12

No blanquea el mal.

Blanqueado es una mezcla de cal y agua a la que, muchas veces, se le añade blanqueador, almidón o pegamento; se usa para blanquear paredes, verjas u otras estructuras. Significa ocultar o disimular (las malas acciones, por ejemplo).

Y he aquí cuando la pared haya caído, ¿no os dirán: ¿Dónde está la embarradura con que la recubristeis?

—Ezequiel 13:12

Se irrita cuando el malvado prospera.

Los profetas se pronuncian y oran cuando el malvado prospera. Ellos se levantan cuando parece que los malvados prosperan y los justos tienen problemas. Los profetas nos recuerdan que los malvados no estarán bien y que los justos no deben temer.

Guarda silencio ante Jehová, y espera en él. No te alteres con motivo del que prospera en su camino, por el hombre que hace maldades.

—Salmo 37:7

Espera en Jehová, y guarda su camino, y él te exaltará para heredar la tierra; cuando sean destruidos los pecadores, lo verás. Vi yo al impío

sumamente enaltecido, y que se extendía como laurel verde. Pero él pasó, y he aquí ya no estaba; lo busqué, y no fue hallado.
—Salmo 37:34–36

Porque tuve envidia de los arrogantes, viendo la prosperidad de los impíos.
—Salmo 73:3

He aquí estos impíos, sin ser turbados del mundo, alcanzaron riquezas.
—Salmo 73:12

Se alza contra la inmoralidad.

Los profetas no aprobarán el pecado sexual, la avaricia, el desperdicio de la vida, la impureza y otras inmoralidades.

> Huid de la fornicación (huir de la impureza de pensamiento, palabra o hechos). Todos los demás pecados que un hombre comete están fuera del cuerpo, pero el fornicario peca contra su propio cuerpo.
> —1 Corintios 6:18, lbla (paréntesis añadidos)

> Pero que la inmoralidad (vicio sexual), y toda impureza (vida lujuriosa, rica, derrochadora) o avaricia, ni siquiera se mencionen entre vosotros, como corresponde a los santos (personas de Dios consagradas).
> —Efesios 5:3, lbla (paréntesis añadidos)

> Andemos decentemente, como de día (con plena luz), no en orgías (de juerga) y borracheras, no en promiscuidad sexual y lujurias (sensualidad y libertinaje), no en pleitos y envidias.
> —Romanos 13:13, lbla (paréntesis añadidos)

No está de acuerdo ni anda con cualquiera.

Los profetas no están de acuerdo con todo. *Estar de acuerdo* significa "aceptar o apoyar una política o un programa".[13]

> ¿Andarán dos juntos, si no estuvieren de acuerdo?
> —Amós 3:3

> ¿Y qué acuerdo hay entre el templo de Dios y los ídolos? Porque vosotros sois el templo del Dios viviente, como Dios dijo: Habitaré y andaré entre ellos, y seré su Dios, y ellos serán mi pueblo.
> —2 Corintios 6:16

Comprende las relaciones ordenadas por Dios.

Las relaciones son muy importantes para los profetas. Son importantes para el destino. Las relaciones ordenadas por Dios son parte de cumplir el destino y propósito que Dios tiene para usted. Estas relaciones incluyen:

- Relaciones esposo—esposa
- Relaciones ministeriales
- Relación padre—hijo

- Relaciones de pacto

Los profetas preguntan. "¿Está conectado con las personas adecuadas?".

> Ministrando éstos al Señor, y ayunando, dijo el Espíritu Santo: Apartadme a Bernabé y a Saulo para la obra a que los he llamado.
> —Hechos 13:2

Le hace saber a las personas cuando están conectadas con la gente equivocada.

Eliezer le profetizó a Josafat en referencia a su conexión con Amasías, el rey malvado. Esta conexión hizo que sus obras fracasaran. Aquellos que quieren estar involucrados en relaciones que no son ordenadas por Dios pueden resentir esto. Los profetas le harán saber cuándo está amarrado por malas ataduras del alma o conexiones paganas.

> Entonces Eliezer hijo de Dodava, de Maresa, profetizó contra Josafat, diciendo: Por cuanto has hecho compañía con Ocozías, Jehová destruirá tus obras. Y las naves se rompieron, y no pudieron ir a Tarsis.
> —2 Crónicas 20:37

> No os dejéis engañar: "Las malas compañías corrompen las buenas costumbres".
> —1 Corintios 15:33, lbla (paréntesis añadido).

Es un iconoclasta (Nehustán).

Un iconoclasta es alguien que rompe ídolos. Los hijos de Israel empezaron a adorar a la serpiente de bronce que Dios le había instruido a Moisés levantar en el desierto. La serpiente de bronce se convirtió en un ídolo. Más adelante fue destrozada. A veces, el antiguo mover de Dios se ha convertido en ídolo. El profeta destrozará esos ídolos.

Un iconoclasta es una persona que ataca las convicciones amadas, las instituciones tradicionales y semejantes que están basadas sobre el error o la superstición. Estas características iconoclastas también se aplican a los apóstoles.

> El quitó los lugares altos, y quebró las imágenes, y cortó los símbolos de Asera, e hizo pedazos la serpiente de bronce que había hecho Moisés, porque hasta entonces le quemaban incienso los hijos de Israel; *y la llamó Nehustán.*
> —2 Reyes 18:4, énfasis añadido

Forma parte de la comunidad, pero piensa como un extranjero.

Dios usa a los profetas para mantener a la iglesia en curso. A veces, se requiere una persona externa para ver con claridad y presionar al cambio. Yo llamo al profeta un interno que ve como un externo. A veces, el profeta se siente como un extranjero, aunque el profeta sea un miembro de la comunidad de la fe. Los internos tienden a ser miopes y, a veces, los árboles no los dejan ver el bosque. Quiero enfatizar que el profeta es miembro de la iglesia. Lo llamo interno quien, a veces, se siente como un extranjero.

Los externos pueden ser críticos de lo que sucede debido a que ven las cosas de manera diferente. Los externos pueden ser más objetivos. A veces, los internos rechazan toda crítica de los externos; sin embargo, los externos muchas veces tienen la razón. El externo no tiene nada que perder. El externo no está comprometido como un interno.

Piensa fuera de la caja.

Esta es una metáfora que significa pensar de manera diferente a lo convencional, o desde una nueva perspectiva. Los profetas no caben en la caja. Los profetas nos presionan. Nos ayudan a romper límites. Son visionarios. Nos ayudan a salirnos de las zanjas y la rutina. No solamente piensan fuera de la caja, sino que, además, nos ayudan a salirnos de ella.

La religión y la tradición pueden convertirse en una caja. Las limitaciones, pensamientos, maneras de pensar, barreras, etc., son otras cajas.

Resuelve problemas.

Cuando faraón tuvo un problema (un sueño), llamó a José. Cuando el rey Nabucodonosor tuvo un problema (un sueño) llamó a Daniel. Daniel era un hombre que resolvía "problemas enredados".

Si tiene un problema, consiga un profeta.

> Debido a que se halló un espíritu extraordinario, conocimiento e inteligencia, interpretación de sueños, explicación de enigmas y solución de problemas difíciles en este hombre, Daniel, a quien el rey llamaba Beltsasar. Llámese, pues ahora, a Daniel, y él declarará la interpretación.
> —Daniel 5:12, lbla

Es una persona con visión.

Los profetas tienen que tener visión. No pueden vivir sin objetivos. Ellos quieren saber cuál es la visión. Quieren saber hacia dónde vamos. Quieren saber hacia dónde se dirige la iglesia. Preguntan: "¿Qué depara el futuro?".

> Sin profecía el pueblo se desenfrena; mas el que guarda la ley es bienaventurado.
> —Proverbios 29:18

> Y Jehová me respondió, y dijo: Escribe la visión, y declárala en tablas, para que corra el que leyere en ella.
> —Habacuc 2:2

Es una bujía.

Se le llama bujía a alguien que da vida o energía a un proyecto. Los profetas son catalizadores. Los sinónimos de *catalizador* incluyen: estímulo, estimulación, chispa, bujía, provocación e impulso.

Los profetas hacen que las cosas avancen. A ellos les gusta hacer que las cosas se muevan. Detestan cuando las cosas están paralizadas y no avanzan. Son como la chispa que enciende el motor. Sus palabras echan las cosas a andar. Sus oraciones dan movimiento. Sus canciones enciendes.

No se conforma con menos.

Los profetas saben que hay más por venir.
Los profetas saben que hay más por hacer.
Los profetas saben que hay más por experimentar.
Los profetas saben que hay más por conocer.
Los profetas saben que hay más que creer.
Los profetas saben que hay más por suceder.
Los profetas saben que hay más por ver.
Los profetas saben que hay más por escuchar.

Y a Aquel que es poderoso para hacer todas las cosas mucho más abundantemente de lo que pedimos o entendemos, según el poder que actúa en nosotros.

—EFESIOS 3:20

Es un contendiente (luchador).

Contender significa luchar para vencer (una dificultad o peligro)".[14] Contender es pelear o batallar. Los contendientes son vencedores. Pelean por la verdad. Pelan por la justicia. Los profetas parecen estar peleando siempre por algo. A veces, ellos piensan: "¿Soy el único peleando contra esto?". Esa es la naturaleza del profeta: ellos son luchadores.

Amados, por la gran solicitud que tenía de escribiros acerca de nuestra común salvación, me ha sido necesario escribiros exhortándoos que contendáis ardientemente por la fe que ha sido una vez dada a los santos.

—JUDAS 3

Los que dejan la ley alaban a los impíos; mas los que la guardan contenderán con ellos.

—PROVERBIOS 28:4

Usted es un Sadoc.

Sadocs eran los sacerdotes fieles que no se descarriaban como los otros levitas. Dios los felicitó por su fidelidad y obediencia. La fidelidad a Dios es una prioridad de los profetas. Sadoc también era un vidente.

Dijo además el rey al sacerdote Sadoc: ¿No eres tú el vidente? Vuelve en paz a la ciudad, y con vosotros vuestros dos hijos; Ahimaas tu hijo, y Jonatán hijo de Abiatar.

—2 SAMUEL 15:27

Mas los sacerdotes levitas hijos de Sadoc, que guardaron el ordenamiento del santuario cuando los hijos de Israel se apartaron de mí, ellos se acercarán para ministrar ante mí, y delante de mí estarán para ofrecerme la grosura y la sangre, dice Jehová el Señor.

—Ezequiel 44:15

Los sacerdotes santificados de los hijos de Sadoc que me guardaron fidelidad, que no erraron cuando erraron los hijos de Israel, como erraron los levitas.

—Ezequiel 48:11

Conoce a su pueblo.

Los profetas conocen al pueblo al que están asignados. Conocen sus puntos buenos y sus puntos malos. Jesús conocía a los judíos y trató con ellos fuertemente. Los profetas son honestos. Ellos le dicen la verdad a su pueblo.

Uno de ellos, su propio profeta, dijo: Los cretenses, siempre mentirosos, malas bestias, glotones ociosos. Este testimonio es verdadero; por tanto, repréndelos duramente, para que sean sanos en la fe.

—Tito 1:12–13

Le habla al remanente.

Los profetas le hablaban al remanente en Israel. Siempre hubo un Israel verdadero dentro de Israel. A ellos se les prometió salvación, liberación y restauración. El remanente son los fieles. Los profetas bendicen y animan al remanente.

Y yo haré que queden en Israel siete mil, cuyas rodillas no se doblaron ante Baal, y cuyas bocas no lo besaron.

—1 Reyes 19:18

Porque de Jerusalén saldrá un remanente, y del monte de Sion los que se salven. El celo de Jehová de los ejércitos hará esto.

—Isaías 37:32

Entonces el dragón se llenó de ira contra la mujer; y se fue a hacer guerra contra el resto de la descendencia de ella, los que guardan los mandamientos de Dios y tienen el testimonio de Jesucristo.

—Apocalipsis 12:17

Desafía a aquellos que aseguran ser el pueblo de Dios.

Los profetas fueron enviados a desafiar a quienes aseguraban ser el pueblo de Dios. Israel lo aseguró de palabra, pero lo negó con sus acciones. Oseas le puso a uno de sus hijos Lo-ammi, que significaba "no mi pueblo". Los profetas se preocupan por aquellos que se supone que sean el pueblo de Dios. Una frase común a lo largo de la Escritura es "y ustedes serán mi pueblo y yo seré su Dios". Los profetas quieren que sus acciones estén alineadas con sus palabras.

Y dijo Dios: Ponle por nombre Lo-ammi, porque vosotros no sois mi pueblo, ni yo seré vuestro Dios.

—Oseas 1:9

Usted aboga.

Abogar significa "presentar y discutir (por una postura), especialmente en una corte o en otro contexto público". Los profetas abogan por aquellos que no tienen defensor. Ellos abogan por aquellos que no tienen voz. Abogan en oración. Abogan con su voz. Los profetas abogan también por los justos.

> No hay quien clame por la justicia, ni quien juzgue por la verdad; confían en vanidad, y hablan vanidades; conciben maldades, y dan a luz iniquidad.
>
> —Isaías 59:4

> Abre tu boca, juzga con justicia, y defiende la causa del pobre y del menesteroso.
>
> —Proverbios 31:9

> Aprended a hacer el bien; buscad el juicio, restituid al agraviado, haced justicia al huérfano, amparad a la viuda.
>
> —Isaías 1:17

Es un siervo.

Los profetas son siervos de Dios y también sirven al hombre. El término *siervo* implica subordinación y humildad. El término en hebreo es *ebed*, que, además, tiene la connotación de un oficial o agente, especialmente un oficial de la corte real. El mayor en el reino es el que sirve. Los profetas sirven en el rol de oficial.

> Porque no hará nada Jehová el Señor, sin que revele su secreto a sus siervos los profetas.
>
> —Amós 3:7

> No hemos obedecido a tus siervos los profetas, que en tu nombre hablaron a nuestros reyes, a nuestros príncipes, a nuestros padres y a todo el pueblo de la tierra.
>
> —Daniel 9:6

Es uno de los que están en llamas.

En Isaías 6:1–8, *serafín* es la palabra que Isaías usó para describir a los seres ardientes que vuelan alrededor del trono de Dios cantando: "Santo, Santo, Santo". En el hebreo, se traduce literalmente "los que están en llamas". Hay una nueva especie de profetas levantándose en esta época que son enviados por el trono del cielo para entregar la palabra del Señor. Estos profetas son los que están en llamas para esta era. Ellos hablarán como los profetas antiguos, encendidos en un fuego que no puede ser contenido. La palabra del Señor en su corazón es como un fuego encendido. Ellos encenderán al mundo con esta palabra.

Y dije: No me acordaré más de él, ni hablaré más en su nombre; no obstante, había en mi corazón como un fuego ardiente metido en mis huesos; traté de sufrirlo, y no pude.

—JEREMÍAS 20:9

Predica la realidad y no la sombra.

La ley era una sombra, pero Cristo es la realidad. Las sombras (tipos y símbolos) se cumplieron en Cristo. Los profetas nos ayudan a alejarnos de las sombras para que podamos experimentar el cumplimiento en Cristo. Los profetas lidian con realidades espirituales, no sombras ni tipos tales como la Pascua, el Pentecostés, el Día de la Expiación, leyes dietéticas, circuncisión, sabáticos y similares.

Tiene oídos para oír.

Si alguien tiene oídos para oír lo que el Señor le dice a la iglesia, deberían ser los profetas. ¿Dónde estaban los profetas en las siete iglesias de Asia (Apocalipsis 1–3)? El Señor envió una palabra a las siete iglesias y les hablaba a aquellos que tenían oídos para oír. El Señor envía su palabra a las iglesias y busca a aquellos que tienen oídos para oír.

El que tiene oído, oiga lo que el Espíritu dice a las iglesias. Al que venciere, le daré a comer del árbol de la vida, el cual está en medio del paraíso de Dios.

—APOCALIPSIS 2:7

Escucha la voz apacible y delicada.

A veces, el Señor no está en el viento, el terremoto o el fuego; sino en la voz apacible y delicada. El profeta puede escuchar esa voz en medio del viento, el terremoto y el fuego. Él no se queda estancado en lo dramático, sino que puede oír la voz apacible y delicada. A veces, los profetas tienen que callar para poder escuchar esta voz. "¿Qué dice Dios que solo puedo escucharlo cuando me calmo y presto atención a lo que Él dice muy adentro?"

Quédese en silencio, profeta, y deje que Dios le hable con una voz apacible y delicada.

Él le dijo: Sal fuera, y ponte en el monte delante de Jehová. Y he aquí Jehová que pasaba, y un grande y poderoso viento que rompía los montes, y quebraba las peñas delante de Jehová; pero Jehová no estaba en el viento. Y tras el viento un terremoto; pero Jehová no estaba en el terremoto. Y tras el terremoto un fuego; pero Jehová no estaba en el fuego. Y tras el fuego un silbo apacible y delicado. Y cuando lo oyó Elías, cubrió su rostro con su manto, y salió, y se puso a la puerta de la cueva. Y he aquí vino a él una voz, diciendo: ¿Qué haces aquí, Elías?

—1 REYES 19:11–13

Les recuerda a las personas que el poder (la fuerza) le pertenece a Dios.

La fortaleza viene de Dios. Él es la fuente de poder y fortaleza. Los profetas nos animan a abastecernos de la fortaleza de Dios.

> Más de una vez he escuchado esto que Dios ha dicho: que el poder y el amor le pertenecen, y que él recompensa a cada uno conforme a lo que haya hecho.
>
> —Salmo 62:11, dhh

> Una vez habló Dios; dos veces he oído esto: que de Dios es el poder.
>
> —Salmo 62:11

> Temible eres, oh Dios, desde tus santuarios; el Dios de Israel, él da fuerza y vigor a su pueblo. Bendito sea Dios.
>
> —Salmo 68:35

> No temas, porque yo estoy contigo; no desmayes, porque yo soy tu Dios que te esfuerzo; siempre te ayudaré, siempre te sustentaré con la diestra de mi justicia.
>
> —Isaías 41:10

Le recuerda a la gente que es por el Espíritu.

Ningún programa puede reemplazar el poder del Espíritu. El entretenimiento no reemplaza al poder del Espíritu. Los profetas clamarán cuando las iglesias se aparten del poder del Espíritu.

> Entonces respondió y me habló diciendo: Esta es palabra de Jehová a Zorobabel, que dice: No con ejército, ni con fuerza, sino con mi Espíritu, ha dicho Jehová de los ejércitos.
>
> —Zacarías 4:6

CAPÍTULO 2

¿QUÉ MUEVE SU CORAZÓN?

Y Dios dio a Salomón sabiduría y prudencia muy grandes, y anchura de corazón como la arena que está a la orilla del mar.

—1 Reyes 4:29

ONTINUANDO CON NUESTRO estudio de las características comunes entre los profetas, profundizaremos en el corazón del profeta. En ellos vemos muchos lados del corazón de Dios: compasión, odio al pecado y la injusticia, santidad, dolor, ánimo, poder, gozo, celo y así sucesivamente. Los profetas llevan dentro de sí, el corazón del Padre. Ellos sienten lo que el Padre siente en ciertos momentos.

A los profetas podría dificultárseles aprender a manejar esto. Pueden sentir como si estuvieran en una montaña rusa emocional.

Profeta, no se inquiete y no se confunda. Usted es especial. Usted lleva dentro de sí el latido del corazón de Dios.

David tenía un corazón como el de Dios.

> Mas ahora tu reino no será duradero. Jehová se ha buscado un varón conforme a su corazón, al cual Jehová ha designado para que sea príncipe sobre su pueblo, por cuanto tú no has guardado lo que Jehová te mandó.
>
> —1 Samuel 13:14

Los profetas tienen gran corazón. Este capítulo revela cuán profundo y ancho es el corazón del profeta. Dios le da su corazón a los profetas. Ellos están en sintonía con el latido del corazón de Dios. Su corazón late en ritmo con el corazón de Dios. Ellos aman lo que Dios ama y odian lo que Él odia. Esto hace a los profetas únicos: su corazón. Continúe leyendo para ver si se encuentra a sí mismo en estas páginas.

EL CORAZÓN DEL PROFETA

Jesús lloró por la ciudad de Jerusalén porque ellos se perdieron de su momento de visitación. Este es el corazón del profeta. El profeta se duele y llora cuando la gente se pierde lo que Dios tiene para ella. Esto rompe el corazón del profeta.

> Cuando se acercó, al ver la ciudad, lloró sobre ella.
>
> —Lucas 19:41, lbla

LO QUE MUEVE A LOS PROFETAS

A los profetas los mueven otros profetas. Ellos se benefician por estar en una comunidad profética. Escuchar las revelaciones de otro profeta mueve a los profetas.

> Asimismo, los profetas hablen dos o tres, y los demás juzguen. Y si algo le fuere revelado a otro que estuviere sentado, calle el primero. Porque podéis profetizar todos uno por uno, para que todos aprendan, y todos sean exhortados.
> —1 Corintios 14:29–31

LO QUE ES IMPORTANTE PARA LOS PROFETAS

Lo que es importante para otras personas no lo es para los profetas. Ellos se preocupan por cosas que otros pasan por alto. No están preocupados por carnalidades. Ellos están preocupados por las cosas del Espíritu. Muchas veces, la gente carnal los considera "demasiado profundos". Con frecuencia se les considera "problemáticos". Frecuentemente, los desobedientes y rebeldes consideran a los profetas "locos".

> Cuando Acab vio a Elías, le dijo: ¿Eres tú el que turbas a Israel?
> —1 Reyes 18:17

> Vinieron los días del castigo, vinieron los días de la retribución; e Israel lo conocerá. Necio es el profeta, insensato es el varón de espíritu, a causa de la multitud de tu maldad, y grande odio.
> —Oseas 9:7

Juicio (justicia), misericordia, fe, humildad, compasión, amor y verdad son muy importantes para los profetas.

> ¡Ay de vosotros, escribas y fariseos, hipócritas! porque diezmáis la menta y el eneldo y el comino, y dejáis lo más importante de la ley: la justicia, la misericordia y la fe. Esto era necesario hacer, sin dejar de hacer aquello.
> —Mateo 23:23

> Oh hombre, él te ha declarado lo que es bueno, y qué pide Jehová de ti: solamente hacer justicia, y amar misericordia, y humillarte ante tu Dios.
> —Miqueas 6:8

> Así habló Jehová de los ejércitos, diciendo: Juzgad conforme a la verdad, y haced misericordia y piedad cada cual con su hermano.
> —Zacarías 7:9

No hay quien clame por la justicia, ni quien juzgue por la verdad; confían en vanidad, y hablan vanidades; conciben trabajo, y dan a luz iniquidad.

—Isaías 59:4, jbs

El carácter también es importante para los profetas, no solo el carisma.

LO QUE TRAE GOZO A LOS PROFETAS

- Los profetas están motivados y gozosos cuando ven avivamiento y gloria.
- Están motivados y gozosos cuando ven al pueblo de Dios moviéndose y avanzando.
- Se emocionan y tienen gozo cuando ven al pueblo de Dios y a la iglesia abriéndose paso a través de las barreras y los obstáculos.
- Se motivan y tienen gozo cuando ven la liberación de poder y milagros.
- Les encanta ver a la gente ser salva, libertada y sanada.
- Les encanta cuando los reincidentes regresan al camino correcto.
- Están gozosos cuando ven manifestarse las cosas por las que han estado orando durante años.
- Están gozosos cuando ven levantados a los pobres y a los olvidados.
- Están gozosos cuando ven al malvado derrotado y al justo prevalecer.

LO QUE ENTRISTECE A LOS PROFETAS

A los profetas los entristece y molesta lo que otros pasan por alto. Son sensibles a aquello que entristece a Dios:

- Injusticia
- Cuando las cosas están fuera de orden
- Cuando los malvados prosperan y los justos sufren
- Cuando se aprovechan y maltratan al pobre y al desvalido
- Cuando la iglesia no cumple su llamado y propósito
- Cuando la gente incorrecta está en autoridad
- Hipocresía
- Enseñanza falsa
- Carnalidad y apostasía (apartarse de Dios y de la verdad)
- Injusticia y abuso
- Tradición religiosa y control religioso

- Orgullo, vanidad y arrogancia
- Adoración falsa y los lobos (ministerios falsos)
- Avaricia, codicia, corrupción, criminalidad y robo
- Tibieza
- Mentira y engaño
- Rebeldía, brujería y adivinación

Estas son las cosas que conducen a los profetas a orar. Estas son las cosas que los llevan a su cuarto de oración. Ellos oran por cambio. No pueden soportar la forma en que están las cosas. Claman a Dios. Lloran en su cuarto de oración. Los profetas que oran traen cambio.

> Veía a los prevaricadores, y me disgustaba, porque no guardaban tus palabras.
>
> —SALMO 119:158

> Mas si no oyereis esto, en secreto llorará mi alma a causa de vuestra soberbia; y llorando amargamente se desharán mis ojos en lágrimas, porque el rebaño de Jehová fue hecho cautivo.
>
> —JEREMÍAS 13:17

Cuando no hay amor

El amor es importante para los profetas. Usted puede tener actividad, pero si no hay amor, el profeta se entristece. Conflicto, división, rudeza y odio son pecados que entristecen al profeta. Ellos saben que si uno no tiene amor, no conoce a Dios.

> Amados, amémonos unos a otros; porque el amor es de Dios. Todo aquel que ama, es nacido de Dios, y conoce a Dios. El que no ama, no ha conocido a Dios; porque Dios es amor.
>
> —1 JUAN 4:7–8

Dureza de corazón

Un corazón duro es un corazón de piedra. Es un corazón necio e incrédulo. Es un corazón inflexible. Los profetas buscan corazones suaves y tiernos. Buscan corazones quebrantados y contritos.

Jesús se enojó ante la dureza del corazón de los fariseos.

> Entonces, mirándolos alrededor con enojo, entristecido por la dureza de sus corazones, dijo al hombre: Extiende tu mano. Y él la extendió, y la mano le fue restaurada sana.
>
> —MARCOS 3:5

> Y entendiéndolo Jesús, les dijo: ¿Qué discutís, porque no tenéis pan? ¿No entendéis ni comprendéis? ¿Aún tenéis endurecido vuestro corazón?
>
> —MARCOS 8:17

Cuando no hay oración

Los profetas saben que la casa de Dios es casa de oración. Ellos llaman a la oración. Llaman a la iglesia a que regrese a la oración.

> Yo los llevaré a mi santo monte, y los recrearé en mi casa de oración; sus holocaustos y sus sacrificios serán aceptos sobre mi altar; porque mi casa será llamada casa de oración para todos los pueblos.
>
> —ISAÍAS 56:7

Cuando la gente se pierde a Dios

Jesús lloró por Jerusalén porque ellos se perdieron el tiempo de su visitación. Se pueden perder las oportunidades divinas.

> Y te derribarán a tierra, y a tus hijos dentro de ti, y no dejarán en ti piedra sobre piedra, por cuanto no conociste el tiempo de tu visitación.
>
> —LUCAS 19:44

LO QUE AMAN LOS PROFETAS

Símbolos y actos simbólicos

El simbolismo es importante para los profetas. A veces, las cosas del Espíritu son difíciles de articular en su propio idioma y tienen que ser representadas o transmitidas a través de símbolos. Los símbolos pueden convertirse en el lenguaje del Espíritu. El ámbito espiritual es diferente al natural, y Dios le da al profeta otras maneras de comunicar un mensaje en vez de las limitaciones del lenguaje humano.

> Y dijo: Abre la ventana que da al oriente. Y cuando él la abrió, dijo Eliseo: Tira. Y tirando él, dijo Eliseo: Saeta de salvación de Jehová, y saeta de salvación contra Siria; porque herirás a los sirios en Afec hasta consumirlos.
>
> —2 REYES 13:17

A los profetas les encanta los símbolos como pancartas, banderas, aceite, espadas, coronas, etc.

La presencia de Dios

La presencia de Dios es el oxígeno que respiran los profetas. Ellos detestan cuando la presencia de Dios no está en la iglesia. No pueden estar en programas que no tengan la presencia. No pueden quedarse en lugares que se han convertido en un Icabod. Los profetas no tienen inconveniente en estar en servicios largos cuando la presencia de Dios está allí.

David, un profeta, amaba la presencia de Dios. Sus profecías eran el resultado de estar en la presencia de Dios.

> Para ver tu poder y tu gloria, así como te he mirado en el santuario.
>
> —SALMO 63:2

Los lastimados y los heridos

Los profetas no ignorarán ni pasarán por alto a los quebrantados, lastimados y heridos. Ellos tienen la capacidad de identificarlos. Pueden verlos entre la multitud. Los profetas pueden identificar a aquellos que necesitan sanidad y restauración cuando los demás los pasan por alto o los dejan de lado.

> No les causará más daño a los que estén heridos, ni acabará de matar a los que estén agonizando. Al contrario, fortalecerá a los débiles y hará que reine la justicia. No tendrá un momento de descanso hasta que haya establecido la justicia en esta tierra.
> —ISAÍAS 42:3–4, TLA

Adoración

Los profetas aman la gloria y la presencia de Dios. Ellos son inspiradores naturales y les encanta la adoración inspirada. Les gustan las canciones y los sonidos nuevos. La canción del Señor motiva a los profetas. Ellos son líderes de adoración fantásticos.

Algunos de los mayores adoradores de la Biblia fueron profetas. David, Asaf, Henán y Jedutún eran adoradores y profetas (1 Crónicas 25:1–6). La adoración está relacionada con el espíritu de profecía.

Los profetas establecieron la adoración en Israel.

> Puso también levitas en la casa de Jehová con címbalos, salterios y arpas, conforme al mandamiento de David, de Gad vidente del rey, y del profeta Natán, porque aquel mandamiento procedía de Jehová por medio de sus profetas.
> —2 CRÓNICAS 29:25

> Yo me postré a sus pies para adorarle. Y él me dijo: Mira, no lo hagas; yo soy consiervo tuyo, y de tus hermanos que retienen el testimonio de Jesús. Adora a Dios; porque el testimonio de Jesús es el espíritu de la profecía.
> —APOCALIPSIS 19:10

La adoración crea una atmósfera para el espíritu de profecía. Los profetas y la gente profética se desarrollan bien en la atmósfera de adoración. Ellos pueden trabajar como líderes de alabanza, salmistas y trovadores. Emiten sonidos y cantan canciones proféticas que traen liberación, sanidad, restauración y renovación.

También hay profetas que operan como visionarios. Los visionarios tienen la capacidad de ver en el ámbito espiritual y, luego, declarar lo que vieron. Cuando los visionarios están involucrados en nuestra adoración, ellos ven lo que está sucediendo en el ámbito espiritual como resultado de nuestra adoración y mientras adoramos. Los visionarios han visto ángeles, humo, fuego, lluvia, demonios, caballos, ejércitos, tronos, joyas, juicios, colores, etc. Pueden declarar a la congregación lo que vieron y animar a los santos a actuar según lo que ven. Esto resulta en una libertad fantástica y en logros.

Necesitamos hacer espacio para los visionarios en nuestros servicios de adoración. Cualquier creyente puede ver, si Dios lo permite, pero los visionarios son ministros proféticos que son reconocidos por el liderazgo de la iglesia.

La música y los músicos ungidos aceleran la palabra profética.

> 2 Reyes 3:11–16. El rey Josafat deseaba una palabra profética que le diera dirección. Él pidió un profeta (versículo 11) y le llevaron a Elías. Elías buscó un trovador que tocara y la mano del Señor vino sobre él (versículo 15). La música ungida aceleró la palabra profética para Elías y, luego, él profetizó la palabra del Señor. Incluso un profeta como Elías tenía que tener música para apresurar la palabra profética.

> 1 Samuel 10:5–6, 10. Un grupo de profetas fue visto viniendo por la carretera, precedido por aquellos que tocaban salterios, tamboriles, flautas y arpas. El resultado fue que por la música ungida que los precedía, no solo profetizaron, sino que el espíritu de profecía vino sobre Saúl y él también profetizó. Fue la presencia de la música lo que aceleró la palabra profética para Saúl y los profetas.[1]

Profetas, ustedes no están locos. Solamente son fanáticos de la alabanza y la adoración.

> Alabad a Dios en su santuario; alabadle en la magnificencia de su firmamento. Alabadle por sus proezas; alabadle conforme a la muchedumbre de su grandeza. Alabadle a son de bocina; alabadle con salterio y arpa. Alabadle con pandero y danza; alabadle con cuerdas y flautas. Alabadle con címbalos resonantes; alabadle con címbalos de júbilo. Todo lo que respira alabe a JAH. Aleluya.
>
> —Salmo 150:1–6

La danza

A los profetas les encanta la danza porque son personas de movimiento. Dios es un Dios de movimiento, y un movimiento ungido puede liberar la bendición de Dios.

> Y Miriam la profetisa, hermana de Aarón, tomó en su mano el pandero, y todas las mujeres salieron tras ella con panderos y danzas.
>
> —Éxodo 15:20, lbla

> Después llegarás a la colina de Dios donde está la guarnición de los filisteos; y sucederá que cuando llegues a la ciudad, allá encontrarás a un grupo de profetas que descienden del lugar alto con arpa, pandero, flauta y lira delante de ellos, y estarán profetizando.
>
> —1 Samuel 10:5, lbla

Y David danzaba con toda su fuerza delante de Jehová; y estaba David vestido con un efod de lino.

—2 Samuel 6:14

Danzar es un símbolo de victoria, gozo y celebración. No danzar es un signo de derrota y luto.

Entonces la virgen se alegrará en la danza, los jóvenes y los viejos juntamente; y cambiaré su lloro en gozo, y los consolaré, y los alegraré de su dolor.

—Jeremías 31:13

Cesó el gozo de nuestro corazón; nuestra danza se cambió en luto.

—Lamentaciones 5:15

Instrumentos musicales en la alabanza a Dios

¿Sabía que David hizo instrumentos de alabanza?

Con ellos a Hemán y a Jedutún con trompetas y címbalos para los que tocaban, y con otros instrumentos de música de Dios; y a los hijos de Jedutún para porteros.

—1 Crónicas 16:42

Además, cuatro mil porteros, y cuatro mil para alabar a Jehová, dijo David, con los instrumentos que he hecho para tributar alabanzas.

—1 Crónicas 23:5

Libertad

La libertad es el deseo de los profetas. Ellos detestan las ataduras y el control. Los profetas odian cuando el Espíritu Santo es apagado. Los profetas odian que apaguen al Espíritu Santo. Ellos quieren que el pueblo de Dios sea libre y disfrute su libertad.

Porque el Señor es el Espíritu; y donde está el Espíritu del Señor, allí hay libertad.

—2 Corintios 3:17, lbla

Estad, pues, firmes en la libertad con que Cristo nos hizo libres, y no estéis otra vez sujetos al yugo de esclavitud.

—Gálatas 5:1

Rema

La Biblia es el logos. Cuando Dios aviva una palabra del logos, esta se convierte en rema. Hay escrituras que se aplican a ciertos momentos de su vida. Los profetas liberan el rema. Lo que Dios dice de su Palabra (logos) hoy día es rema.

En el griego, la palabra *rema* significa "una declaración". Por lo tanto, la palabra rema en términos bíblicos se refiere a una porción de la Escritura que le "habla" a un creyente. Mateo 4:4 es un ejemplo excelente de su importancia:

"No solo de pan vivirá el hombre, sino de toda palabra [rema] que sale de la boca de Dios".

No hay nada peor para un profeta que la enseñanza y la prédica obsoleta: la palabra del pasado, la unción del pasado. Rema es fresca y aplicable en el tiempo presente.

Todos deberíamos amar y estudiar la Palabra (logos). Los profetas deberían estudiar y conocer la Palabra (logos); sin embargo, ellos deberían liberar el rema.

Cosas más profundas del Espíritu

Los profetas no son superficiales. A ellos les gusta la profundidad. Les gusta entender las cosas profundas de Dios. Ellos entienden los misterios de Dios. Los profetas odian la superficialidad. Ellos son los primeros en aceptar las verdades más profundas. La gente superficial dice que los profetas son "demasiado profundos". Los profetas comprenden que Dios es más grande y más profundo de lo que la mayoría de las personas entienden. Los profetas presionan a la iglesia para ir más profundo, más alto y más amplio en su entendimiento de los misterios de Dios.

> Pero Dios nos las reveló a nosotros por el Espíritu; porque el Espíritu todo lo escudriña, aun lo profundo de Dios.
>
> —1 Corintios 2:10

> ¡Cuán grandes son tus obras, oh Jehová! Muy profundos son tus pensamientos.
>
> —Salmo 92:5

Los bebés

Aunque a los profetas les encanta cuando los santos maduran, a ellos también les gustan los bebés. Los profetas aman a los bebés (lo infantil, inexperto y no instruido). Los bebés son aquellos con fe como la de un niño. Los bebés son los humildes.

Es mucho más fácil tratar con bebés que con algunas personas que han estado en la iglesia durante años. Los bebés se emocionan por las cosas nuevas del Espíritu. Los profetas aman la inocencia, la pureza y la fe como la de un niño.

> En aquella misma hora Jesús se regocijó en el Espíritu, y dijo: Yo te alabo, oh Padre, Señor del cielo y de la tierra, porque escondiste estas cosas de los sabios y entendidos, y las has revelado a los niños. Sí, Padre, porque así te agradó.
>
> —Lucas 10:21

Los fieles

Los profetas buscan a los fieles. A ellos les encantan los fieles. Los fieles son aquellos que están firmes con Dios. Son los que sirven a Dios sin transigir. Los profetas se entristecen cuando no hay fidelidad.

Los profetas animan a los fieles. Ellos les recuerdan las fieles bendiciones de

Dios y su fidelidad para ellos. Ellos animan a los fieles a seguir avanzando a pesar de cualquier obstáculo y persecución. Los profetas predicarán fidelidad.

No temas en nada lo que vas a padecer. He aquí, el diablo echará a algunos de vosotros en la cárcel, para que seáis probados, y tendréis tribulación por diez días. Sé fiel hasta la muerte, y yo te daré la corona de la vida.

—APOCALIPSIS 2:10

Salva, oh Jehová, porque se acabaron los piadosos; porque han desaparecido los fieles de entre los hijos de los hombres.

—SALMO 12:1

El hombre de verdad tendrá muchas bendiciones; mas el que se apresura a enriquecerse no será sin culpa.

—PROVERBIOS 28:20

LO QUE ODIAN LOS PROFETAS

La injusticia y la hipocresía

¿Qué pensáis vosotros que majáis mi pueblo y moléis las caras de los pobres? dice el Señor, Jehová de los ejércitos.

—ISAÍAS 3:15

¡Ay de vosotros, escribas y fariseos, hipócritas! porque devoráis las casas de las viudas, y como pretexto hacéis largas oraciones; por esto recibiréis mayor condenación.

—MATEO 23:14

Lo torcido

Lo torcido no se puede enderezar, y lo incompleto no puede contarse.

—ECLESIASTÉS 1:15

La corrupción no es suya; de sus hijos es la mancha, generación torcida y perversa.

—DEUTERONOMIO 32:5

No conocieron camino de paz, ni hay justicia en sus caminos; sus veredas son torcidas; cualquiera que por ellas fuere, no conocerá paz.

—ISAÍAS 59:8

La transigencia

Los profetas ven las cosas en blanco y negro, para ellos no hay áreas grises. Odian las mezclas. Muchas veces se meten en problemas por su posición.

Efraín se ha mezclado con los demás pueblos; Efraín fue torta no volteada.

—OSEAS 7:8

Los profetas prefieren andar solos que transigir su fe. Sin embargo, en realidad, ellos nunca están solos porque son los amigos de Dios.

> Mirad a Abraham vuestro padre, y a Sara que os dio a luz; porque cuando no era más que uno solo lo llamé, y lo bendije y lo multipliqué.
> —Isaías 51:2

La mezcla

Mezclas como...

- La ley y la gracia
- Lo justo e injusto
- La carne y el Espíritu
- La verdad y la tradición
- La iglesia y el mundo
- La luz y las tinieblas
- Lo limpio y lo sucio

...son repugnantes para los profetas.

> Tu plata se ha convertido en escorias, tu vino está mezclado con agua.
> —Isaías 1:22

> Los cuales sirven a lo que es figura y sombra de las cosas celestiales, como se le advirtió a Moisés cuando iba a erigir el tabernáculo, diciéndole: Mira, haz todas las cosas conforme al modelo que se te ha mostrado en el monte.
> —Hebreos 8:5

> Porque la ley, teniendo la sombra de los bienes venideros, no la imagen misma de las cosas, nunca puede, por los mismos sacrificios que se ofrecen continuamente cada año, hacer perfectos a los que se acercan.
> —Hebreos 10:1

> ¿Acaso alguna fuente echa por una misma abertura agua dulce y amarga?
> —Santiago 3:11

Una forma de santidad sin poder

> Que tendrán apariencia de piedad, pero negarán la eficacia de ella; a éstos evita.
> —2 Timoteo 3:5

> (Aunque) teniendo apariencia de piedad (verdadera religión), pero habiendo negado su poder (su conducta contradice la genuinidad de su profesión); a los (todos) tales evita (se aparta de ellos).
> —2 Timoteo 3:5, lbla (paréntesis añadido)

Parecerán ser muy religiosos, pero con su manera de vivir demostrarán que en realidad rechazan servir a Dios; no te metas con esa gente.

—2 Timoteo 3:5, pdt

La tradición humana

Los profetas odian las tradiciones humanas que anulan la Palabra de Dios. Ellos se opondrán a cualquier cosa que impida al pueblo de Dios obedecerle a Él, incluyendo la tradición. Se opondrán a estas tradiciones y advertirán a la gente de los peligros de la tradición religiosa.

Respondiendo él, les dijo: ¿Por qué también vosotros quebrantáis el mandamiento de Dios por vuestra tradición?

—Mateo 15:3

Invalidando la palabra de Dios con vuestra tradición que habéis transmitido. Y muchas cosas hacéis semejantes a estas.

—Marcos 7:13

Mirad que nadie os engañe por medio de filosofías y huecas sutilezas, según las tradiciones de los hombres, conforme a los rudimentos del mundo, y no según Cristo.

—Colosenses 2:8

El control religioso

Está mal que los líderes usen la profecía para pronunciar juicio (pesimismo) cuando la gente no está de acuerdo con ellos. Esto es una muestra de control, y un verdadero profeta clamará en contra de eso. Profetas, no manipulen y controlen a la gente a través de una palabra. Esto es injusto y hará que los profetas verdaderos se entristezcan y enojen.

No hay lugar para la rudeza y la arrogancia en el ministerio profético. Los profetas pueden ser firmes, pero todo debe hacerse en amor. El control, la manipulación y el dominio no caben en el ministerio profético.

Si yo hablase lenguas humanas y angélicas, y no tengo amor, vengo a ser como metal que resuena, o címbalo que retiñe. Y si tuviese profecía, y entendiese todos los misterios y toda ciencia, y si tuviese toda la fe, de tal manera que trasladase los montes, y no tengo amor, nada soy.

—1 Corintios 13:1–2

El amor (el amor de Dios en nosotros) no es jactancioso (arrogante e inflado de orgullo), no es arrogante (sin modales); no se porta indecorosamente; no busca lo suyo, no se irrita, no toma en cuenta el mal recibido (no le presta atención al daño sufrido);

—1 Corintios 13:5, lbla (énfasis añadido)

Brujería

La brujería es una obra de la carne y también es un demonio. Brujería es control, intimidación, manipulación, hechicería, adivinación, encantamiento, conjuros, maleficios y legalismo. Los profetas lo discernirán y lo desafiarán.

> Asimismo destruiré de tu mano las hechicerías, y no se hallarán en ti agoreros.
>
> —MIQUEAS 5:12

Maldad y crueldad

> ¿No odio, oh Jehová, a los que te aborrecen, y me enardezco contra tus enemigos? Los aborrezco por completo; los tengo por enemigos. Examíname, oh Dios, y conoce mi corazón; pruébame y conoce mis pensamientos.
>
> —SALMO 139:21–23

> Has amado la justicia, y aborrecido la maldad, por lo cual te ungió Dios, el Dios tuyo, con óleo de alegría más que a tus compañeros.
>
> —HEBREOS 1:9

Mantener cosas

Si les da algo que mantener, los profetas querrán mejorarlo, cambiarlo, renovarlo, agrandarlo o, sencillamente, renuncian. A ellos no les va bien en las iglesias que solamente mantienen y no cambian, mejoran ni crecen.

"Sanidad leve"

Los profetas no creen en poner una curita sobre una herida profunda. No diga: "todo está bien", cuando no todo está bien.

> Y curan la herida de mi pueblo con liviandad, diciendo: Paz, paz; y no hay paz.
>
> —JEREMÍAS 6:14

> Porque curan las heridas de mi pueblo de manera superficial, y dicen: "Todo quedará en paz, tranquilos", cuando en realidad todo está mal.
>
> —JEREMÍAS 6:14, PDT

Ignorancia

Lo que verdaderamente molesta a un profeta es que la gente rechace el conocimiento. Esto incluye al liderazgo, las iglesias y los ministerios que rechazan la verdad y que se rehúsan a crecer en conocimiento. Para los profetas es importante que se tenga conocimiento de Dios.

> ¿Qué haré a ti, Efraín? ¿Qué haré a ti, oh Judá? La piedad vuestra es como nube de la mañana, y como el rocío de la madrugada, que se desvanece.
>
> —OSEAS 4:6

Por tanto, mi pueblo fue llevado cautivo, porque no tuvo conocimiento; y su gloria pereció de hambre, y su multitud se secó de sed.

—Isaías 5:13

Palabrería

Palabrería significa: "Expresión verbal de acuerdo o lealtad, que no está respaldado por una convicción o acción verdadera, respeto hipócrita".[2] Los profetas detestan que la gente no haga lo que dice.

¿Por qué me llamáis, Señor, Señor, y no hacéis lo que yo digo?

—Lucas 6:46

Así que, todo lo que os digan que guardéis, guardadlo y hacedlo; mas no hagáis conforme a sus obras, porque dicen, y no hacen.

—Mateo 23:3

Este pueblo de labios me honra; Mas su corazón está lejos de mí.

—Mateo 15:8

Adulación

La adulación es alabanza excesiva e hipócrita, especialmente aquella que se da a fin de obtener intereses propios. Los profetas no adulan; ellos dicen la verdad. No llegan para "endulzarle el oído".

Porque no habrá más visión vana, ni habrá adivinación de lisonjeros en medio de la casa de Israel.

—Ezequiel 12:24

Habla mentira cada uno con su prójimo; hablan con labios lisonjeros, y con doblez de corazón.

—Salmo 12:2

Favoritismo

Esto molesta verdaderamente a los profetas.

No hagáis distinción de persona en el juicio; así al pequeño como al grande oiréis; no tendréis temor de ninguno, porque el juicio es de Dios; y la causa que os fuere difícil, la traeréis a mí, y yo la oiré.

—Deuteronomio 1:17

Hermanos míos, que vuestra fe en nuestro glorioso Señor Jesucristo sea sin acepción de personas.

—Santiago 2:1

Pero si hacéis acepción de personas, cometéis pecado, y quedáis convictos por la ley como transgresores.

—Santiago 2:9

Hurto

Jesús echó fuera del templo a los ladrones. Así es la ira de un profeta. Ellos detestan que el templo se convierta en una casa de comercio. Es una de las cosas que verdaderamente molesta a los profetas. Ellos quieren a los ladrones fuera del templo. Los profetas odian el hurto y el robo.

> Y les dijo: Escrito está: Mi casa, casa de oración será llamada; mas vosotros la habéis hecho cueva de ladrones.
> —MATEO 21:13

> ¡Ay de ti, ciudad sanguinaria, toda llena de mentira y de rapiña, sin apartarte del pillaje!
> —NAHÚM 3:1

Calumnia

La calumnia es otra de las cosas que los profetas verdaderamente no soportan. El chisme, la traición, los rumores y esparcir chismes son pecados que deben ser expuestos y detenidos. Los profetas pueden percibir la calumnia. Ellos pueden escuchar el consejo secreto de los malvados. Los profetas odian la calumnia contra los líderes de Dios. Sus llamados. Los profetas sacarán esto a luz. La calumnia ha destruido ministerios, iglesias, líderes y mucho más.

> Porque tú eres mi roca y mi castillo; Por tu nombre me guiarás y me encaminarás.
> —SALMO 31:13

> Todos ellos son rebeldes, porfiados, andan chismeando; son bronce y hierro; todos ellos son corruptores.
> —JEREMÍAS 6:28

> Guárdese cada uno de su compañero, y en ningún hermano tenga confianza; porque todo hermano engaña con falacia, y todo compañero anda calumniando.
> —JEREMÍAS 9:4

La calumnia y la difamación han causado mucho daño a los líderes, las iglesias, al pueblo y a las relaciones. Este es un mal que tiene que ser arrancado. Los profetas detectan la calumnia, oran en contra de eso y ayudan a arrancarla. La calumnia y la difamación reflejan la condición del corazón, pues de la abundancia del corazón habla la boca. La gente malvada no puede decir cosas buenas. Los profetas se preguntan por qué esto les molesta tanto. La respuesta es: "porque es diabólico".

> Tu boca metías en mal, y tu lengua componía engaño. Tomabas asiento, y hablabas contra tu hermano; Contra el hijo de tu madre ponías infamia.
> —SALMO 50:19–20

Y la lengua es un fuego, un mundo de maldad. La lengua está puesta entre nuestros miembros, y contamina todo el cuerpo, e inflama la rueda de la creación, y ella misma es inflamada por el infierno.

—SANTIAGO 3:6

El hombre perverso levanta contienda, y el chismoso aparta a los mejores amigos.

—PROVERBIOS 16:28

Religión vacía

Los profetas retan a la iglesia cuando se aleja del poder de Dios y lo reemplaza con intereses y fortaleza humana y sabiduría terrenal.

Blasfemia

Blasfemar significa "deshonrar o insultar". La pasión de los profetas es que el nombre del Señor reciba honra y exaltación.

¿Hasta cuándo, oh Dios, nos afrentará el angustiador? ¿Ha de blasfemar el enemigo perpetuamente tu nombre?

—SALMO 74:10

Acuérdate de esto: que el enemigo ha afrentado a Jehová, y pueblo insensato ha blasfemado tu nombre.

—SALMO 74:18

Y ahora ¿qué hago aquí, dice Jehová, ya que mi pueblo es llevado injustamente? Y los que en él se enseñorean, lo hacen aullar, dice Jehová, y continuamente es blasfemado mi nombre todo el día.

—ISAÍAS 52:5

Porque como está escrito, el nombre de Dios es blasfemado entre los gentiles por causa de vosotros.

—ROMANOS 2:24

¿No blasfeman ellos el buen nombre que fue invocado sobre vosotros?

—SANTIAGO 2:7

Discipulado falso

Dicho de otra manera, los profetas odian que los líderes hagan de las personas discípulos suyos en lugar de discípulos de Cristo.

¡Ay de vosotros, escribas y fariseos, hipócritas! porque recorréis mar y tierra para hacer un prosélito, y una vez hecho, le hacéis dos veces más hijo del infierno que vosotros.

—MATEO 23:15

Profetas falsos

Discernir lo verdadero de lo falso es una parte del ministerio del profeta. Ellos odian la mentira y el engaño.

- Los falsos profetas son codiciosos. Los verdaderos profetas odian la codicia.
- Los falsos profetas son avaros. Los verdaderos profetas odian la avaricia.
- Los falsos profetas son abusivos. Los verdaderos profetas odian el abuso.
- Los falsos profetas son controladores. Los verdaderos profetas odian el control.
- Los falsos profetas son arrogantes. Los verdaderos profetas son humildes.
- Los falsos profetas no pueden producir buen fruto. Los verdaderos profetas buscan frutos.
- Los falsos profetas son engañosos. Los verdaderos profetas disciernen el engaño.

Guardaos de los falsos profetas, que vienen a vosotros con vestidos de ovejas, pero por dentro son lobos rapaces. Por sus frutos los conoceréis. ¿Acaso se recogen uvas de los espinos, o higos de los abrojos?
—Mateo 7:15–16

Pues toleráis si alguno os esclaviza, si alguno os devora, si alguno toma lo vuestro, si alguno se enaltece, si alguno os da de bofetadas.
—2 Corintios 11:20

Los profetas no pueden tolerar pastores falsos, apóstoles falsos, profetas falsos, maestros falsos, obispos falsos, hermanos falsos, acusadores falsos ni testigos falsos. La doctrina falsa verdaderamente fastidia a los profetas.

Los ministerios falsos no irritarán y molestarán a los profetas, por lo que ellos no los toleran. Los profetas quieren rescatar a las personas que están en ministerios falsos. Un profeta le dirá que "se retire". Un profeta le ayudará a salir de eso.

El prevaricar y mentir contra Jehová, y el apartarse de en pos de nuestro Dios; el hablar calumnia y rebelión, concebir y proferir de corazón palabras de mentira.
—Isaías 59:13

Ovejas perdidas fueron mi pueblo; sus pastores las hicieron errar, por los montes las descarriaron; anduvieron de monte en collado, y se olvidaron de sus rediles.
—Jeremías 50:6

Hijo de hombre, profetiza contra los pastores de Israel; profetiza, y di a los pastores: Así ha dicho Jehová el Señor: ¡Ay de los pastores de Israel, que se apacientan a sí mismos! ¿No apacientan los pastores a los rebaños?
—Ezequiel 34:2

LO QUE DESEAN LOS PROFETAS

Manifestación del Espíritu y poder

A los profetas no los impresionan con las palabras persuasivas de la sabiduría humana. Ellos quieren un mover del Espíritu en demostración y poder. Las doctrinas y filosofías humanas no los impresionan. Desean palabras que liberan poder, sanidad, liberación y milagros.

> Y ni mi palabra ni mi predicación fue con palabras persuasivas de humana sabiduría, sino con demostración del Espíritu y de poder.
> —1 Corintios 2:4

> Ni mi palabra ni mi predicación se basaron en palabras persuasivas de sabiduría humana, sino en la demostración del Espíritu y del poder.
> —1 Corintios 2:4, rvc

Ver el poder y la gloria de Dios

> Para ver tu poder y tu gloria, así como te he mirado en el santuario.
> —Salmo 63:2

David era un profeta. Usted puede aprender mucho acerca del corazón de un profeta cuando estudia a David. Su deseo era ver el poder y la gloria de Dios. David anhelaba la presencia de Dios.

Los profetas disfrutan un estilo de vida de poder y gloria. Ellos quieren que todos experimenten el poder y la gloria de Dios. Claman: "Señor, ¡muéstrame tu gloria!".

> Él entonces dijo: Te ruego que me muestres tu gloria.
> —Éxodo 33:18

> En el año que murió el rey Uzías vi yo al Señor sentado sobre un trono alto y sublime, y sus faldas llenaban el templo.
> —Isaías 6:1

Contemplar la belleza del Señor

> Una cosa he demandado a Jehová, ésta buscaré; que esté yo en la casa de Jehová todos los días de mi vida, para contemplar la hermosura de Jehová, y para inquirir en su templo.
> —Salmo 27:4

Los profetas aman la belleza de Dios y quieren que todos la experimenten. La belleza de Dios es su perfección y gloria. David era un profeta y este era su deseo.

Los juicios del Señor

> El temor de Jehová es limpio, que permanece para siempre; los juicios de Jehová son verdad, todos justos. Deseables son más que el oro, y

más que mucho oro afinado; y dulces más que miel, y que la que destila del panal.

—Salmo 19:9–10

El temor del Señor y sus juicios (ordenanzas) es algo que los profetas aman. Ellos los desean más que al oro, pues son más dulces que la miel. Los profetas buscan y profundizan en los juicios (ordenanzas) de Dios. Los juicios de Dios son como un abismo grande.

Tu justicia es como los montes de Dios, tus juicios, abismo grande. Oh Jehová, al hombre y al animal conservas.

—Salmo 36:6

La verdad en lo íntimo

He aquí, tú amas la verdad en lo íntimo, y en lo secreto me has hecho comprender sabiduría.

—Salmo 51:6

Los profetas quieren la verdad en lo íntimo. El profeta se concentra en la parte oculta del hombre. Los profetas desean lo que Dios desea.

Conocer la voluntad de Dios

Por lo cual también nosotros, desde el día que lo oímos, no cesamos de orar por vosotros, y de pedir que seáis llenos del conocimiento de su voluntad en toda sabiduría e inteligencia espiritual.

—Colosenses 1:9

Los profetas quieren conocer la voluntad de Dios. Ellos quieren estar llenos de su sabiduría y entender su voluntad. Desean que el pueblo de Dios conozca su voluntad y que sean llenos de sabiduría y entendimiento espiritual.

Devoción pura y sincera a Cristo

Los profetas desean una devoción sincera y pura a Cristo. Ellos no quieren ver al pueblo de Dios apartado de la sencillez de Cristo. Sencillez es sinceridad. Los profetas quieren ver una devoción pura a Cristo.

Pero (ahora) temo que, así como la serpiente con su astucia engañó a Eva, vuestras mentes sean desviadas de la sencillez y pureza de la devoción a Cristo.

—2 Corintios 11:3, lbla (énfasis añadido)

Ver a Dios complacido

Los profetas se entristecen cuando Dios no está complacido. Ellos se alegran cuando Dios está complacido. Los profetas revelarán lo que complace y lo que desagrada a Dios.

Pero de los más de ellos no se agradó Dios; por lo cual quedaron postrados en el desierto.

—1 Corintios 10:5

Por lo demás, hermanos, os rogamos y exhortamos en el Señor Jesús, que de la manera que aprendisteis de nosotros cómo os conviene conduciros y agradar a Dios, así abundéis más y más.

—1 Tesalonicenses 4:1

CAPÍTULO 3

LO NECESITAMOS A USTED

Mira que te he puesto en este día sobre naciones y sobre reinos, para arrancar y para destruir, para arruinar y para derribar, para edificar y para plantar.

—JEREMÍAS 1:10

HE ENSEÑADO A nuestra congregación sobre el tema profético durante muchos años, y he visto los resultados de esta enseñanza pues miles de personas han recibido bendición y han aprendido a escuchar y moverse en lo profético. Para mí, esto no es teoría, sino más bien un estilo de vida. No puedo imaginar mi vida sin profecía. Por eso es que tiene este libro en sus manos. Quiero animarlo a convertirse en parte de un movimiento mundial que es una bendición para un número incontable de vidas.

Es importante que nos mantengamos dentro de los límites de la escritura en todo lo que hacemos. La Palabra de Dios nos protege del mal uso y abuso de la profecía. Este libro está lleno de referencias bíblicas sobre la vida profética, y le animo a meditar en estos versículos. Dios quiere usar su Palabra de verdad para que usted vaya por caminos prósperos y tenga buen éxito. En cada generación, Dios quiere desarrollar una cultura profética:

> He aquí que vienen días, dice Jehová, en los cuales haré nuevo pacto con la casa de Israel y con la casa de Judá. No como el pacto que hice con sus padres el día que tomé su mano para sacarlos de la tierra de Egipto; porque ellos invalidaron mi pacto, aunque fui yo un marido para ellos, dice Jehová. Pero este es el pacto que haré con la casa de Israel después de aquellos días, dice Jehová: Daré mi ley en su mente, y la escribiré en su corazón; y yo seré a ellos por Dios, y ellos me serán por pueblo. Y no enseñará más ninguno a su prójimo, ni ninguno a su hermano, diciendo: Conoce a Jehová; porque todos me conocerán, desde el más pequeño de ellos hasta el más grande, dice Jehová; porque perdonaré la maldad de ellos, y no me acordaré más de su pecado.
> —JEREMÍAS 31:31–34

Está claro que el nuevo pacto que Dios estableció con Israel y Judá incluye conocer al Señor. Todos los creyentes, desde el más pequeño de nosotros hasta el más grande, pueden tener la bendición de conocer a Dios a través del Espíritu Santo. Esto incluye conocer y reconocer la voz del Señor. Cuando usamos el término *profecía*, sencillamente nos referimos a escuchar la voz del Señor y a declarar su palabra a los demás.

En otras palabras, todo creyente tiene la oportunidad de operar en el ámbito profético. Cada creyente debería tener la expectativa de escuchar la voz de Dios.

Esto se debe a que cada uno de nosotros es un creyente del nuevo pacto. El fundamento del nuevo pacto es la base para desarrollar su vida profética.

Cada creyente debería tener la expectativa de hablar como el oráculo de Dios. La clave es desarrollar esta habilidad de manera intencional. No sucederá automáticamente. Algunos creyentes tienen dudas acerca de si Dios les hablará. Otros, pueden escuchar su palabra, pero tienen dificultad en decirla de parte de Dios. Todos nosotros necesitamos más fe para fluir en lo profético. Cada uno de nosotros tiene que creer lo que la Palabra de Dios dice y luego ponerla en práctica.

Es cierto: Dios quiere que cada persona sea un profeta. Recuerde lo que Moisés dijo:

> Y Moisés le respondió: ¿Tienes tú celos por mí? Ojalá todo el pueblo de Jehová fuese profeta, y que Jehová pusiera su espíritu sobre ellos.
>
> —NÚMEROS 11:29

Así debería ser el corazón de todo líder. Moisés deseaba que todo el pueblo de Dios participara en la unción profética a través del Espíritu Santo sobre ellos. Ahora esto es una realidad bajo el nuevo pacto. Todos podemos tener al Espíritu Santo sobre nosotros, y todos podemos participar en la unción profética.

Pero el ministerio profético es más que darle a la gente "la palabra del Señor" de vez en cuando. En el contexto de una cultura profética, el ministerio profético afectará cada área de la vida de la iglesia local. El ministerio profético impactará la manera en que la gente de la iglesia vive y funciona.

Desarrollar significa edificar o expandir, hacer algo más fuerte o efectivo, llevar a la actividad algo que está latente. El ministerio profético está inactivo en la vida de muchos individuos y muchas iglesias; y, por lo tanto, hay una gran necesidad de que sea activado. Quiero ayudarle a que se desarrolle en el área de lo profético. Quiero motivar su fe e impartir el conocimiento que usted necesita para desarrollarse proféticamente.

LOS PROFETAS SON ESENCIALES

En un artículo titulado: "*Five-Fold Parnership: What Prophets Need*", Eric Rafferty dice la razón por la que los profetas son esenciales para el cuerpo de Cristo. Él dice que, sin el ministerio de los profetas, los apóstoles, evangelistas, pastores y maestros quedan atrapados en sus propias intenciones y pueden desviarse del corazón de Dios. "Todos deberíamos darle la bienvenida a los profetas para ayudar a que nuestros equipos, ministerios e iglesias permanezcan cerca del corazón de Dios en todo lo que hacemos", dice él. "Los profetas crean momentos donde las personas tienen un encuentro con del Dios viviente".[1]

Tal como mencioné antes, el ministerio profético es más que dar una palabra. Los profetas ayudan al cuerpo de Cristo a estar en sintonía con lo que el Espíritu de Dios está haciendo. La tendencia del hombre y de los movimientos para apartarse del camino en un corto tiempo está confirmada en la Biblia y en la historia de la iglesia. El profeta es quien advierte y llama al hombre y los movimientos a regresar al camino.

Nos gusta orar por avivamiento durante los momentos de intercesión y oración corporativa. Queremos que Dios se mueva. Oramos por una nueva temporada, una unción fresca o por confirmación en una nueva dirección para nuestros ministerios. Los profetas nos ayudan a que estemos seguros de mantenernos alineados con el movimiento específico que Dios ha ordenado para el cuerpo del cual somos miembros. Estas son algunas cosas, entre el hombre y los movimientos, de las que los profetas nos ayudan a estar alertas:

1. El hombre y los movimientos pueden empezar en el Espíritu y terminar rápidamente en la carne.

2. El hombre y los movimientos pueden apartarse del mandato de engrandecer el reino y, en su lugar, empezar a construir imperios.

3. El hombre y los movimientos pueden convertirse en controladores y excluyentes.

4. La avaricia y Mammón pueden empezar a manifestarse en el hombre y los movimientos.

5. Los estándares de justicia y santidad pueden empezar a decaer en un corto periodo de tiempo.

6. El orgullo y la vanidad pueden empezar a reemplazar a la humildad y la mansedumbre.

7. El error y la falsa doctrina pueden invadir al hombre y a los movimientos rápidamente.

8. Las tradiciones del hombre podrían ser elevadas a la posición de la Escritura.

9. La gente no entregada puede subir a posiciones de liderazgo a través de manipulación y seducción.

10. El hombre y los movimientos pueden paralizar y acabar con el progreso.

11. El hombre y los movimientos pueden llegar a ser obsoletos e irrelevantes para la generación actual en muy poco tiempo.

12. El hombre y los movimientos pueden dejar de ser la sal de la tierra.

13. El hombre y los movimientos pueden convertirse en carnales y mundanos y empezar a transigir.

14. El hombre y los movimientos pueden perder su fuego y celo, y descansar en los logros pasados.

CUANDO NO HAY PROFETAS

Los profetas, junto con otros dones ministeriales, son una muestra de que Dios está presente en la iglesia (Salmo 68:18). Cuando la presencia de Dios se apartó de Israel en los tiempos del Antiguo Testamento, una señal de que Él los había abandonado era que "ya no había profetas" entre ellos. (Salmo 74:1, 9).

> Subiste a lo alto, cautivaste la cautividad, tomaste dones para los hombres, y también para los rebeldes, para que habite entre ellos JAH Dios.
>
> —SALMO 68:18

> No vemos ya nuestras señales; no hay más profeta, ni entre nosotros hay quien sepa hasta cuándo.
>
> —SALMO 74:9

Cuando Samuel nació, no había profetas en Israel. El sacerdocio era corrupto y la nación estaba en apostasía. Samuel trajo un nuevo nivel de bendición a Israel y la llevó a uno de sus periodos más grandes de poder y gloria.

> El joven Samuel ministraba a Jehová en presencia de Elí; y la palabra de Jehová escaseaba en aquellos días; no había visión con frecuencia.
>
> —1 SAMUEL 3:1

Cuando no hay profetas, entonces hay hambruna.

> He aquí vienen días, dice Jehová el Señor, en los cuales enviaré hambre a la tierra, no hambre de pan, ni sed de agua, sino de oír la palabra de Jehová. E irán errantes de mar a mar; desde el norte hasta el oriente discurrirán buscando palabra de Jehová, y no la hallarán.
>
> —AMÓS 8:11–12

Yo creo que Dios está eliminando la hambruna de su vida y de la de aquellos a quienes usted ministra. A través de sus siervos, los profetas, la hambruna es eliminada de las ciudades y regiones donde no hay presencia profética.

Por estas razones, siempre debemos pedir que el Espíritu Santo libere poder a través de sus profetas para que ellos puedan proteger, edificar, bendecir y animar al pueblo de Dios a través de su sabiduría sobrenatural y su Palabra revelada.

LOS PROFETAS NOS AYUDAN A DISCERNIR NUESTRA PARTE EN EL PLAN DE DIOS

Con revelación, los apóstoles y profetas ministran los propósitos del Señor para la iglesia. La unción les da una visión especial en los propósitos divinos. Ellos tienen la capacidad de hacer que los santos vean su parte y posición en los propósitos de Dios.

> …misterio que en otras generaciones no se dio a conocer a los hijos de los hombres, como ahora es revelado a sus santos apóstoles y profetas

por el Espíritu…y de aclarar a todos cuál sea la dispensación del misterio escondido desde los siglos en Dios, que creó todas las cosas
—EFESIOS 3:5, 9

Todos necesitamos conocer nuestra participación (rol) en el plan de Dios. Como individuos, iglesias y familias, necesitamos conocer nuestro rol en el plan de Dios. Los profetas tratan con los propósitos eternos. (Vea Efesios 3:11). Los planes y propósitos eternos ordenados por el Señor desde antes de la fundación del muncho aplican a toda persona. Cada uno de nosotros nació teniendo una parte en los propósitos eternos de Dios. Podemos optar por caminar en ese propósito o rechazarlo a través de la desobediencia y la rebeldía, o a través de la ignorancia.

Los profetas ministran revelación en lo que se refiere a nuestra participación (rol) del misterio (propósito) del Señor, y aquellos que tienen el deseo de conocer y llevar a cabo la voluntad del Señor necesitan hacer uso de un verdadero ministerio profético. El enemigo intenta mantenernos ignorantes de nuestra parte en los propósitos de Dios. Él trata de desviarnos de la voluntad de Dios. Él quiere destruirnos e interferir en el establecimiento del reino de Dios en la tierra.

Por lo tanto, rechazar el ministerio de los profetas es rechazar la revelación que el Señor desea darnos en relación a nuestro propósito eterno. A medida que honremos y aprovechemos de la unción del profeta, caminaremos en mayor revelación de los propósitos del Señor. En otras palabras, el cuerpo de Cristo ha recibido al profeta como un regalo para bendecirnos y perfeccionarnos. Nunca podríamos ser perfeccionados sin la revelación de los propósitos de Dios.

LOS PROFETAS NOS AYUDAN A CUMPLIR CON NUESTROS MINISTERIOS

Otra forma de decir que cada uno de nosotros nació con un rol que cumplir en el propósito eterno de Dios; es decir que cada uno de nosotros tiene un destino o un ministerio que cumplir. Pablo se refería a esto cuando le escribió a un miembro de la iglesia en Colosio:

Decid a Arquipo: Mira que cumplas el ministerio que recibiste en el Señor.
—COLOSENSES 4:17

Los profetas nos ayudan a cumplir nuestros ministerios al impartir la revelación que necesitamos saber con respecto a la voluntad del Señor. Ignorar la voluntad del Señor le impedirá a la gente cumplir con su ministerio. Muchos pasan demasiado tiempo trabajando en los lugares equivocados y haciendo las cosas incorrectas sencillamente porque no conocen la voluntad del Señor.

No somos llamados a hacer todo y nada, sino que estamos llamados a cumplir una función específica dentro del cuerpo de Cristo. Los santos necesitan estar en unidad perfecta y cada parte debe funcionar apropiadamente (Efesios 4:16).

Yo creo que los profetas son los primeros que pueden ayudarnos a encontrar nuestro lugar en el cuerpo y a aprender a funcionar apropiadamente, y así cumplir la voluntad del Señor para la iglesia.

Los profetas en la iglesia local

Los santos aprenden de la revelación profética y son "exhortados":

> Asimismo, los profetas hablen dos o tres, y los demás juzguen. Y si algo le fuere revelado a otro que estuviere sentado, calle el primero. Porque podéis profetizar todos uno por uno, para que todos aprendan, y todos sean exhortados.
>
> —1 Corintios 14:29–31

Estos versículos se refieren a los profetas que ministran por revelación en la iglesia local. Observe que los profetas reciben revelación y todos ellos pueden profetizar (declarar la revelación) "para que todos aprendan y sean exhortados". Por lo tanto, la revelación profética no trae temor, sino exhortación. La Palabra de Dios para Todos dice: "para que todos aprendan y estén animados" (versículo 31). Otra palabra para *exhortación* es *ánimo*.

Muchas veces, cuando un profeta está ministrando, otro profeta también empezará a recibir revelación. A medida que la unción fluye, moverá a otros en su don profético. Si usted es profeta, sabe a lo que me refiero. Los profetas notarán que su don se estimula cuando se asocian con otros profetas. No debería ser poco común que dos o tres profetas hablen en secuencia, en una reunión de fraternidad local. Y que, mientras uno de ellos ministra, los otros juzgan lo que se dice. Por lo tanto, la revelación profética está sujeta a ser sopesada por otros.

Las asambleas locales que le permiten a los profetas ministrar libremente alcanzarán un nivel mayor de revelación, conocimiento espiritual, exhortación y ánimo cuando avancen hacia el cumplimiento de los propósitos de Dios.

Los profetas nos traen revelación de Dios

Antes de que Dios haga algo, Él se lo revela primero a sus siervos, los profetas. Usted ha escuchado esta cita muchas veces:

> Porque no hará nada Jehová el Señor, sin que revele su secreto a sus siervos los profetas.
>
> —Amós 3:7

La revelación profética puede presentarse en forma de sueños, visiones o palabras directas del Señor. A los profetas también se les conoce como "visionarios" porque ellos ven de antemano lo que el Señor hará, y luego, comunican lo que han visto en sueños o visiones o lo que han escuchado en el espíritu.

Cuando un profeta dice lo que él o ella ha visto en el espíritu, el Señor se apresura a llevar a cabo las palabras del profeta porque es realmente la palabra y la voluntad del Señor expresada a través de uno de sus siervos. Debido a que la revelación profética nos da visión en los planes y propósitos de Dios, nos capacita para hacer que nuestra vida esté de acuerdo con lo que el Señor está haciendo.

> Mirad, pues, con diligencia cómo andéis, no como necios sino como sabios, aprovechando bien el tiempo, porque los días son malos. Por tanto, no seáis insensatos, sino entendidos de cuál sea la voluntad del Señor.
> —Efesios 5:15–17

La voluntad del Señor es que conozcamos sus planes y propósitos. Cuando conocemos la voluntad del Señor, entonces, estamos capacitados para redimir el tiempo y cumplir su voluntad. El tiempo no debe desperdiciarse en cosas que el Señor no nos ha llamado a hacer.

El ministerio profético es el medio que Dios usa para revelarnos la voluntad del Señor para nuestra vida e iglesia. Cuando falta el ministerio profético, el resultado será oscuridad y confusión en lo que se refiere a la voluntad del Señor. Dicho de otra manera, los profetas no solo ven y escuchan la voluntad del Señor en el espíritu, sino que, además, ellos la pronuncian y la activan.

Cuando el espíritu de Dios se mueve y los profetas profetizan, viene la luz. El poder de iluminación de la revelación penetra en la oscuridad de la confusión. La iglesia empieza a discernir la voluntad del Señor. Tan pronto como la palabra del Señor es pronunciada, la confusión y la ignorancia desaparecen. Cuán emocionante es ver a los santos recibir ministerio profético y que su vida y ministerios cobren forma. Sin el ministerio profético, muchas veces la oscuridad y la confusión están presentes. Con el ministerio profético, los creyentes reciben la claridad de la visión y la energía del propósito.

A través de la lectura de la Palabra de Dios podemos conocer la voluntad general de Dios. Por esta razón, necesitamos estudiar la Biblia. Sin embargo, la voluntad específica del Señor para las personas individualmente, las familias, las iglesias y las naciones solamente puede recibirse a través de la revelación, y esto implica el ministerio profético.

Durante un periodo consistente de tiempo, he recibido profecía personal que me ha ayudado a conocer la voluntad de Dios para mi vida y ministerio. Eso me ha capacitado para canalizar mi tiempo y energía en la perfecta voluntad de Dios para mi vida. Ha eliminado las dudas y la inestabilidad y me ha dado la fe y la confianza que necesito para cumplir los propósitos de Dios para mi vida.

No recomiendo que reemplacemos la responsabilidad personal, individual, de orar y buscar la voluntad de Dios con la palabra de los profetas. Cada uno de nosotros es aún responsable de orar y escuchar del Señor en referencia a la voluntad de Él para nuestra vida. Sin embargo, los profetas pueden ministrarnos revelación, darnos una ilustración y entendimiento más claros de lo que el Señor nos dirige a hacer.

LOS PROFETAS IMPARTEN DONES Y UNCIÓN ESPIRITUAL

Una de las habilidades de los profetas es impartir bendiciones a los demás. Vemos esto en Romanos 1:11, donde el apóstol Pablo dijo: "Porque deseo veros, para comunicaros algún don espiritual, a fin de que seáis confirmados". Pablo tenía el deseo de llegar a la iglesia en Roma para poder impartir dones espirituales a los miembros de la iglesia y ayudarles a ser confirmados en fortaleza madura. Era la unción del profeta lo que le daba a él la capacidad de impartir dones espirituales y unciones sobre las personas a través de profecías y de la imposición de manos.

Timoteo recibió la impartición de un don y la unción de Dios a través de la profecía y la imposición de manos:

> No descuides el don que hay en ti, que te fue dado mediante profecía
> con la imposición de las manos del presbiterio.
> —1 TIMOTEO 4:14

Hubo una transferencia de poder espiritual, autoridad, capacidad y gracia. Luego, Pablo le dijo a Timoteo que no descuidara el don que había recibido por impartición.

Todos necesitamos impartición de la unción. Usted puede recibir directamente algunas cosas de Dios; otras, vendrán a través del canal de otra persona. Aunque la mayoría recibe dones y llamados cuando nacen de nuevo y son bautizados en el Espíritu Santo, pueden recibir unciones adicionales por medio de la imposición de manos y la profecía.

Cuando falta este medio, el resultado será la ausencia de ministerios fuertes y unciones en la asamblea local. Necesitamos esta bendición de impartición que nos dio el Señor Jesucristo. Es importante que el cuerpo de Cristo discierna y reciba esta función de los profetas. De otra manera, nos perderemos el depósito de unciones y dones que pudieron haber venido a través de la impartición profética. Todos los que tienen dones ministeriales, especialmente para aquellos que son jóvenes, pueden beneficiarse al recibir dones sobrenaturales y unciones adicionales a través de la profecía y la oración con imposición de manos.

En lo personal, siento que todo don ministerial necesita del ministerio profético. Cuando permitimos que los profetas nos ministren por medio del Espíritu de Dios, el Señor puede impartir o depositar cosas en nuestra vida. Necesitamos estas imparticiones para que nuestros ministerios sean efectivos. Algunos dones ministeriales tienen carencias porque no han entrado en contacto o permitido que los profetas proficeten sobre su vida. Dicho de otra manera, lo que podría hacer falta en la operación de un don ministerial en la asamblea local podría ser la falta del ministerio profético. Sin la impartición profética, las personas no tendrán el equipamiento necesario que sus ministerios fructifiquen y tengan poder.

Esta capacidad para impartir es diferente al simple don de profecía, que está diseñado para edificar, exhortar y consolar. Aquellos que tienen el simple don de profecía, quizá no tengan la capacidad para impartir como lo hace el profeta. Una persona con el oficio de profeta hace más que profecía; él o ella también imparte. Usted puede notar la diferencia cuando ve profetizar a un profeta. Las palabras harán más que edificar, exhortar y consolar. Ellos también imparten gracia espiritual a las personas y en las asambleas.

Equipar a los santos para el ministerio es más que solo enseñarles cómo hacerlo, también implica impartición. La Palabra de Dios es efectiva, pero no es suficiente por sí sola. De hecho, así lo dice a través de todos los ejemplos de la actividad profética que incluye para nuestra instrucción. En otras palabras, cuando usted equipa a alguien, no solo le da la Palabra de Dios, sino que además les imparte los dones necesarios para la obra del ministerio y el profeta tiene una parte vital en equipar a los santos para la obra del ministerio.

Un buen ejemplo de impartición es cuando Elías fue llevado a los cielos y su manto cayó de manera que Eliseo pudiera recogerlo (2 Reyes 2). Como resultado directo, Eliseo recibió una doble porción del espíritu de Elías. Otro ejemplo de impartición fue cuando Moisés, a través de la imposición de manos, le impartió sabiduría a Josué (Deuteronomio 34:9).

Usted puede ver que los profetas hacen más que solo profetizar. Ellos también imparten, transfieren y transmiten unciones y dones según el Espíritu de Dios les dirige.

Confirmar

Según Romanos 1:11, el resultado de esta impartición es confirmar. Usted puede estar confirmado, firme y fuerte, en su ministerio cuando los profetas le impartan a través de la profecía y la imposición de manos.

Es muy posible que la razón por la que muchos de los dones no están confirmados en las iglesias locales sea por la falta de la unción profética, la cual libera impartición, lo que a su vez hace que la provisión de Dios sea confirmada en las asambleas locales.

Creo que toda asamblea local necesita la impartición del ministerio del profeta. Sin la unción del profeta, ciertas cosas no serán confirmadas; sea fuerte, el mundo se afirma en la Iglesia local.

Poder

Otro resultado directo de la impartición profética es poder espiritual. El Señor Jesús le dio poder a sus discípulos sobre los espíritus inmundos y la enfermedad (Mateo 10:1). Él les impartió este poder.

En 1 Samuel 10, encontramos impartición que le llegó a Saúl cuando se encontró con la compañía de profetas que profetizaban. El Espíritu del Señor vino sobre él, y esto resultó en que él fuera "mudado en otro hombre" (versículo 6). Cuando los individuos entren en contacto con aquellos que tienen una unción profética, habrá una impartición poderosa.

Carácter

Es necesario añadir una palabra acerca de la importancia del carácter personal, bueno, honorable. La Palabra de Dios nos dice que no impongamos manos con ligereza sobre ningún hombre (1 Timoteo 5:22). Los profetas deberían imponer manos e impartir profecía a las personas que han sido fieles y que han desarrollado un buen carácter. Individuos que no han desarrollado un carácter como el de Cristo, no deberían recibir impartición de este tipo porque terminarían operando en los dones y llamados de Dios con un carácter malo. Cuando la gente avanza en el ministerio con imperfecciones de carácter, con el tiempo, puede resultar en una caída y, posiblemente, se culparía al ministerio.

LOS PROFETAS NOS ACTIVAN

La unción del profeta lleva consigo la capacidad de activar. Los profetas, al profetizar, no solo tienen la habilidad para impartir, sino, también, de avivar y despertar ministerios y dones dentro de las personas. El aliento de Dios se libera a través de la profecía y la vida es impartida y activada.

El Señor le ordenó al profeta Ezequiel que profetizara sobre los huesos secos:

> Y profeticé como me había mandado, y entró espíritu en ellos, y vivieron, y estuvieron sobre sus pies; un ejército grande en extremo.
> —EZEQUIEL 37:10

Estos huesos secos representaban la casa de Israel. A medida que Ezequiel profetizaba, los huesos se unían. El profeta tiene la capacidad de profetizar para que la gente se ubique en la posición correcta dentro del cuerpo de Cristo.

Mientras Ezequiel profetizaba, los huesos se llenaban de tendones y músculos. Los tendones representan fuerza, y la piel representa forma. Los componentes necesarios toman la forma apropiada a través de la profecía, y luego, se añaden la vida y la fortaleza, todo a través del ministerio profético.

Con la activación profética, las asambleas locales tendrán mayor fuerza y la forma adecuada. Las personas se ubicarán en la posición adecuada. Cuando la gente está fuera de lugar en la asamblea local, el resultado es confusión.

El ministerio profético también puede activar milagros, sanidades y señales y maravillas dentro de la asamblea local. Todos los dones del Espíritu se activan a través del ministerio profético.

Si hay falta de unción dentro de la asamblea local, el profeta puede activar y resucitar lo que esté dormido o muerto. Muchos tienen dones que necesitan ser estimulados (activados). Si ellos no han podido activar los dones por sí mismos, sus dones pueden activarse a través del ministerio profético.

Muchos santos tienen llamados desde el vientre (Jeremías 1:5). Hay un momento en particular cuando se espera que el llamado sea activado. El profeta tiene la capacidad, a través del Espíritu de Dios, para activar ese llamado específico según la voluntad del Espíritu de Dios.

El profeta también tiene la habilidad de posicionar a las personas. Muchas iglesias están desorganizadas y los miembros no están correctamente integrados en el espíritu. El profeta tiene la capacidad de hablar orden en la casa del Señor.

En resumen, el profeta tiene la capacidad de hablar vida en una situación. Esto es reactivación. Esto levantará al ejército de Dios. A través de declaraciones proféticas, la gente se posiciona en el rango adecuado. Esto puede suceder por medio de represión, corrección o, sencillamente, colocar a la persona en la posición correcta por medio de la profecía.

La escritura declara que los dones y los llamados de Dios son sin arrepentimiento (Romanos 11:29). Algunas personas podrían sentir que ellos han perdido su don o que Dios se los ha quitado cuando lo que necesitas simplemente es ser activado pues está dormido. El don puede estar dormido por descuido o por bloqueos.

Muchas veces, estoy rodeado de profetas que pueden hablar a mi vida y avivar y reactivar los dones que tengo. Los profetas también tienen la capacidad de activar y animar sus dones. Esto "pondrá los tendones y los músculos sobre usted" y fortalecerá el don.

Activar ministerios

> Había entonces en la iglesia que estaba en Antioquía, profetas y maestros: Bernabé, Simón el que se llamaba Niger, Lucio de Cirene, Manaén el que se había criado junto con Herodes el tetrarca, y Saulo. Ministrando éstos al Señor, y ayunando, dijo el Espíritu Santo: Apartadme a Bernabé y a Saulo para la obra a que los he llamado. Entonces, habiendo ayunado y orado, les impusieron las manos y los despidieron.
> —Hechos 13:1–3

El ministerio profético activa a los demás ministerios y los envía. En el caso de Bernabé y Pablo, el llamado al apostolado ya existía; sin embargo, necesitaba ser activado. En cierta temporada o época, sería el momento para que el llamado se activara y que los hombres fueran enviados como apóstoles. Parece que estos versículos implican que el ministerio profético, a través de la imposición de manos, era fundamental para enviar a Pablo y Bernabé a empezar su ministerio a los gentiles. Aunque el versículo cuatro indica que fueron enviados por el Espíritu Santo, y el Espíritu Santo es quien hace el llamado, unge y envía a los ministerios, Él es quien usa los canales humanos para llevar a cabo esta tarea. Era importante tener al ministerio profético a fin de activar y liberar los dones ministeriales de Bernabé y Pablo.

Tanto la impartición profética como la activación son necesarias en el lanzamiento de los dones ministeriales. Aquellos que no se valen del ministerio profético, muchas veces son enviados de manera prematura, sin la necesaria activación e impartición de unciones y dones espirituales. Posiblemente, el llamado esté allí, pero podría no estar la capacidad para llevarlo a cabo.

Como sabemos, debido a la administración de los profetas en la iglesia de Antioquía, Pablo y Bernabé fueron enviados a un fuerte ministerio apostólico. En esta hora, el Señor está levantando más iglesias de Antioquía para enviar ministerios fuertes a toda la tierra.

LOS PROFETAS NOS CONFIRMAN

Según el Diccionario Webster, *confirmar* significa: afirmar, fortalecer o revalidar, eliminar toda duda.[2] Cuando algo está firme, está seguro o puesto de manera sólida en su lugar. Está hecho, definido y no puede moverse fácilmente. Cuando algo está confirmado, la continuidad y la posibilidad de prevalecer lo marcará. Esta es la voluntad de Dios para los santos. El ministerio del profeta ha sido colocado en la iglesia por y para la confirmación de los santos.

> Y Judas y Silas, como ellos también eran profetas, consolaron y confirmaron a los hermanos con abundancia de palabras.
> —HECHOS 15:32

Cuando los profetas ministran, el resultado será la confirmación. A los santos: "estad firmes, constantes, abundando siempre en la obra del Señor, sabiendo que vuestro trabajo en el Señor no es en vano" (1 Corintios 15:58, LBLA). Era necesario que Judas y Silas ministraran confirmación a esta Iglesia en particular debido a la falsa doctrina. El alma de los santos estaba siendo perturbada (Hechos 15:24), es decir, que estaban siendo apartados o derrocados de su fundamento, el cual estaba debilitado o arruinado por los títulos. Ellos se habían desestabilizado. Cuando los santos están inestables, no abundan en la obra del Señor. Después de recibir el ministerio profético, estas iglesias fueron establecidas en la fe. Fueron confirmadas y fortalecidas en lo referente a su salvación.

Dos o tres testigos

Es un principio espiritual que la verdad sea establecida por la confirmación de dos o tres testigos.

> Esta es la tercera vez que voy a vosotros. Por boca de dos o de tres testigos se decidirá todo asunto.
> —2 CORINTIOS 13:1

Los profetas pueden proveer otro testigo. Usted podría tener un testigo en su espíritu en relación a cierto asunto y, aun así, no está demostrado en el hecho de que provenga del Señor. El Señor, en su misericordia, ha provisto al ministerio profético como testigo adicional para que podamos ser confirmados en la voluntad de Dios para nuestra vida.

La Palabra de Dios nos dice que probemos todas las cosas (1 Tesalonicenses 5:21). Cualquier cosa que provenga del Señor puede ser probada. Cuando el ministerio profético confirma la voluntad de Dios, hay afirmación y firmeza en vez de incertidumbre y duda. El testimonio de Jesús es el espíritu de profecía

(Apocalipsis 19:10). La profecía es un testigo (testimonio). Este es el espíritu de toda profecía: dar confirmación y testimonio de Jesús.

Resolver dudas

En las escrituras encontramos esta descripción interesante de Daniel, quien era uno de los mejores profetas:

> Porque en él se halló un espíritu mayor de ciencia y entendimiento para interpretar sueños, descifrar enigmas y resolver dudas. Ese hombre es Daniel.
>
> —Daniel 5:12, rvc

Ya que muchas veces concentramos nuestra atención en sus otras cualidades, raramente notamos que *Daniel tenía la capacidad para resolver dudas.* Evidentemente, la unción del profeta resolverá dudas, hará que las personas que reciben ministración profética anden en un nivel mayor de fe y afirmación. Ellos tendrán un entendimiento más claro de la voluntad de Dios. Recibirán confirmación, tal como lo mencioné antes, pero, además, las dudas en su mente serán disipadas.

Daniel pudo quitar toda duda y confusión que el rey tenía cuando interpretó sus sueños. Los santos que luchan con la duda e indecisión se beneficiarán de la confirmación profética ungida. Sus dudas desaparecerán, su nivel de fe aumentará y ellos podrán avanzar efectivamente sin indecisión. La confirmación profética destruirá el doble ánimo y el resultado será estabilidad en lugar de inestabilidad, lo que hará posible que ellos sean confirmados hasta el final.

> El cual también os confirmará hasta el fin, para que seáis irreprensibles en el día de nuestro Señor Jesucristo.
>
> —1 Corintios 1:8

Servicios de ordenación llenos del Espíritu Santo

Ordenación es el acto de investir oficialmente con la autoridad ministerial o sacerdotal a alguien. En Hechos 6:6, los apóstoles impusieron manos sobre los primeros diáconos para establecerlos en su ministerio. Esta también fue una impartición de la unción apostólica que envió a Esteban y a Felipe a los ministerios de milagros. En la iglesia primitiva, los obispos y los ancianos también eran ordenados de este modo y establecidos en sus ministerios respectivos.

Después de la muerte de los primeros apóstoles, la iglesia perdió mucho de su poder, y la ordenación se volvió ceremonial en gran parte. Sin embargo, hoy día el Señor está restaurando la realidad y poder de la ordenación para colocar varios ministerios en la iglesia. A través del ministerio apostólico y profético, la unción puede ser impartida a los que son ordenados. (Vea 1 Timoteo 4:14). En los servicios de ordenación de nuestra iglesia, llamamos a los profetas para que vengan y profeticen sobre los candidatos a ordenación. A esto lo llamamos presbiterio profético. Creo que el presbiterio profético es necesario en este tiempo para liberar dones ministeriales fuertes y, por lo tanto, los servicios de ordenación ya no deberían ser puramente ceremoniales sino llenos del poder y la unción del Espíritu Santo. Permitir que los profetas fluyan en esta administración iniciará ministerios más fuertes.

Cuando permitamos y alentemos administraciones proféticas diferentes, veremos más de los beneficios del Espíritu establecidos en la casa del Señor. No podemos volvernos adictos a un tipo de administración, sino que debemos recibir todo lo que el Señor tiene para nosotros. Así, podemos ser llenos de toda la plenitud de Dios. (Vea Efesios 3:19.)

Vemos que los profetas pueden ministrar y proveer ayuda a través de revelación, impartición, activación y confirmación. Por medio de estas administraciones diferentes, los profetas pueden hablar y ministrar a los santos con la autoridad que da la gracia. Dios ha provisto estas ayudas espirituales para la iglesia a fin de que podamos ser cambiados a la imagen de Jesucristo. Agradezcamos a Dios por las diferentes funciones de los profetas. Que liberemos y recibamos este ministerio importante y que, a través de él, podamos obtener de la gracia de Dios lo que ha sido depositado entre nosotros.

CAPÍTULO 4

HECHO POR DIOS

Y se sentará para afinar y limpiar la plata; porque limpiará a los hijos de Leví, los afinará como a oro y como a plata, y traerán a Jehová ofrenda en justicia.

—Malaquías 3:3

DIOS HACE PASAR a los profetas por un proceso de refinamiento. Él los limpia y desarrolla su carácter. Los profetas tienen que reaccionar ante el trato de Dios en su propia vida antes de que puedan lidiar efectivamente con los problemas en la vida de los demás. Como profeta, a veces sentirá como si estuviera en un horno. Podría verse diciendo: "Dios, ¿por qué tratas conmigo tan fuertemente? ¿Por qué no tratas con todos los demás de esta forma?". No se rinda, profeta. Pase por el proceso.

El crisol para la plata, y la hornaza para el oro; pero Jehová prueba los corazones.

—Proverbios 17:3

Permita que Dios lo limpie

Un profeta es un vaso. Dios limpia sus vasos. Dios quitará la escoria (impurezas) de su vida. Tiene que llegar a ser materia prima antes de convertirse en un vaso profético. Pase por el proceso. Deje que el fuego lo queme.

Quita las escorias de la plata, y saldrá alhaja al fundidor.

—Proverbios 25:4

Quita la escoria de la plata, y de allí saldrá material para el orfebre.

—Proverbios 25:4, nbd

Profeta, no permita que la culpa, vergüenza y condenación le impidan aceptar y andar en su llamado. Muchos profetas luchan con sentimientos de incompetencia como resultado de su pasado. Isaías fue limpiado y enviado. Permita que el Señor lo limpie de sus pecados pasados, camine limpio delante del Señor y cumpla con su llamado.

Entonces dije: ¡Ay de mí! que soy muerto; porque siendo hombre inmundo de labios, y habitando en medio de pueblo que tiene labios inmundos, han visto mis ojos al Rey, Jehová de los ejércitos.

—Isaías 6:5

Los profetas tienen que ser fieles

Moisés se distinguía como profeta por su fidelidad. Sea fiel al llamado y la comisión.

Sin embargo, así no es como yo hablo con mi siervo Moisés, pues nadie es tan fiel como él en toda mi casa.

—Números 12:7, pdt

Mis ojos pondré en los fieles de la tierra, para que estén conmigo; el que ande en el camino de la perfección, éste me servirá.

—Salmo 101:6

Dios escoge a los profetas por medio de su gracia

Pero por la gracia de Dios soy lo que soy; y su gracia no ha sido en vano para conmigo, antes he trabajado más que todos ellos; pero no yo, sino la gracia de Dios conmigo.

—1 Corintios 15:10

Los profetas comprenden la gracia. Ellos saben que la fortaleza de Dios es por gracia. Comprenden que no pueden cumplir su llamado en sus propias fuerzas. Ellos dependen de la gracia de Dios (Su fortaleza, favor, poder y habilidad). Comprenden que, sin Dios, no pueden hacer nada. Los profetas se encontrarán en situaciones en las que tienen que depender de la gracia.

No puedo yo hacer nada por mí mismo; según oigo, así juzgo; y mi juicio es justo, porque no busco mi voluntad, sino la voluntad del que me envió, la del Padre.

—Juan 5:30

Los profetas son elegidos por Dios, no por el hombre.

Dios llama a todo tipo de personas a ser profetas. El Señor escoge lo necio para avergonzar a lo sabio (1 Corintios 1:27–29). David era un joven pastor de ovejas desconocido. Amós no era profeta ni hijo de profeta. Dios llama a la gente que no calificaría por los estándares del hombre. Los profetas no son determinados por el hombre, sino por Dios. Lo que Dios escoge es un reto y una reprimenda contra el orgullo del hombre.

Dios llama hasta a los rebeldes.

Subiste a lo alto, cautivaste la cautividad, tomaste dones para los hombres, y también para los rebeldes, para que habite entre ellos JAH Dios.

—Salmo 68:18

La enseñanza de los profetas proviene de Dios

Hay cosas que usted puede aprender directamente de Dios. Esto es lo que les sucede a los profetas. Ellos saben cosas que el hombre no enseña. Jesús sabía más que todos los líderes religiosos de su época. Ellos se maravillaban ante su conocimiento. Jesús no asistió a las escuelas de ellos.

Los presentes quedaron maravillados al oírlo. Se preguntaban: "¿Cómo es que sabe tanto sin haber estudiado?".

—Juan 7:15, ntv

El Espíritu Santo y la profecía

Jesús prometió a sus discípulos el don del Espíritu Santo. Su promesa se cumplió el día de Pentecostés: y durante los "Pentecostés" subsecuentes a lo largo de los siglos.

> Y fueron todos llenos del Espíritu Santo, y comenzaron a hablar en otras lenguas, según el Espíritu les daba que hablasen.
> —Hechos 2:4

Al Espíritu Santo se le conoce también como el Consolador, y la profecía es una de las formas en que Él consuela al creyente. La palabra griega para *consolador* es *parakletos*, que significa intercesor, consolador o abogado. Cuando llega el Espíritu Santo, los resultados incluyen consuelo, fortaleza y la capacidad para hablar valientemente la palabra de Dios.

El Espíritu Santo "les dio a los discípulos capacidad para hablar"; en griego, la palabra es *apophtheggomai*, que significa: enunciar claramente, declarar, decir o hablar. Lo primero que sucedió cuando el Espíritu Santo vino sobre los discípulos en el Aposento Alto en el Día de Pentecostés fue que les dio inspiración para expresarse, lo cual es profecía.

Dicho de otra forma, el bautismo del Espíritu Santo es la puerta para entrar en el ámbito profético. Lo bien conocida profecía de Joel enfatiza la liberación de la profecía entre los hijos, hijas, siervos y siervas. Los creyentes hablaron en lenguas en el Día de Pentecostés, y Pedro citó la profecía de Joel para nombrar lo que estaba sucediendo. Aquellos que hablaban en lenguas habían sido inspirados por el Espíritu Santo:

> Y después de esto derramaré mi Espíritu sobre toda carne, y profetizarán vuestros hijos y vuestras hijas; vuestros ancianos soñarán sueños, y vuestros jóvenes verán visiones. Y también sobre los siervos y sobre las siervas derramaré mi Espíritu en aquellos días.
> —Joel 2:28–29

Millones de creyentes en todo el mundo han experimentado el bautismo del Espíritu Santo y, como evidencia, hablaron en lenguas. Muchos creyentes han limitado su experiencia a hablar en lenguas y no han experimentado la bendición de la profecía. Los creyentes en la iglesia del Nuevo Testamento podían hablar en lenguas *y* profetizar.

Tanto la profecía como hablar en lenguas son formas de expresión inspirada. Es fácil de explicar: hablar en lenguas es expresión inspirada en un lenguaje desconocido para el que habla, y profecía es una expresión inspirada en un lenguaje conocido para el que habla.

El poder sobrenatural de la palabra inspirada

Para poder comprender completamente el poder de la profecía, necesitamos una revelación del poder de la lengua. Jesús dijo que sus palabras eran espíritu y vida. Palabras, especialmente las que vienen de Dios, son como contenedores espirituales que llevan espíritu y vida.

Las palabras tienen poder tanto para propósitos divinos como para propósitos impíos. El universo completo fue formado a través de palabras: "Y dijo Dios: Sea la luz; y fue la luz" (Génesis 1:3). Las palabras pueden usarse para bendecir o maldecir: "La muerte y la vida están en poder de la lengua" (Proverbios 18:21).

Las Escrituras están llenas de versículos que enfatizan el poder de las palabras y de la lengua:

> Quien dice la verdad proclama la justicia, pero el testigo falso propaga el engaño. Hay gente cuyas palabras son puñaladas, pero la lengua de los sabios sana las heridas.
> —Proverbios 12:17–18, rvc

> La congoja en el corazón del hombre lo abate; mas la buena palabra lo alegra.
> —Proverbios 12:25

> La lengua apacible es árbol de vida; mas la perversidad de ella es quebrantamiento de espíritu.
> —Proverbios 15:4

> El hombre se alegra con la respuesta de su boca; y la palabra a su tiempo, ¡cuán buena es!
> —Proverbios 15:23

> Las palabras amables son un panal de miel; endulzan el alma y sanan el cuerpo.
> —Proverbios 16:24, rvc

> Manzana de oro con figuras de plata es la palabra dicha como conviene.
> —Proverbios 25:11

> Con larga paciencia se aplaca el príncipe, y la lengua blanda quebranta los huesos.
> —Proverbios 25:15

> ¡Cuán eficaces son las palabras rectas! Pero ¿qué reprende la censura vuestra?
> —Job 6:25

Las palabras correctas son contundentes. La palabra adecuada dicha en el momento adecuado lleva en sí tremendo poder y fuerza.

Las palabras no pueden existir sin las personas, y las personas usan su lengua para hablar. Por lo tanto, las Escrituras empatizan el poder de la lengua para el bien, así como para el mal:

> Así también la lengua es un miembro pequeño, pero se jacta de grandes cosas. He aquí, ¡cuán grande bosque enciende un pequeño fuego! Y la lengua es un fuego, un mundo de maldad. La lengua está puesta entre

nuestros miembros, y contamina todo el cuerpo, e inflama la rueda de la creación, y ella misma es inflamada por el infierno.

Porque toda naturaleza de bestias, y de aves, y de serpientes, y de seres del mar, se doma y ha sido domada por la naturaleza humana; pero ningún hombre puede domar la lengua, que es un mal que no puede ser refrenado, llena de veneno mortal.

Con ella bendecimos al Dios y Padre, y con ella maldecimos a los hombres, que están hechos a la semejanza de Dios. De una misma boca proceden bendición y maldición. Hermanos míos, esto no debe ser así. ¿Acaso alguna fuente echa por una misma abertura agua dulce y amarga? Hermanos míos, ¿puede acaso la higuera producir aceitunas, o la vid higos? Así también ninguna fuente puede dar agua salada y dulce.
—SANTIAGO 3:5–12

Si las palabras son así de poderosas, ¡imagínese el poder de las palabras inspiradas! Las palabras ungidas y cargadas por el Espíritu santo tienen un poder tremendo. Una palabra profética puede cambiar su vida. La profecía es poderosa porque es la palabra del Señor, y toda palabra de Dios tiene poder.

Ciertamente espíritu hay en el hombre, y el soplo del Omnipotente le hace que entienda.
—JOB 32:8

LA UNCIÓN DEL PROFETA

Las palabras del profeta están ungidas y tienen poder. Cuando el profeta habla, suceden cosas. Cuando el profeta habla, las cosas cambian. Cuando el profeta habla, Dios se manifiesta. La palabra el profeta es como fuego que quema y como martillo que rompe la roca en pedazos.

Abra su boca, profeta, y hable. Dios le respaldará. El confirmará las palabras de sus siervos.

¿No es mi palabra como fuego, dice Jehová, y como martillo que quebranta la piedra?
—JEREMÍAS 23:29

Yo, el que despierta la palabra de su siervo, y cumple el consejo de sus mensajeros; que dice a Jerusalén: Serás habitada; y a las ciudades de Judá: Reconstruidas serán, y sus ruinas reedificaré.
—ISAÍAS 44:26

Dios manda a sus profetas a profetizar. Cuando lo hacen, hay un ruido, un temblor, un acercamiento. Las cosas muertas cobran vida. Los huesos secos vuelven a vivir. Las palabras de los profetas llevan vida. Ellos liberan el aliento de vida.

Profeticé, pues, como me fue mandado; y hubo un ruido mientras yo profetizaba, y he aquí un temblor; y los huesos se juntaron cada hueso con su hueso. [...] Y profeticé como me había mandado, y entró espíritu en ellos, y vivieron, y estuvieron sobre sus pies; un ejército grande en extremo.

—Ezequiel 37:7, 10

Los profetas tienen que profetizar cuando Dios habla. Cuando Él habla, ¿quién puede abstenerse de profetizar? Lo único que sus profetas pueden hacer en ese caso es profetizar. ¿Quién no lo haría? ¿Qué profeta puede quedarse callado? ¿Quién puede rehusarse a profetizar? ¿Quién puede hacer otra cosa que no sea profetizar? A algunos les gustaría que los profetas se callaran, pero ellos no pueden evitar profetizar.

Si el león ruge, ¿quién no temerá? Si habla Jehová el Señor, ¿quién no profetizará?

—Amós 3:8

La palabra del Señor llegará a los profetas, aun cuando la gente trate de encerrarlos o callarlos.

Y había venido palabra de Jehová a Jeremías, estando preso en el patio de la cárcel.

—Jeremías 39:15

Los profetas tienen que tener una forma de desahogar y liberar lo que Dios le da, de lo contrario, se sentirán como si fueran a explotar.

De cierto mi corazón está como el vino que no tiene respiradero, y se rompe como odres nuevos.

—Job 32:19

Esta liberación puede suceder en forma de llanto, expresión, escritura, canto, danza u oración.

La inspiración del Espíritu Santo

Dios inspira a nuestro espíritu a través del Espíritu Santo. Los profetas del Antiguo Testamento hablaron por la inspiración del Espíritu Santo. Lo mismo sucedió con los profetas del Nuevo Testamento. Los creyentes de hoy, llenos del Espíritu, también pueden hablar por la inspiración del Espíritu Santo.

Aquellos que experimentan la manifestación de lenguas también pueden profetizar. El Espíritu Santo inspirará al creyente a hacer ambas cosas. La clave es rendirse al Espíritu Santo y permitirle que lo inspire no solo para hablar en un lenguaje que usted entiende y que no ha aprendido, sino también en su lengua materna.

Los creyentes también pueden orar por la inspiración del Espíritu. Podemos cantar por inspiración. Podemos enseñar y predicar por inspiración de Él. Todos los resultados de la inspiración del Espíritu Santo son diferentes tipos de manifestaciones proféticas en acción. Deberíamos recibir gustosamente y cultivar todas las formas de inspiración del Espíritu.

En el Nuevo Testamento se nos dice que no detengamos las expresiones inspiradas: "No apaguéis al Espíritu. No menospreciéis las profecías" (1 Tesalonicenses 5:19–20). Las expresiones inspiradas traen bendiciones enormes para la iglesia y para los creyentes individualmente. Hay una tendencia a detener o reprimir las expresiones inspiradas en la iglesia y esta es la razón por la que Pablo dio esta amonestación. Cuando las expresiones inspiradas son reprimidas, el Espíritu Santo no tiene la libertad para actuar. El Espíritu Santo inspirará a una persona, pero no forzará a alguien a hablar. Las personas deciden si quieren expresar un mensaje inspirado.

He sido inspirado a profetizarle a miles de creyentes en todo el mundo. He visto la bendición de la expresión inspirada, y usted también puede hacerlo. Rendirse ante la inspiración del Espíritu Santo traerá bendiciones incontables a aquellos que escuchan sus palabras ungidas.

Las palabras caen como lluvia

Esta línea la leemos en un salmo muy conocido:

> La tierra tembló. Al verte, Dios de Israel, los cielos derramaron su lluvia; ante tu presencia, el monte Sinaí se estremeció.
> —Salmo 68:8, rvc

Los cielos "destilaron" ante la presencia de Dios. ¿Qué significa eso? *Destilar* es la palabra hebrea *nataph,* que significa: supurar, destilar gradualmente, caer en gotas, hablar por inspiración[1], en otras palabras, profetizar.

Una de las formas en que Dios nos inspira es destilando su palabra sobre nosotros. Esto sucede generalmente durante la adoración corporativa cuando la presencia de Dios es fuerte. La palabra del Señor cae como lluvia y, generalmente, en el servicio hay muchos que son inspirados para hablar. Algunos serán inspirados a cantar proféticamente cuando Dios destila una canción sobre ellos.

Las palabras borbotean

Naba es la palabra hebrea que significa *profecía*, que quiere decir hablar o cantar por inspiración (en predicción o discurso simple).[2] La palabra lleva el sentido de borbotear o brotar, fluir, derramar, que sale a borbotones. La palabra para *profeta* es *nabiy,* que significa *hombre inspirado*.[3] La palabra para *profetiza* es *nĕbiy'ah,* que significa mujer inspirada, poetiza o esposa de profeta.[4] En otras palabras, tanto hombres como mujeres pueden ser inspirados para fluir o borbotear con la palabra de Dios en expresión profética. La inspiración a profetizar puede caer sobre nosotros como lluvia (*nataph*) o borbotear de nuestro interior (*naba*). Es el mismo Espíritu Santo que inspira en ambas formas, y el resultado también es el mismo: inspiración para expresar la palabra del Señor.

Enriquecidos en toda palabra

La iglesia de Corinto fue "enriquecida en toda palabra":

> Porque en todas las cosas fuisteis enriquecidos en él, en toda palabra y en toda ciencia.
>
> —1 Corintios 1:5

El Espíritu Santo nos enriquecerá, a cada uno, en toda palabra. Cuando alguien o algo ha sido enriquecido, se le ha añadido algo. La palabra contiene la idea de riqueza o abundancia. Ya que hemos sido llenos con el Espíritu Santo, deberíamos abundar en palabra. El Espíritu Santo es un espíritu libre (Salmos 51:12, rva), lo que significa que Él es liberal, generoso y espléndido (dispuesto a compartirse a Sí mismo con nosotros). Él se derrama a Sí mismo sobre nosotros, y su vida fluye de nuestro interior. La mayoría de las veces, el derramamiento del Espíritu Santo se libera en una profecía de derramamiento. Por eso es que nos exhortan a no apagar o limitar al Espíritu Santo apagando su inspiración.

El Espíritu Santo unge las expresiones inspiradas. Es interesante que la palabra *nathan* sea traducida "dar su voz" en la Escritura, en pasajes como: Joel 2:11 y 3:16, y Salmo 46:6.[5]

> Y Jehová dará *su orden* delante de su ejército; porque muy grande es su campamento; fuerte es el que ejecuta su orden.
>
> —Joel 2:11, énfasis añadido

> Y Jehová rugirá desde Sion, y dará *su voz* desde Jerusalén.
>
> —Joel 3:16, énfasis añadido

> Bramaron las naciones, titubearon los reinos; Dio él *su voz*, se derritió la tierra.
>
> —Salmo 46:6, énfasis añadido

También es interesante que Natán sea el nombre del profeta que reprendió a David después de que él durmiera con Betsabé (2 Samuel 12). Repito, la expresión inspirada proveyó una llave al cerrado corazón humano. En este caso, el Espíritu Santo inspiró al profeta Natán para contar una parábola. La tierra se rinde cuando Dios da su voz. Esto significa que el ámbito físico es afectado por la voz del Señor y el ámbito físico incluye hombres y mujeres, no solo porque habitan en la tierra, sino también porque fueron tomados de la tierra en la creación.

Las expresiones inspiradas tienen un efecto dramático sobre los hombres y las mujeres. Su vida se enriquece a través de las palabras proféticas. Las simples palabras humanas no pueden obtener tales resultados. Las expresiones inspiradas no son obra del hombre, sino del Espíritu Santo.

El espíritu Santo habla a través de nosotros y Él es quien pone su palabra en nuestra boca.

> El Espíritu de Jehová ha hablado por mí, y su palabra ha estado en mi lengua.
>
> —2 Samuel 23:2

David comprendió que estas palabras eran divinamente inspiradas. Incluso, David cantaba bajo inspiración mientras tocaba su arpa. Con la palabra de Dios en su boca, su lengua puede volverse un instrumento divino. Dios desea enviar su palabra a través de su lengua y la mía. Él ha dado a cada creyente al Espíritu Santo para que pueda cumplir con su voluntad.

La profecía es el resultado de estar lleno del Espíritu Santo. Zacarías estaba mudo y no pudo hablar hasta que la llenura del Espíritu Santo soltó su lengua. Luego, no solamente dijo algunas palabras por primera vez en meses, sino que también profetizó:

> Y Zacarías su padre fue lleno del Espíritu Santo, y profetizó, diciendo…
> —Lucas 1:67

Los creyentes y las iglesias llenas del Espíritu *deberían* profetizar. Por el hecho de estar llenos del Espíritu Santo, deberíamos rebosar. *Lleno* es la palabra griega *pimplēmi*, significa empapar, influenciar o suplir.[6] Los creyentes llenos del Espíritu deberían hablar por la influencia del Espíritu Santo porque ellos han sido empapados, influenciados y suplidos con una abundancia de la vida del Espíritu de Dios.

Nosotros expresamos palabras bajo la influencia del Espíritu Santo que traen edificación, exhortación y consuelo, y siempre hay abundancia de tal expresión que el Espíritu Santo nos da. (Vea Efesios 5:18–19.)

El estilo de vida profético

Cultivar un estilo de vida profético implica cultivar una vida escondida en la Palabra. Conocer las escrituras nos capacita para conocer el carácter de Dios, la forma en que Él habla y los parámetros que ha colocado para el ministerio profético. Podemos juzgar la profecía a través del estándar de la Palabra y a través del fruto del Espíritu sabiendo que podemos descartar cualquier palabra que recibamos que no se alinee con su Escritura y el fruto de amor, gozo, paz, paciencia, benignidad, bondad, fidelidad, mansedumbre y dominio propio.

—Patricia Bootsma[7]

Los profetas llevan una vida diferente

Los profetas pueden encontrarse en los lugares y circunstancias más inusuales y preguntarse: "¿Cómo llegué aquí?". Profeta, Dios lo puso allí para entregar su sabiduría y su palabra. No se sorprenda del lugar en que se encuentre ministrando. Dios abrirá puertas para usted, lo enviará y lo pondrá con la gente con quien regularmente no se encontraría. Ellos necesitan lo que usted tiene.

> Levántate, vete a Sarepta de Sidón, y mora allí; he aquí yo he dado orden allí a una mujer viuda que te sustente.
> —1 Reyes 17:9

Sus inusuales tareas podrían hacer que usted ministre presidentes, oficiales de gobierno, hombres de negocios, celebridades, viudas y más.

Muchas veces, los profetas están llamados a hablarle al poder

Los profetas pueden hablar con personas que tienen poder y con aquellos que están en posiciones de poder. Esto se debe a que el poder puede ser abusado y usado de manera incorrecta con mucha facilidad. Natán le habló a David. Este es un ejemplo de hablarle al poder. A veces, el poder no quiere escuchar lo que los profetas dicen. Jesús le habló al poder cuando desafió a los líderes religiosos de su época debido a la hipocresía y abuso de ellos.

> Y Acab dijo a Elías: ¿Me has hallado, enemigo mío? El respondió: Te he encontrado, porque te has vendido a hacer lo malo delante de Jehová.
>
> —1 Reyes 21:20

Los profetas están llamados a hablarle al poder político, al poder económico, al poder religioso, y así sucesivamente. Además, los profetas oran por quienes están en el poder.

> El poder tiende a corroer, y el poder absoluto corrompe absolutamente. Casi siempre, los grandes hombres siempre son malos hombres.
>
> —Baron Acton [8]

Esta cita famosa señala el hecho de que al hombre se le dificulta manejar el poder. El orgullo tiende a corromper al hombre que tiene poder, y por eso es que necesitamos profetas que hablen y desafíen al poder.

Moisés es la excepción. Él era un hombre con mucho poder, pero se le conoce como el hombre más dócil de la tierra. Él nunca necesitó un profeta que lo corrigiera.

> Y aquel varón Moisés era muy manso, más que todos los hombres que había sobre la tierra.
>
> —Números 12:3

> Y quebrantaré la soberbia de vuestro orgullo, y haré vuestro cielo como hierro, y vuestra tierra como bronce.
>
> —Levítico 26:19

Los profetas amenazan la posición religiosa

Los fariseos odiaban a Jesús porque sentían que podían perder su posición. Este era el meollo del asunto. Durante años, ellos habían trabajado construyendo sus posiciones, y tenían temor de perderlas.

> Ellos odiaban a Jesús no porque él les haya puesto sobrenombres, sino porque Él era una amenaza para su seguridad, prestigio e ingreso. Él arruinaría todo por lo que habían trabajado.
>
> —R. C. Sproul Jr. [9]

Si le dejamos así, todos creerán en él; y vendrán los romanos, y destruirán nuestro lugar santo y nuestra nación.

—Juan 11:48

Los dones de un profeta funcionarán en los lugares más inusuales

El don de José funcionó en la prisión y lo llevó al palacio. La gente necesita profetas en todas partes. Aquellos que lo necesiten a usted, lo encontrarán; o Dios lo enviará a ellos. Su don le hará un lugar y le llevará ante grandes hombres (Proverbios 18:16).

Los profetas tienen experiencias inusuales con Dios (Peniel)

Los profetas no son personas comunes, y sus experiencias no son normales. Ellos son diferentes porque tienen visitaciones. Salvaciones inusuales, liberaciones, sueños, visiones y encuentros divinos son la porción del profeta. Cuando una persona se encuentra con Dios, él o ella no pueden quedarse igual.

Moisés encontró una zarza ardiente. Isaías vio al Señor en su gloria. Ezequiel tuvo visiones de Dios. A Daniel lo visitó un ángel. Jeremías se encontró con Dios en su juventud. Juan fue lleno del Espíritu Santo en el vientre de su madre. Dios se le apareció a Jacob en un sueño.

Los profetas son diferentes porque ellos encuentran a Dios de maneras inusuales. Ellos tienen testimonios inusuales. Si usted les cuenta sus experiencias a algunas personas, ellos podrían pensar que está loco y que es raro.

Dios trata con los profetas en la noche

Es frecuente que Dios trate con los profetas en la noche. Las visiones nocturnas, oración nocturna y meditación nocturna son comunes para muchos profetas.

Cuando me acuerde de ti en mi lecho, cuando medite en ti en las vigilias de la noche.

—Salmo 63:6

Miraba yo en la visión de la noche, y he aquí con las nubes del cielo venía uno como un hijo de hombre, que vino hasta el Anciano de días, y le hicieron acercarse delante de él.

—Daniel 7:13

Y gritó como un león: Señor, sobre la atalaya estoy yo continuamente de día, y las noches enteras sobre mi guarda.

—Isaías 21:8

Me acordaba de mis cánticos de noche; Meditaba en mi corazón, y mi espíritu inquiría.

—Salmo 77:6

El estilo de vida de los profetas es lo opuesto a aquello que ellos atacan

> Hay una razón por la que Juan el Bautista estaba en el desierto y no en Jerusalén, aunque era hijo de un sacerdote. Él no podía estar donde estaba la clase dirigente. Él no podía disfrutar sus beneficios y, al mismo tiempo denunciar la falsedad de la misma. No podemos, en nuestro estilo de vida, consentirnos en precisamente aquello que condenamos ante los demás.
>
> —Art Katz[10]

La mayor parte del ministerio de un profeta se dirige en secreto

La mayoría de los profetas no necesitan plataformas, aunque Dios podría darles una. Los profetas no tienen que ser vistos, aunque Dios podría hacerlos sobresalir. Los profetas oran, lloran, ministran al Señor y estudian en secreto. Lo que Dios les muestra en secreto, ellos lo declaran ante el mundo. A los profetas les encanta el lugar solitario. Ellos detestan el despliegue publicitario y el sensacionalismo que ven en muchas plataformas.

Como ejemplo perfecto de un profeta, hasta Jesús oraba en secreto.

> Levantándose muy de mañana, siendo aún muy oscuro, salió y se fue a un lugar desierto, y allí oraba.
>
> —Marcos 1:35

> Mas tú, cuando ores, entra en tu aposento, y cerrada la puerta, ora a tu Padre que está en secreto; y tu Padre que ve en lo secreto te recompensará en público.
>
> —Mateo 6:6

Los profetas lloran en secreto

Los profetas lloran debido al orgullo y la rebeldía. Ellos lloran cuando nadie los ve. Lloran en sus clósets. Lloran en lugares secretos.

> Mas si no oyereis esto, en secreto llorará mi alma a causa de vuestra soberbia; y llorando amargamente se desharán mis ojos en lágrimas, porque el rebaño de Jehová fue hecho cautivo.
>
> —Jeremías 13:17

Los líderes llaman a los profetas en secreto

Esto sucede especialmente con los líderes que están en problemas.

> El rey Sedequías envió y le sacó; y le preguntó el rey secretamente en su casa, y dijo: ¿Hay palabra de Jehová? Y Jeremías dijo: Hay. Y dijo más: En mano del rey de Babilonia serás entregado.
>
> —Jeremías 37:17

> Había un hombre de los fariseos que se llamaba Nicodemo, un principal entre los judíos. Este vino a Jesús de noche, y le dijo: Rabí, sabemos

que has venido de Dios como maestro; porque nadie puede hacer estas señales que tú haces, si no está Dios con él.

—Juan 3:1–2

Los profetas son los que están escondidos

Muchas veces, los profetas están ocultos de la vista de los demás. La mayor parte de lo que hacen, sucede en el lugar secreto. Los ocultos son los "secretos", "los apreciados", "los atesorados".

Contra tu pueblo han consultado astuta y secretamente, y han entrado en consejo contra tus protegidos.

—Salmo 83:3

Los profetas oran

Orar, interceder, suplicar, pedir, buscar, tocar, rogar, solicitar, llamar, clamar, sin cesar, ponerse en la brecha, en el clóset, en el lugar secreto, en el espíritu, vigilar, alzar, estar de acuerdo, llevar la carga, perseverar, ser eficaz, ferviente, prevalecer, luchar, llorar, esforzarse, trabajar duro, dar a luz, gemir, esto es lo que conforma la vida de oración de un profeta. Ana, la profetiza, es una imagen de un profeta intercesor.

Una parte importante de la tarea de un profeta es la oración. Ya que él conoce la mente del Señor, tiene una posición para orar con efectividad. Él tiene una imagen clara de lo que Dios está haciendo, así que sabe dónde se necesita más la oración. El profeta cuida la palabra del Señor y ora para que se haga realidad. Él no puede descansar hasta que Dios haya cumplido su palabra (Isaías 62:6).

—Ron Mckenzie[11]

No siempre conocemos el porqué de la carga de oración que el Espíritu Santo nos da; tampoco nos enteramos siempre del resultado de nuestras oraciones. Pero lo que sí sabemos es que Dios es fiel. Y, que la recompensa más grande de la intercesión profética es intimidad con el Espíritu Santo.

—Helen Calder[12]

Las tres grandes cosas

Oh hombre, él te ha declarado lo que es bueno, y qué pide Jehová de ti: solamente hacer justicia, y amar misericordia, y humillarte ante tu Dios.

—Miqueas 6:8

Hay tres cosas que el Señor le requiere a usted como profeta, y estas tres cosas son lo que pelearán usted y Dios a lo largo de su vida como profeta. Estas tres cosas aplican a todos los creyentes, y especialmente a los profetas. Así que sométase para aprender lo que el Señor requiere y sea fiel en hacer y decir todo lo que Él manda, empezando y terminando siempre aquí:

1. Obre justamente. Trate a la gente con justicia. No se aproveche del débil. No maltrate a los demás. No use su poder y autoridad para destruir a otros. No devuelva mal por bien. No olvide ni pase por alto a la gente que lo ayudó. No traicione a sus amigos. No haga uso ni mal uso de los demás para beneficio personal. No destruya a la gente por medio de calumnias y chismes. Proteja y defienda al inocente. No engañe a la gente, sino dé a todos lo que se les debe. Emita veredictos correctos y juicios contra el mal y la crueldad. No favorezca ni excuse al cruel y rebelde.

2. Ame la misericordia. Sea bueno y compasivo con los demás. Muestre amabilidad y bondad. No sea crítico, arrogante ni sentencioso. Perdone y sea amable. Ayude y bendiga a los que son oprimidos. Apoye al débil. Sea generoso y benevolente. Bendiga a quienes lo maldigan.

3. Camine en humildad. No sea banal, orgulloso, rudo y arrogante. No humille a los demás. No se promueva a sí mismo. Sea enseñable siempre. Esté dispuesto a recibir corrección. Admita cuando está equivocado, y esté presto a disculparse. Inclínese para adorar y sea siempre reverente con Dios. No piense de sí mismo más alto de lo que debe. Sométase y respete a quienes están en autoridad. No se olvide de dónde vino. Examínese a sí mismo.

Mantener una actitud de humildad es esencial en el ministerio profético. De otra manera, el elitismo penetra y crece para describir a las personas y los grupos proféticos. Experimentar revelación sobrenatural puede ser como "el vino que se sube a la cabeza", y muchas veces, la gente empieza a pensar de sí misma más alto de lo que debería después de haberlo bebido por un tiempo.

—MICHAEL SULLIVANT[13]

PARTE II

EL ROL DEL PROFETA EN LA IGLESIA Y LA CULTURA

CAPÍTULO 5

CÓMO OPERAN LOS PROFETAS HOY DÍA

Pero el que profetiza habla a los hombres para edificación, exhortación y consolación.

—1 Corintios 14:3

No estoy tratando de hacer un profeta de todo creyente. Y, sin embargo, todos podemos profetizar. Hay niveles diferentes de profecía. Un entendimiento de los diferentes niveles de profecía eliminará cualquier confusión.

En el nivel más simple, un profeta es quien dice palabras de Dios que edifican a las personas. El versículo de arriba en 1 Corintios 14:3 es la definición bíblica más simple de *profecía*. Las palabras proféticas edifican; traen edificación. *Edificar* significa construir. Dios desea "construir" a su pueblo a través de la profecía.

La palabra *edificar* está relacionada con la palabra *edificio*, que es sinónimo de "estructura". La iglesia es la estructura de Dios. Su construcción (su edificio) es edificado a través de la profecía.

¿Cómo edifican las palabras proféticas a la iglesia? Trayendo exhortación y consuelo a cada persona que forma la iglesia. Exhortación es la palabra griega *paraklēsis*, que significa: solaz, ruego, consuelo, admonición o comodidad.[1] Esta palabra está relacionada con *paraklētos*, o Consolador, uno de los nombres del Espíritu Santo.[2] El Espíritu Santo usa la profecía para consolar a los creyentes y exhortarlos a la santidad, amor, adoración, alabanza, oración, evangelismo, humildad y generosidad.

Consuelo es el sustantivo griego *paramythia*, que significa consolación.[3] Esta es una forma diferente de consuelo, y es especialmente importante para los creyentes que están sufriendo o padeciendo en su fe.

Es importante notar que esta definición sencilla de *profecía* no contiene una referencia a la predicción. Aquí es donde muchos han errado, creyendo que *profecía* es sinónimo de predecir el futuro. Aunque es muy posible que los profetas ofrezcan predicción cuando profetizan, no se requiere por definición. Las palabras proféticas básicas se adhieren a los parámetros de "edificación, exhortación y consuelo".

LOS TRES NIVELES DE LA OPERACIÓN PROFÉTICA

Por el resto de este capítulo, estaremos explorando los varios niveles de la expresión profética. Usted empezará a ver más opciones para canalizar el fluir de sus inspiraciones proféticas.

1. El espíritu de profecía

Al nivel más básico de profecía se le conoce como el espíritu de profecía. Cuando adoramos a Dios en espíritu y verdad, el espíritu de profecía se manifestará en medio de nosotros, y cualquier creyente puede rendirse ante este espíritu de profecía diciendo la palabra del Señor.

El Señor quiere levantar un pueblo profético (Números 11:29), y el Espíritu Santo es un Espíritu profético (Hechos 2:14–18). Por lo tanto, el espíritu de profecía hace que profeticen tanto hombres como mujeres, hijos e hijas y "siervos y siervas". Provee a las personas la unción que necesitan para hablar como oráculos del Señor.

Profetizamos según la proporción de nuestra fe (Romanos 12:6). Expresamos nuestro testimonio proféticamente:

> Yo me postré a sus pies para adorarle. Y él me dijo: Mira, no lo hagas; yo soy consiervo tuyo, y de tus hermanos que retienen el testimonio de Jesús. Adora a Dios; porque el testimonio de Jesús es el espíritu de la profecía.
>
> —APOCALIPSIS 19:10

Si los creyentes actúan en fe cuando el espíritu de profecía está presente, todos pueden profetizar. Esto no los convierte en profetas. Sus expresiones estarán limitadas al "testimonio de Jesús". Ellos dirán palabras de verdad, valiosas palabras de verdad que se basan en la Palabra de verdad revelada en la Biblia.

La Palabra de Dios da testimonio de Jesús. Mientras la persona más medita en ella y conoce la Palabra de Dios, más fácil le será profetizar. La Palabra de Dios lleva consigo el espíritu de profecía. Luego, cuando adoramos a Dios, la palabra del Señor puede borbotar más fácilmente dentro de nosotros o caer sobre nosotros y podemos profetizar libremente.

2. El don de profecía

El segundo nivel del ámbito profético es el don de profecía (1 Corintios 12:10). Este don puede ser avivado:

> Por lo cual te recuerdo que avives el fuego del don de Dios que hay en ti por la imposición de mis manos.
>
> —2 TIMOTEO 1:6, LBLA

O un creyente puede rendirse al espíritu de profecía y hablar por la fuerza adicional de este don también. Las expresiones serán más fuertes que solamente hablar por el espíritu de profecía debido a que la persona habla por un don.

Los dones tienen niveles de potencia, dependiendo de la medida de gracia que recibe la persona que tiene el don. Quienes profetizan desde este nivel, dirán palabras que traen edificación, exhortación y consuelo (1 Corintios 14:3).

A los creyentes que no tienen el llamado a la función de profeta, los animamos a mantenerse entre los límites de edificación, exhortación y consuelo.

Los creyentes que intentan ir por encima de su nivel de gracia sin haber recibido capacitación adicional traerán confusión al cuerpo de Cristo. Aquellos a quienes el liderazgo de la asamblea reconoce como *profetas* son los que tienen la autoridad para hablar por encima del límite de edificación, exhortación y consuelo.

3. La función de profeta

El nivel más alto en el ámbito profético es la función de profeta.

> Y a unos puso Dios en la iglesia, primeramente apóstoles, luego profetas, lo tercero maestros, luego los que hacen milagros, después los que sanan, los que ayudan, los que administran, los que tienen don de lenguas.
>
> —1 Corintios 12:28

Las expresiones de los profetas serán las más fuertes porque ellos hablan por el espíritu de profecía, el don de profecía y, también, por la potencia de la función de profeta. Ellos tienen la gracia para dar mensajes que van por encima de las palabras de edificación, exhortación y consuelo.

Los profetas profetizan con más autoridad que otros creyentes que no han sido llamados a la función profeta. Sus profecías pueden tener revelación, dirección, corrección confirmación, impartición y activación. La esfera de necesidades a la que ellos ministran es más amplia que la de los creyentes que hablan por el espíritu de profecía o la de los que solamente tienen el don de profecía.

La amplitud y la altitud del alcance profético se extiende a todo lo ancho y largo, y hasta la cumbre o pináculo del cielo. La profundidad y longitud del alcance profético es completa y extensa, total y exhaustiva. El Señor desea que su iglesia ande en la amplitud, longitud, profundidad y altitud del ámbito profético y Él coloca hombres y mujeres en la función de profeta para que esto sea posible. El profeta tiene la unción por gracia para ministrar y hablar de maneras más altas, amplias y profundas.

Yo creo que los profetas deberían ministrar bajo autoridad y ser reconocidos por el liderazgo del cuerpo de Cristo local porque el Señor desea que todas las cosas se hagan decentemente y en orden.

DONDE ABUNDA LA GRACIA

En lo que se refiere a la amplitud y la profundidad de su unción profética, lo único que lo limita es la cantidad de gracia que ha recibido del Señor. Pablo deja esto en claro en su carta a la iglesia local en Roma:

> Pues así como en un cuerpo tenemos muchos miembros, pero no todos los miembros tienen la misma función, así nosotros, que somos muchos, somos un cuerpo en Cristo e individualmente miembros los unos de los otros. *Pero teniendo dones que difieren, según la gracia que nos ha sido dada, usémoslos: si el de profecía, úsese en proporción a la fe; si el de servicio, en servir; o el que enseña, en la enseñanza; el que exhorta, en*

la exhortación; el que da, con liberalidad; el que dirige, con diligencia; el que muestra misericordia, con alegría.

—Romanos 12:4–8, lbla, énfasis añadido

Todo creyente debería operar en el ámbito profético en uno o más de esos niveles proféticos. Sin embargo, nuestros niveles de gracia son diferentes. Cuando el espíritu de profecía sea fuerte en la asamblea local, más creyentes podrán operar en los diferentes niveles de profecía.

Tiene que discernir su medida de gracia y operar entre sus límites. Todos los creyentes pueden profetizar, pero no todos pueden operar en el nivel más alto de la unción profética: la función de profeta. Ese es el nivel más alto y fuerte, y este guiará al pueblo de Dios a un nivel mayor de gloria. Este es el grado más alto de la unción profética que discutiremos con más detalle en este libro.

Hasta que la iglesia empiece a entender y caminar en todos los niveles de profecía, incluyendo el nivel más alto, la función de profeta, no veremos los resultados máximos y las manifestaciones del Espíritu Santo en nuestro medio. Jesús murió, resucitó y envió al Espíritu Santo para que nosotros, el pueblo de Dios, pudiera madurar y perfeccionarse a la imagen de Él. Las expresiones proféticas poderosas proveen una parte de la dirección para ese proceso de maduración y perfeccionamiento.

No deberíamos conformarnos con nada menos que la plenitud de lo que Jesús ha provisto para nosotros. Cuando aprendamos a fluir en el espíritu de profecía y en el don de profecía, también aprenderemos cómo entrar y recibir del ministerio del profeta. Este es un don de gracia para el cuerpo de Cristo.

Nunca será demasiado el énfasis que le doy a la importancia de la profecía. Las iglesias deberían abundar en esto:

> Así también vosotros; pues que anheláis dones espirituales, procurad abundar en ellos para edificación de la iglesia.
>
> —1 Corintios 14:12

El nivel profético de su iglesia local no debería ser mediocre, promedio o inferior. La gente necesita activación y capacitación para fluir en el espíritu de profecía. Tenemos que tomar tiempo para enseñar en esta área y dar lugar para que opere. No sucederá por accidente. Deberíamos tener una estrategia para elevar el nivel de operación de la unción profética dentro de nuestra iglesia local.

Administraciones proféticas

Administrar significa "dirigir o supervisar la ejecución, uso o conducta de algo".[4] También significa ministrar o servir. La Escritura nos dice que "hay diversidad de ministerios, pero el Señor es el mismo" (1 Corintios 12:5). En el contexto de la profecía hay maneras diferentes para ministrar la unción profética.

Tal como detallé antes, he dividido la unción profética en tres niveles: (1) el espíritu de profecía, (2) el don de profecía, y (3) la función de profeta. Todos representan administraciones de la unción profética con administraciones específica más extensas que caen bajo el campo de la función de profeta. Debido a que el profeta tiene gracia y autoridad para ir por encima de estos dos niveles, los profetas pueden administrar la unción profética a través de la represión, corrección, dirección, impartición, activación, confirmación y revelación. Los profetas también pueden ministrar ayuda, sanidad, milagros y liberación. En este capítulo y en el siguiente, estaremos analizando individualmente cada una de estas.

¿Sabía que hay una administración de sanidad que puede venir a través de los profetas? He visto gente recibir sanidad a través de expresiones proféticas y la imposición de manos. También he visto demonios salir cuando la gente recibe profecía; esta es una administración de liberación a través de la unción profética.

Elías y Eliseo resucitaron muertos e hicieron milagros de sanidad y provisión. Juan el Bautista no hizo milagros, aun así, definitivamente fue un profeta del Altísimo. (Vea Juan 10:41.) No hay registro de que Daniel hiciera milagros; sin embargo, él era fuerte en visiones, sueños y entendimiento.

Todos fueron profetas, pero fluían en diferentes administraciones. Moisés era un profeta fuerte en gobierno y liberación. Ezequiel y Zacarías fueron profetas visionarios. La diferencia entre los profetas depende de la medida de gracia y los dones del Espíritu Santo. El cargo del profeta no puede limitarse a un tipo o modo específico. Aunque hay ciertas características y semejanzas que podemos buscar para identificar a los profetas verdaderos, también hay diferencias.

Algunos profetas son más fuertes en sanidad y milagros mientras otros son más fuertes en visiones y sueños. Algunos son más fuertes en activación e impartición, en tanto que otros son más fuertes en confirmación. Profetiza es una administración de la unción profética a través de una sierva del Señor.

Estas administraciones o aplicaciones de profecía diferentes alcanzan a personas distintas. Lo que una administración no puede alcanzar, la otra sí. Cada administración tiene un tiempo y un propósito (Eclesiastés 3:1). Es importante reconocer y recibir todas las distintas administraciones de cada cargo cuando se expresen en la iglesia local. Juntas, constituyen el cuerpo del Señor en la tierra hoy día.

Ayudantes

Los profetas son ayudantes de un tipo específico. Hageo y Zacarías eran profetas que Dios envió para *ayudar* a Zorobabel y Josué a reconstruir el templo y reestablecer el sacerdocio:

> Profetizaron Hageo y Zacarías hijo de Iddo, ambos profetas, a los judíos que estaban en Judá y en Jerusalén en el nombre del Dios de Israel quien estaba sobre ellos. Entonces se levantaron Zorobabel hijo de Salatiel y Jesúa hijo de Josadac, y comenzaron a reedificar la casa de Dios que estaba en Jerusalén; *y con ellos los profetas de Dios que les ayudaban.*
> —Esdras 5:1–2, énfasis añadido

En general, los profetas ayudan a construir la casa del Señor. La gente había sentido que no era tiempo de reconstruir la casa del Señor (Hageo 1:2). Lo sentían así por las condiciones difíciles bajo las cuales estaban tratando de construirla. Acababan de regresar de setenta años de cautiverio en Babilonia. Estaban ocupados construyendo sus propias casas y regresando a la tierra (versículo 4). Además, sus adversarios se oponían considerablemente a la obra. La gente de la tierra estaba tratando de debilitar las manos del pueblo de Judá provocando problemas en el proceso de construcción (Esdras 4:4). Como resultado, el trabajo de la construcción del templo fue gravemente entorpecido. Los profetas llegaron a ayudar con la obra y a revertir la oposición.

Deberíamos notar aquí una de las diferencias mayores entre el ministerio profético del Antiguo Testamento y el del Nuevo Testamento. Los santos del Antiguo Testamento dependieron más de los profetas porque no tenían la llenura del Espíritu como la tenemos nosotros. El ministerio del Nuevo Testamento confirma lo que el Espíritu de Dios nos dirige a hacer. Recuerde, el Espíritu de Dios nos guía, no los profetas.

Sin embargo, aunque estamos llenos del Espíritu, todavía necesitamos confirmación y ministerio profético. Los creyentes llenos del Espíritu aún necesitan edificación, exhortación y consuelo. Todavía necesitamos a los testigos que el Señor ha provisto para que seamos establecidos en la voluntad de Dios, la cual hace que seamos confirmados hasta el final.

Adoradores y músicos

Otra administración de la unción de los profetas es a través de la música. Hay profetas que funcionan como salmistas y trovadores. David es un buen ejemplo de un hombre que tuvo esta administración, y a él se le conoció como el dulce cantor de Israel (2 Samuel 23:1). David comprendió la importancia de la música en animar y mantener el fluir corporativo del Espíritu de Dios. La fortaleza del espíritu de profecía en nuestro medio siempre estará determinada por el nivel de nuestra adoración (vea Apocalipsis 19:10).

Creo que todo el que dirige la adoración o toca instrumentos en la casa del Señor debería fluir bajo la unción profética hasta cierto grado. Observe cómo David organizó a los líderes de adoración:

> Asimismo David y los jefes del ejército apartaron para el ministerio a los hijos de Asaf, de Hemán y de Jedutún, para que profetizasen con arpas, salterios y címbalos.
>
> —1 Crónicas 25:1

Quizá no todos sean profetas, pero el espíritu de profecía puede ser lo suficientemente fuerte en nuestras iglesias por medio del cual todos puedan entrar en el fluir profético.

Los salmistas y músicos que son profetas cantarán y tocarán instrumentos bajo una fuerte unción profética. Esto puede traer impartición, activación, dirección, confirmación y revelación de la misma forma que puede hacerlo el profetizar sin música. Es una administración de la unción diferente. El Espíritu del Señor usará el medio de una canción y la música para impartir y establecer dones y unciones en la asamblea local.

La revelación fluye a través de esta administración. Se revelan secretos divinos cuando fluimos en la música y el canto profético. "Inclinaré al proverbio mi oído; declararé con el arpa mi enigma" (Salmo 49:4). Las parábolas son los misterios de Dios; y, sin embargo, no todas ellas permanecen como misterios porque se nos ha dado el conocer los misterios del reino (Mateo 13:11). He hallado que las congregaciones que fluyen en la administración adoración/música de unción profética andan en un grado mayor de revelación.

No es de asombrarse que el enemigo luche contra la música en la casa del Señor. A muchos pastores se les dificulta establecer el departamento de música. Con mucha frecuencia, he visto iglesias luchando en esta área. El enemigo trata de llevar confusión en esta área de ministerio. Él desea entorpecer el fluir de la revelación que viene a través de la música profética.

Los profetas son excelentes líderes de alabanza y adoración. Algunos profetas tienen la idea equivocada de que la alabanza y la adoración está debajo de ellos. Dicen: "Denme el púlpito, porque soy profeta". Pero yo digo que los profetas deberían volver a la alabanza y la adoración. No todos los profetas pueden fluir en esta administración. Algunos no pueden llevar el ritmo ni siquiera con una cubeta. Pero hay profetas que, indudablemente, están llamados a esta área. Necesitamos recibir esta administración en nuestras asambleas locales.

La compañía de profetas a cargo de Samuel profetizaba con instrumentos y música (1 Samuel 10:5). Así que no se sorprenda de ver muchos profetas siendo capacitados en los departamentos de música de la iglesia, donde ellos desarrollarán un oído que escuche y la sensibilidad que necesitan para escuchar la voz del Señor con precisión a través de la música.

Un retorno a la adoración profética

Necesitamos más que músicos. Necesitamos músicos profetas que liberen el sonido del cielo sobre la tierra. Podemos aprender sobre músicos profetas de los ejemplos de la Biblia.

- Hemán, el vidente del rey David: Hemán era un músico y vidente. Necesitamos más que músicos. Necesitamos profetas (videntes) músicos. "Todos éstos fueron hijos de Hemán, vidente del rey en las cosas de Dios, para exaltar su poder; y Dios dio a Hemán catorce hijos y tres hijas" (1 Crónicas 25:5).

- Juan y Jesús, profetas cantores: Juan y Jesús ministraron a Israel en distintas formas. (Vea Mateo 11:17.) El ministerio profético es como una canción. Juan llegó cantando una endecha (canto fúnebre). Jesús vino tocando una canción de bodas. Israel no respondió a ninguna, y la música profética requiere una respuesta.

Los profetas liberan un sonido y una canción. Deberíamos preguntar: "¿Qué están cantando y tocando los profetas?".

- Miriam y David, profetas danzantes: Tanto Miriam (Éxodo 15:20, NVI) como David (2 Samuel 6:14) se expresaban en la danza. Los profetas son expresivos, y la danza es una de las formas más poderosas para expresar el poder de Dios, la victoria, amor y misericordia. (Vea Lucas 7:32.)

ADORACIÓN PROFÉTICA

La adoración es una de las áreas que serán impactadas grandemente cuando lo profético sea activado.

> Puso también levitas en la casa de Jehová con címbalos, salterios y arpas, conforme al mandamiento de David, de Gad vidente del rey, y del profeta Natán, porque aquel mandamiento procedía de Jehová por medio de sus profetas.
>
> —2 CRÓNICAS 29:25

Note que los profetas establecieron la adoración de Israel. Ezequías reestableció esta adoración basado en la orden de David, Gad y Natán. Hay una conexión fuerte entre la adoración y lo profético.

Los profetas deberían ser fundamentales en la adoración. Ellos deberían estar involucrados como músicos, cantantes, videntes y bailarines. David estableció la adoración en Monte Sión con las familias proféticas de Asaf, Hemán y Jedutún (1 Crónicas 25). Hemán era el vidente del rey. El nivel profético en Israel en ese entonces era extremadamente alto debido al ministerio de Samuel a la escuela de los profetas.

Evidentemente, se utilizaba la música para capacitar a los profetas emergentes. Saúl se encontró con una compañía de profetas que estaban tocando instrumentos (1 Samuel 10). Eliseo pidió un trovador, y luego, empezó a profetizar. La música es muy importante en la adoración y también en la capacitación de la gente profética.

Los trovadores ungidos ayudan a liberar el fluir profético y a mantenerlo fuerte en una asamblea. Los secretos de Dios son explicados al son del arpa.

> Inclinaré mi oído a los proverbios y al son del arpa explicaré su sentido.
>
> —SALMO 49:4, RVC

Los trovadores deben estar llenos del Espíritu, ser hábiles y consagrados. Ellos necesitan trabajar con los cantantes y bailarines en llevar la canción del Señor. Necesitamos profetas músicos como parte del equipo de adoración. Si los miembros del equipo de adoración no son profetas, ellos necesitan ser activados en lo profético en algún grado. La gente profética es sensible a la palabra del Señor. La cual puede ser hablada o cantada.

David, un adorador, también era un profeta. Él era el dulce salmista de Israel.

> Éstas son las últimas palabras de David, el hijo de Yesé. Así se expresó el dulce cantor de Israel, el hombre exaltado y ungido por el Dios de Jacob El espíritu del Señor ha hablado por mí; ha usado mi lengua para comunicar su palabra. Así ha dicho el Dios de Israel; así me ha hablado la Roca de Israel: "Un hombre justo y temeroso de Dios establecerá su reino entre los hombres.
>
> —2 Samuel 23:1–3, rvc

Dulce en hebreo es la palabra *na'iym* que significa placentero, agradable, dulce, encantador, simpático, hermoso (físicamente), canto, sonar dulcemente, o musical.[5]

David era un profeta que cantaba; él era un profeta musical.

Los profetas musicales traen gran bendición y frescura a la iglesia. Ellos son una parte importante de la verdadera adoración y deberían ser identificados y liberados. Ellos entregan la palabra del Señor en una canción. Habacuc dio la palabra sobre Sigionot.

Habacuc 3:1 dice: "Oración del profeta Habacuc, sobre Sigionot". La palabra *Sigionot* es hebrea y se refiere a una canción o a un poema disperso.[6] La versión Traducción al lenguaje actual dice: "Yo, el profeta Habacuc, compuse esta oración para acompañarla con una melodía especial".

Profetizar significa sencillamente hablar o cantar por inspiración. Con frecuencia, es espontáneo y viene a medida que fluye la unción desde el interior o descansa sobre el que profetiza. El músico puede tocar, orar y cantar por inspiración. Somos personas inspiradas. La inspiración es poderosa cuando se da en la adoración.

El primer lugar donde vemos la palabra *profeta* en la Biblia (Génesis 20:7) es cuando se usa para describir a Abraham, a quien se le llama un "profeta", un hombre inspirado, alguien que habla o canta por inspiración. La inspiración es el resultado del soplo de Dios. Moisés deseaba que todo el pueblo de Dios fuera profeta (Números 11:29).

La unción profética es un arma contra la oposición satánica

La oposición satánica vendrá cuando el hombre se levante para construir la casa de Dios. Muchas asambleas locales están reprimidas, tienen estorbo, debido a que los espíritus malignos se oponen a la obra. La unción profética da discernimiento en cuanto a la fuente de los problemas que podríamos encontrar. Los profetas tienen la capacidad para discernir e identificar a los espíritus que están estorbando a una persona o ministerio.

En la época de la reconstrucción del templo, el pueblo del Señor, ignorantes de la naturaleza satánica de la oposición, dejó de construir la casa del Señor. Los líderes, Zorobabel y Josué, se desanimaron. La casa del Señor quedó desierta (Hageo 1:4).

El pueblo y los líderes necesitaban ayuda profética, así que el Señor envió a Hageo y a Zacarías para ayudarles a terminar la obra. Primero, hubo una represión por no continuar la obra a pesar de la oposición. A veces, aunque desagradable, la represión es necesaria para construir la casa del Señor. Los profetas tienen la unción y la autoridad para reprender cuando sea necesario. La represión puede ser parte de la función exhortativa de la profecía.

He visto asambleas locales que tienen estorbo por oposición satánica. El resultado fue que la gente dejó de usar su fe y se volvió apática en lo que se refiere a la obra del Señor. He visto profetas ministrar en represión con el resultado de una transformación completa de la gente. Arrepentimiento y obediencia fue el resultado, y la obra del Señor prosperó.

Destruir montañas satánicas

La oposición para reconstruir el templo y reestablecer el sacerdocio era satánica. En una visión, el profeta Zacarías vio a Satanás oponiéndose a su obra:

> Me mostró al sumo sacerdote Josué, el cual estaba delante del ángel de Jehová, y Satanás estaba a su mano derecha para acusarle. Y dijo Jehová a Satanás: Jehová te reprenda, oh Satanás; Jehová que ha escogido a Jerusalén te reprenda. ¿No es éste un tizón arrebatado del incendio?
>
> —Zacarías 3:1–2

Hageo y Zacarías no solo reprendieron al pueblo y a Satanás, sino que, además, exhortaron a la gente y al liderazgo a completar la obra. Zacarías le dio la palabra del Señor a Zorobabel, el gobernador y director a cargo de la obra:

> Entonces respondió y me habló diciendo: Esta es palabra de Jehová a Zorobabel, que dice: No con ejército, ni con fuerza, sino con mi Espíritu, ha dicho Jehová de los ejércitos. ¿Quién eres tú, oh gran monte? Delante de Zorobabel serás reducido a llanura; él sacará la primera piedra con aclamaciones de: Gracia, gracia a ella.
>
> —Zacarías 4:6–7

La oposición satánica a su obra era una montaña para Zorobabel. Él no podía avanzar en sus propias fuerzas. El profeta lo animó a depender del Espíritu del Señor para vencer esta montaña. La montaña se derrumbó ante Zorobabel debido a la gracia de Dios sobre él, y luego se completó la obra.

La oposición satánica a la obra del Señor podría parecer una montaña. Muchos líderes necesitan ministración profética para destruir y superar la montaña de oposición que enfrentan. El Señor les ha dado la orden a muchos líderes para construir y una oposición, tan grande como una montaña, les ha bloqueado el camino. Los obstáculos no significan que un líder no está obedeciendo al Señor. Muchos líderes se desaniman y necesitan ayuda profética. Los profetas pueden ministrar fortaleza y ánimo a los líderes de Dios, lo que les permite completar la obra del Señor.

A veces, la montaña es financiera. A veces, la oposición puede venir de personas dentro de la congregación. La palabra del Señor dada por los profetas ayudará a destruir estas montañas. No es de sorprenderse que Satanás odie a los profetas y trate de distanciarlos del liderazgo, especialmente de los pastores. Satanás sabe que la unión sobre el profeta derrumbará las montañas que él pone en el camino para estorbar la obra del Señor. He visto congregaciones y líderes volver y obtener la victoria a través del ministerio profético. Las montañas son destruidas y la obra prospera.

LOS PROFETAS AYUDAN A RECONSTRUIR DESPUÉS DE LA OPOSICIÓN

Hageo profetizó fortaleza para el liderazgo y para el pueblo:

> Pues ahora, Zorobabel, esfuérzate, dice Jehová; esfuérzate también, Josué hijo de Josadac, sumo sacerdote; y cobrad ánimo, pueblo todo de la tierra, dice Jehová, y trabajad; porque yo estoy con vosotros, dice Jehová de los ejércitos.
>
> —HAGEO 2:4

La palabra que ellos recibieron del profeta les dio la fortaleza que necesitaban para construir la casa del Señor. Se requiere fortaleza para vencer los poderes de las tinieblas y construir la casa del Señor. El profeta trae fortaleza y confirmación. Sin esta fortaleza la gente se cansa y, muchas veces, desmaya. Fortaleced las manos cansadas, afirmad las rodillas endebles (Isaías 35:3).

> Y los ancianos de los judíos edificaban y prosperaban, conforme a la profecía del profeta Hageo y de Zacarías hijo de Iddo. Edificaron, pues, y terminaron, por orden del Dios de Israel, y por mandato de Ciro, de Darío, y de Artajerjes rey de Persia.
>
> —ESDRAS 6:14

Los ancianos representan el liderazgo. Cuando los líderes prestaron atención a la voz de los profetas, ellos prosperaron y terminaron la obra. Los profetas no fueron enviados a estar a cargo de la obra como colíderes. Los líderes eran los que estaban a cargo de la obra. Los profetas fueron enviados a *ayudar* al liderazgo. Si los líderes escuchan a los profetas, tendrán éxito; si se rehúsan, fracasarán. El verdadero ministerio profético no es enviado para controlar y dominar al liderazgo, sino para ayudarlo. Los profetas pueden estar en posiciones de liderazgo en las asambleas locales, y existen muchos pastores que también son profetas. Sin embargo, si un profeta no es un pastor, se le enviará a ayudar a un pastor. Los profetas son enviados para ayudar a discernir la dirección, para construir y bendecir la obra del Señor, no para controlar y dictar decisiones.

> Y cuando se levantaron por la mañana, salieron al desierto de Tecoa. Y mientras ellos salían, Josafat, estando en pie, dijo: Oídme, Judá y

moradores de Jerusalén. Creed en Jehová vuestro Dios, y estaréis seguros; creed a sus profetas, y seréis prosperados.

—2 Crónicas 20:20

Muy sencillo, la obra del Señor prospera a través de la profecía. Su vida también prosperará a través de la profecía. Ya que la falta de prosperidad y bendición muchas veces es el resultado de espíritus malignos, necesitamos profetas para romper y destruir los reinos de los demonios a través de la profecía.

Tal como Ezequiel les profetizó a los huesos secos, y la piel y los tendones los cubrieron, dándole forma y fortaleza a un ejército grande en extremo (Ezequiel 37:8–10); entonces, la gente también recibe fortaleza cuando los profetas profetizan. El resultado será iglesias más fuertes, líderes más fuertes, unciones más fuetes, alabanza más fuete, generosidad más fuerte y evangelismo más fuerte. A través de la profecía la gente puede salir de la debilidad y entrar a la fortaleza. Si los pastores quieren tener iglesias fuertes, tienen que permitir que los profetas ministren y profeticen libremente. Entonces, las iglesias locales se volverán lo suficientemente fuertes como para derribar toda oposición y prosperar.

Otras maneras en que los profetas operan dentro de la iglesia local

Tal como ya hemos visto, los profetas hacen mucho más que profetizar. Ellos también oran, interceden, disciernen, lloran, adoran, cantan, declaran, anuncian, pronuncian, renuncian, decretan, construyen, derrumban, arrancan, advierten, corrigen, renuevan, reviven, restauran, reforman, aconsejan, ayudan, asisten, fortalecen, ven, exponen, predican, enseñan, disciplinan, capacitan, liberan, equipan, imparten, activan, motivan, rompen, desarman, plantan, riegan, envían, protegen, vigilan, preparan, abren, cierran, reúnen, suenan la alarma, soplan la trompeta, se paran en la brecha, redarguyen, traen cambio, liberan juicio, iluminan, trabajan, aran, confirman, dirigen, descubren, sueñan, tienen visiones, danzan, edifican, consuelan, reparan, sanan, entregan, sueltan, atan, evangelizan, pastorean, establecen, ponen, destapan, cargan, retan, perfeccionan, equipan, ordenan y animan.

Veamos otro rol específico en el que podría operar el profeta.

Los profetas como escribas o escritores

Ellos anotan sus sueños, visiones, palabras proféticas y experiencias. Les encanta escribir, llevar un registro personal de los sucesos, experiencias y reflexiones de manera regular; un diario.

Por tanto, he aquí yo os envío profetas y sabios y escribas; y de ellos, a unos mataréis y crucificaréis, y a otros azotaréis en vuestras sinagogas, y perseguiréis de ciudad en ciudad.

—Mateo 23:34

El profeta escriba no está limitado a escribir, sino que él o ella pueden enviar la palabra a través de audio, video, medios impresos y otros medios de comunicación. Los profetas desean llevar un registro de lo que Dios está diciendo.

> Los profetas escribas no son solamente profetas que escriben y registran la profecía personal, o la palabra profética esporádica. Ellos son en realidad vasos que Dios usa completamente como sus profetas (en todo el sentido de la palabra); pero, quienes, además, tienen una ardiente pasión arraigada en su interior para registrar, vigilar, enviar y enseñar los mensajes del cielo que les han sido confiados bajo una directiva específica. (Lea Ezequiel 9 y 10 completos.)
> —Theresa Harvard Johnson[7]

Si sabe eso, usted es un profeta escriba; entonces, le animo a que regrese y lea las cosas que escribió hace años, y podría sorprenderse de lo que el Señor ha hecho para hacer realidad esas palabras. Algunos de ustedes tienen diarios que han escrito a lo largo de los años. Dios es fiel.

Tome en cuenta que los escribas también son perseguidos debido a que los sistemas de control religiosos odian a los escribas. Esto se debe a que sus escritos desafían estos sistemas. La verdad y la revelación pueden ser impartidas y entregadas a través de la escritura. La escritura siempre ha sido una herramienta poderosa de la reforma.

LA FORMA EN QUE LOS PROFETAS OPERAN CON OTROS DONES MINISTERIALES

Los profetas son esenciales para la vida de cualquier cuerpo eclesiástico; sin embargo, son complementarios a los otros cuatro dones ministeriales: pastores, apóstoles, maestros y evangelistas. ¿Cómo funcionan juntos? ¿Cuál es el plan de Dios para la forma en que los profetas apoyan a otros líderes de la iglesia?

Profetas y pastores

A veces, los profetas chocan con los pastores. A algunos pastores se les dificulta tratar con profetas. Los pastores también necesitan ser proféticos. Los pastores proféticos podrán aceptar mejor a los profetas y a la gente profética. Una de las peores cosas que le pueden suceder a un profeta es que los pastores lo anulen.

A los pastores controladores no les agradan los profetas. Esto se debe a que el control y el dominio son una forma de brujería, y los profetas la pueden percibir.

Sin embargo, estos pastores deberían estar alertas: cuando una iglesia o denominación pierde sus profetas (ya sea que se vayan, los ofendan o los anulen), empezará a declinar espiritualmente. A veces, no se nota al principio; pero, con el tiempo, la presencia de Dios se aparta y la iglesia o denominación se convierte en monumento en lugar de un movimiento.

El joven Samuel ministraba a Jehová en presencia de Elí; y la palabra de Jehová escaseaba en aquellos días; no había visión con frecuencia.

—1 Samuel 3:1

Profetas y apóstoles

A los profetas les agrada estar con los apóstoles, y a los apóstoles les agrada estar con los profetas. Estos dos ministerios están ligados en el Nuevo Testamento. Los profetas animan a los apóstoles, y los apóstoles animan a los profetas. Estos ministerios se complementan y fortalecen mutuamente. Ambos tienden a ser perseguidos y malentendidos, y parece como si ellos se entendieran el uno al otro.

Los profetas deben ser apostólicos, y los apóstoles deben ser proféticos.

Por eso la sabiduría de Dios también dijo: Les enviaré profetas y apóstoles; y de ellos, a unos matarán y a otros perseguirán.

—Lucas 11:49

Los cónyuges de muchos líderes proféticos son apostólicos

Los apóstoles y los profetas trabajan juntos. Se complementan y equilibran mutuamente. Los apóstoles tienden a tratar con la estructura y el orden, en tanto que los profetas son más espontáneos. Los apóstoles pueden volverse muy rígidos y necesitan a los profetas para ayudarlos a mantenerse flexibles y espontáneos. Los profetas pueden ser muy espontáneos y necesitan el orden y la estructura del apóstol. Estos ministerios pueden impartirse mutuamente y, como resultado, ser ambos más equilibrados.

Los profetas y los apóstoles tienen funciones similares

Muchos de los profetas del Antiguo Testamento hacían lo que hoy día se considera apostólico. Muchos apóstoles de la actualidad hacen lo que en el Antiguo Testamento se consideraría profético. Jesús dijo que Él enviaría (que es la palabra griega *apostolos*) profetas y apóstoles (Lucas 11:49). Por lo tanto, los profetas son enviados (*apostolos*).

Los profetas deberían ser apostólicos; eso es, "los enviados". Ellos deben ser enviados con poder y autoridad para establecer y edificar.

Los profetas y los apóstoles trabajan bien juntos

El apóstol abre y establece un nuevo territorio, propósito bíblico y orden en un territorio enemigo; y los profetas traen el fuego, la pasión y una sensación continua de urgencia a las comunidades de fe de aquellas entidades establecidas por los apóstoles.[8]

El apóstol necesita al profeta para mantener el fuego ardiendo en lo que se ha iniciado y establecido.

El resultado del trabajo unido de los profetas y apóstoles es la sinergia

"Sinergia es la interacción o cooperación de dos o más organizaciones, substancias u otros agentes para producir un efecto combinado mayor a la suma de sus efectos individuales".[9] Los líderes apostólicos necesitan la retroalimentación profética (tanto verbal como en unción), o sus iglesias carecerán de un ingrediente fundamental para mantener el impulso. Los profetas ayudan a liberar energía y entusiasmo.

Los profetas y los apóstoles quieren ver a Cristo formado en los creyentes

Los profetas desean que la imagen de Cristo se vea en los santos. Esto es el esfuerzo (trabajo duro, apuro, alumbramiento) del profeta. Este, también, es el deseo y la labor de los apóstoles.

> Hijos míos, estoy sufriendo, como si de nuevo los estuviera dando a luz, hasta que Cristo tome forma definitiva en ustedes.
> —GÁLATAS 4:19, BLPH

Ni a los profetas ni a los apóstoles les gusta ver a los hombres recibir la gloria cuando toda la gloria va a Dios. No hay nada de malo en honrarlos. No hay nada de malo en apoyar a los líderes. Simplemente no debemos gloriarnos en ellos. Glorificar significa presumir. Los apóstoles y los profetas objetarán "el presumir del hombre". Se trata de Cristo y de su obra a través de nosotros. Es en él que vivimos y nos movemos y tenemos nuestra identidad. Ninguna persona es mayor que otra. Todos los hombres y las mujeres que Dios manda nos pertenecen a todos.

> Así que nadie se jacte en los hombres, porque todo es vuestro.
> —1 CORINTIOS 3:21, LBLA

Cuando los apóstoles y los profetas se reúnen, es importante que mantengan una perspectiva sobria de sí mismo y de cada uno. Dios no busca superprofetas ni superapóstoles. Usted no tiene que ser una "elite" ni "superprofeta" para escuchar y hablar por el Señor. No se comparen a sí mismos con otros. Muchos han elevado estos ministerios a un nivel donde la gente siente que nunca puede llegar. Hubo cientos de profetas en Israel cuyos nombres nunca se mencionaron en la Biblia. Sea humilde. Tenga confianza en el llamado de Dios en su vida. Sea usted mismo.

Profetas y evangelistas

Juntos, los profetas y evangelistas se aseguran de que el fuego nunca se apague. El fuego de la oración, adoración y el evangelismo nunca deben apagarse. Este fuego debe estar encendido de generación a generación.

> El fuego arderá continuamente en el altar; no se apagará.
> —LEVÍTICO 6:13

Profetas y maestros

Estos ministerios trabajan juntos para edificar a la iglesia. Los profetas y los maestros se complementan entre sí. Los profetas necesitan que los maestros ayuden con la instrucción. Los maestros necesitan la ayuda de los profetas en la inspiración. Cuando estos dos trabajan juntos se equilibran y fortalecen mutuamente. Ellos también proveen una atmósfera para que lo apostólico suceda (Hechos 13:1–5).

> Había entonces en la iglesia que estaba en Antioquía, profetas y maestros: Bernabé, Simón el que se llamaba Niger, Lucio de Cirene, Manaén el que se había criado junto con Herodes el tetrarca, y Saulo.
>
> —HECHOS 13:1

Profetas y otros profetas

Los profetas no están fuera de control cuando ministran. Ellos son personas disciplinadas que respetan el orden (los profetas detestan el desorden y la confusión). Saben cómo trabajar y ministrar con otros, especialmente otros profetas.

Los profetas son más estrictos unos con otros. Ellos conocen a otros profetas. Los profetas pueden discernir cuando algo está mal en otro profeta.

> Asimismo, los profetas hablen dos o tres, y los demás juzguen.
>
> —1 CORINTIOS 14:29

> Y los espíritus de los profetas están sujetos a los profetas.
>
> —1 CORINTIOS 14:32

> El don de profecía está bajo el control de los profetas.
>
> —1 CORINTIOS 14:32, NBD
> (VEA TAMBIÉN, 1 REYES 18:28)

La operación profética es una de las funciones más importantes en el funcionamiento de una iglesia y en la vida de cada creyente. Sin los videntes, los visionarios y los que escuchan a Dios y hablan por Él no habría vida, y la iglesia se quedaría peleando en la oscuridad. Veamos ahora la función del profeta y la forma en que este nivel mayor de funcionamiento profético beneficia al pueblo de Dios.

CAPÍTULO 6

LA FUNCIÓN DEL PROFETA

Y a unos puso Dios en la iglesia, primeramente apóstoles, luego profetas, lo tercero maestros, luego los que hacen milagros, después los que sanan, los que ayudan, los que administran, los que tienen don de lenguas.

—1 Corintios 12:28

L
A IGLESIA ES una comunidad profética. Dios ha colocado profetas en la iglesia porque son importantes para la salud y fortaleza de la asamblea local. Siendo portadores de una autoridad tremenda y teniendo la capacidad para llevar gran bendición a aquellos que reciben su ministerio, los profetas deberían funcionar bajo la ley del nuevo pacto, bajo la cual son aceptados como portadores de uno de los dones ministeriales establecidos por Dios para el perfeccionamiento de los creyentes. (Vea Efesios 4:11–12.) Los profetas ya no deberían funcionar bajo el criterio de rechazo, persecución y exilio del antiguo pacto. Ellos necesitan ser integrados en el tejido del funcionamiento de una iglesia sana.

AUTORIDAD PROFÉTICA

Jeremías da una imagen de la autoridad de un profeta:

> Mira que te he puesto en este día sobre naciones y sobre reinos, para arrancar y para destruir, para arruinar y para derribar, para edificar y para plantar.
>
> —JEREMÍAS 1:10

Esto es cierto no solo para los profetas del Antiguo Testamento, sino también para los de hoy día. Cuando los profetas hablan, las expresiones que salen de su boca están cargadas de unción y poder de Dios. Ellos portan la autoridad divina. La gracia de Dios da esta autoridad a los profetas y lo hace por dos razones:

1. Para destruir el reino de Satanás
2. Para establecer del reino de Dios

En este capítulo estaremos estudiando las formas específicas en las que funcionan los profetas para derrumbar el reino de las tinieblas y llevar la luz del reino de Dios. El reino de las tinieblas produce pecado, rebeldía, enfermedad y pobreza; pero el reino de Dios es justicia, paz, y gozo en el Espíritu Santo (Romanos 14:17).

Todos los dones ministeriales son llamados a y responsables de establecer la justicia, paz y gozo en el Espíritu Santo, pero la autoridad de los profetas los capacita para arrancar, derrumbar, destruir y echar abajo las obras del diablo. Los profetas también tienen la autoridad para construir y plantar el reino de Dios.

Aunque el resultado final de enfrentarse con el reino de Satanás es hacer espacio para el reino de Dios con frecuencia parece que se le da el doble de énfasis a destruir el reino de las tinieblas en comparación con edificar el reino de Dios.

Aquellos que operan en la unción profética parecen encontrarse con frecuencia siendo empujados en la batalla y estando en conflicto directo con los poderes de la oscuridad. La unción profética muchas veces es *polémica*. Elías es un ejemplo de esta unción polémica, él desafió y confrontó los poderes de la idolatría en el Monte Carmelo. Debido a la función profética, él pudo derribar la fortaleza de Baal que gobernaba a Israel. Como resultado del ministerio de Elías, con el tiempo, el juicio llegó sobre la casa de Acab.

A través de las expresiones de los profetas, los espíritus malignos son arrancados del lugar donde habitan. Aquellos que tienen la función de profeta hablan con más autoridad que los creyentes que profetizan por medio del espíritu de profecía o por el simple don de la profecía. Las palabras de los profetas son como un hacha puesta a la raíz de los árboles (Lucas 3:9). Por medio de sus palabras divinamente inspiradas, todo árbol que no lleva fruto es cortado y echado en el fuego. En el medio de un ministerio profético verdadero, solo lo que es fructífero y productivo para el reino permanecerá.

Derribar fortalezas

> Porque las armas de nuestra milicia no son carnales, sino poderosas en Dios para la destrucción de fortalezas.
>
> —2 Corintios 10:4

Al profeta Jeremías se le dio autoridad sobre reinos y naciones. Los profetas tienen autoridad sobre reinos demoníacos. Satanás pone fortalezas demoníacas en individuos, familias, iglesias, ciudades y acciones. La unción del profeta es un arma espiritual en mano del Señor para derribar las fortalezas.

He visto liberación que viene a través de profetizarle a las personas, familias y en las asambleas locales. He visto gente llorar y quebrantarse después de recibir expresiones proféticas. Generalmente, los profetas llevan una unción de liberación fuerte. Como resultado, el ministerio del profeta provee liberación y la destrucción de fortalezas.

> Y por un profeta Jehová hizo subir a Israel de Egipto, y por un profeta fue guardado.
>
> —Oseas 12:13

El profeta tiene la responsabilidad de ministrar la palabra de Dios en la misma proporción que él o ella profetiza por el Espíritu de Dios. Esta unción combinada provee la capacidad para llevar liberación al pueblo de Dios de manera única. He visto pastores luchar con fortalezas en las asambleas locales sin poder derribarlas. La unción del pastor es importante, pero podría necesitarse una unción diferente para derribar ciertas fortalezas. Esto no eleva al profeta por encima del pastor en la asamblea local, pues todos somos obreros junto a Dios.

Sin embargo, los pastores necesitan discernir la importancia de la unción del profeta para la destrucción de las fortalezas.

Arrancar el mal

> Pero respondiendo él, dijo: Toda planta que no plantó mi Padre celestial, será desarraigada.
>
> —Mateo 15:13

Jesús se refería a los líderes religiosos de ese tiempo. Su ministerio estaba haciendo que se sintieran ofendidos, y debido a que estaban ofendidos, un arrancamiento se estaba llevando a cabo en el espíritu. Cuando la gente es arrancada a través del ministerio profético, con frecuencia se sentirán ofendidos. Con el tiempo, todo el sistema de religión en Judá y Jerusalén fue arrancado y el pueblo judío fue esparcido.

El enemigo había plantado cizaña entre el trigo. (Vea Mateo 13.) El enemigo puede plantar cierto tipo de personas en las asambleas locales para provocar confusión y para dañar la obra del Señor. Los profetas son quienes tienen la unción para arrancarlas.

Si se arranca a los alborotadores sin la unción, puede haber daño. Por eso es que el Señor les dijo a sus siervos que no intentaran recoger la cizaña, no sea que, al hacerlo, "arranquéis también con ella el trigo" (Mateo 13:29).

Arrancar un espíritu o influencia demoníaca no es algo que pueda hacerse en la carne. Un espíritu o influencia demoníaca debe ser arrancado en el poder del Espíritu de Dios.

> Su confianza será arrancada de su tienda, y al rey de los espantos será conducido.
>
> —Job 18:14

Hay veces que el profeta ignora, en lo natural, lo que se está logrando en el espíritu. El arranque verdadero podría no suceder hasta después de que el profeta se haya retirado de la escena, a veces hasta años después. Lo que está sucediendo en lo natural podría ser el resultado de lo que sucedió en el espíritu años atrás. Lo que vemos en lo natural es solamente un reflejo de lo que está sucediendo o que ya ha ocurrido en el espíritu.

Destruir las obras del diablo

Los verdaderos profetas pueden destruir las obras del diablo. Mucha gente, incluyendo a los pastores, temen al ministerio profético porque es muy poderoso. Sin embargo, el pastor justo no debería temer, pues el ministerio profético verdadero solamente destruye lo que es del diablo; nunca destruirá lo que es del Señor. El ministerio profético verdadero establecerá las cosas del Espíritu mientras destruye las cosas del diablo.

Desafortunadamente, mucho de lo que sucede en las asambleas locales es carnal y, a veces, hasta demoníaco. El ministerio profético destruirá lo carnal y demoníaco y establecerá santidad y pureza en la casa del Señor. Los profetas sienten odio por lo que Dios odia (Salmo 139:21–22). Por eso los profetas serán criticados muchas veces por no ser más "tolerantes".

El don profético no da lugar a la transigencia. De hecho, un profeta transigente pronto perderá su efectividad y, con el tiempo, será juzgado por el Señor. Esto no es para decir que los profetas tienen el derecho de ser ofensivos o de ministrar en la carne. Los profetas tienen que ministrar siempre en el Espíritu. Un profeta que trata de ministrar en la carne terminará destruyendo y dañando lo que es del Señor en vez de aquello que es del diablo. Es lo mismo con cualquier don ministerial. Ministrar, en cualquier forma, en la carne causa reproche y daño.

Los profetas verdaderos siempre tendrán amor y compasión por la gente, pero un odio correspondido e intolerante por las obras del diablo. No confunda odio e intolerancia por las obras del diablo con ser duro y sentencioso, lo cual es una respuesta carnal. Debemos discernir entre la operación de la carne y la administración del Espíritu Santo. Sin un discernimiento y entendimiento apropiados, juzgaremos mal a los profetas y los rechazaremos, privando de esta manera al cuerpo de Cristo de un don ministerial muy importante.

Derribar la idolatría

> Y así como tuve cuidado de ellos para arrancar y derribar, y trastornar y perder y afligir, tendré cuidado de ellos para edificar y plantar, dice Jehová.
>
> —JEREMÍAS 31:28

La nación de Israel recibió la orden de entrar a Canaán y derribar los altares de los paganos. Se suponía de debían arrancar la nación de Canaán por su iniquidad. Israel tenía de desechar a los cananitas antes de entrar y poseer la Tierra Prometida. Note que antes de construir y plantar viene arrancar y destruir. Esta es la parte desagradable del ministerio; no obstante, es necesaria.

La unción profética es así; es confrontación y batalla. Primero viene la confrontación y la guerra; luego viene la edificación y la siembra. Más de un profeta se ha retractado de confrontar al mal debido a un temor almático e intimidación. La guerra es desagradable para el alma. Sin embargo, si un profeta permite que la unción lo cambie "en otro hombre" (1 Samuel 10:6), la fuerza de la unción prevalecerá sobre el retroceso del alma de uno y hará que uno pueda levantarse y derribar los altares del pecado (Oseas 8:11).

Muchas veces, en el ministerio, los profetas no entenderán por qué aquello que están ministrando va en cierta dirección. En el espíritu, los profetas podrían encontrar rebeldía, control, brujería y orgullo en una asamblea sin saber, en lo natural, nada de lo que está sucediendo en la congregación. A veces, la dirección es todo lo opuesto de donde empezaron ministrando en la Palabra. La unción y la dirección del Espíritu Santo hará que los profetas encuentren áreas de pecado y rebeldía en el espíritu sin saberlo en lo natural.

Autoridad para edificar

Además de destruir, arrancar, derribar y derrocar las obras del diablo, el profeta también edifica el cuerpo de Cristo. Este es su ministerio de edificación, exhortación y consuelo. Los profetas tienen un odio fuerte por las obras del diablo, pero también tienen un amor y compasión genuinos por el pueblo de Dios y los santos que serán desarrollados y edificados a través de un ministerio profético verdadero. Cuando la iglesia se desarrolla de esta manera, las puertas del infierno no podrán prevalecer en su contra.

Siempre necesitamos recordar que el propósito de derribar las fortalezas es edificar el reino de Dios. La guerra espiritual no es un objetivo, sino más bien un medio hacia el objetivo. Aquellos que han sido llamados al ministerio profético tienen, siempre, que mantener su enfoque en el objetivo, el cual es desarrollar a la iglesia.

Es posible perder el enfoque. No hay garantía de motivos puros. Si los profetas pierden el enfoque, terminan haciendo un daño considerable a la obra del Señor. A veces, los profetas desarrollan lo que yo llamo una mentalidad "detonante". Ellos solo quieren detonar todo lo que no es como Dios.

Recuerde, la misión de Juan el Bautista era preparar al pueblo para la venida del Señor. Él habló contra la maldad y el pecado, pero también anunció la llegada del reino de Dios. De la misma manera, los profetas deben preocuparse no solo por las obras del enemigo, sino también de las necesidades del pueblo. Ellos tienen que equilibrar su ministerio con amor y compasión y tienen que evitar ministrar con un espíritu áspero, crítico o amargo. Ellos tienen la responsabilidad de ministrar la palabra en amor. Tienen la responsabilidad de edificar la casa del Señor.

Plantado para florecer

> Plantados en la casa de Jehová, en los atrios de nuestro Dios florecerán.
> —Salmo 92:13

Cuando la gente se exponga a un ministerio profético verdadero, serán *plantados* en la casa del Señor. Aquellos que son plantados florecerán en todas formas. Ser *plantado* significa estar arraigado. La gente en el ministerio profético puede arrancar lo que el enemigo ha plantado, y pueden plantar en las asambleas locales lo que el Señor ha ordenado.

En las iglesias locales, he visto personas llegar dudando sobre ser plantada. Ellas podrían flaquear, y quizá no se pueda contar con su ayuda en la obra del Señor. Por medio de su unción, un profeta puede ministrar fortaleza y seguridad a los santos que titubean y establecerlos en la casa del Señor.

No necesitamos más miembros de la iglesia que no están arraigados y plantados. Necesitamos santos que estén plantados por el Señor en su casa. Aquellos que están plantados desarrollarán raíces fuertes y serán como árboles plantados junto a ríos de agua viva. Aquellos a quienes el Señor ha plantado serán cristianos fructíferos que estarán firmes, constantes y siempre abundarán en la obra del Señor (1 Corintios 15:58). A medida que recibamos ministración profética, nos volveremos árboles de justicia, plantío del Señor (Isaías 61:3).

Estoy firmemente convencido de que una de las razones por las que no tenemos más cristianos fructíferos en nuestras asambleas locales se debe a la falta de un ministerio profético verdadero. He estado ministrando y diciéndole a la gente, por años, que la unción es necesaria para perfeccionar a los santos. Cada don ministerial lleva una unción específica. Cada don ministerial tiene una capacidad divina para edificar a la iglesia. Los profetas tienen unción y capacidad para edificar y plantar. Sin esta unción habrá áreas donde los santos no son edificados y cosas donde ellos no están plantados.

Para resumir, los profetas tienen la autoridad de parte de Dios para *arrancar, derribar, destruir, derrocar, edificar o construir y plantar*. Estos serán los resultados identificables de la palabra del Señor que sale de la boca de los profetas.

Entrar en el fluir

Los profetas nunca deben usar su autoridad para controlar o abusar del pueblo de Dios. El control y el dominio son formas de brujería. Para evitar abusar de su autoridad, los profetas tienen que esforzarse para desarrollar un carácter piadoso y, además, deben andar en humildad.

Los profetas también pueden trabajar juntos en equipos. Los equipos ayudan a mantener a los profetas en equilibrio, y el trabajo en equipo provee barreras saludables contra el orgullo, aislamiento y exclusividad. Tenemos muchos profetas reconocidos en nuestra asamblea local, y ellos entienden que el trabajo en equipo es el camino a seguir.

Necesitamos estar conectados con las personas que fluyen fuertemente en el ministerio profético. Cuando uno se mueve en lo profético, se abre todo un nuevo ámbito de autoridad y capacidad espiritual. Usted puede moverse en la música profética, lo que incluye tocar instrumentos proféticamente, cantar proféticamente y cantar cánticos nuevos. Usted necesita poder entrar en el fluir.

Enviará su palabra, y los derretirá; soplará su viento, y fluirán las aguas.
—Salmo 147:18

Cuando usted se encuentre en el fluir, profetizará no solo a otros santos, sino que también empezará a profetizar a Dios y a los principados y potestades. Usted puede profetizarles a los demonios y a los reinos en el ámbito espiritual. Así es como se derriban las fortalezas. Dios ungió al profeta Jeremías para que profetizara a reinos y naciones. Él tenía autoridad para derrocar reinos y para gobernar sobre naciones.

Según 1 Corintios 2:10, el Espíritu escudriña lo profundo de Dios. El versículo doce continúa diciendo que se nos ha dado el Espíritu de Dios para que podamos conocer las cosas que Dios nos da gratuitamente. Así que profetizar a

Dios es hablarle a Él por su espíritu según las profundidades de revelación que el Espíritu de Dios le ha concedido.

Dios ya sabe lo que va a hacer. El problema viene cuando Dios tiene que tener a alguien en la tierra para llevar a cabo su plan. Puede haber cosas en los cielos que Dios quiere hacer. Dios lo sabe, pues Él lo ha decretado. Jesús, el Espíritu Santo y los ángeles están conscientes de ello. El cielo completo está en un mismo sentir, pero es diferente cuando Dios trata de establecerlo en el ámbito terrenal.

Cuando empieza a profetizar por su espíritu, ese es Dios fluyendo de usted. Lo que sea atado en el cielo es atado en la tierra. Lo que Dios establece en el cielo y hace fluir de nosotros en la tierra es exactamente lo que será establecido en el ámbito terrenal.

Una de las oraciones que hacemos va así: "Venga tu reino. Hágase tu voluntad, como en el cielo, así también en la tierra" (Mateo 6:10). Es el Dios del cielo quien está en usted, hablando desde usted a toda la tierra, uniendo al cielo con la tierra. Él desea cumplir su plan en el ámbito terrenal para que podamos andar y vivir en su voluntad. Nosotros no estamos tratando de ser Dios. Solamente somos sus instrumentos. Sabemos que sin Dios nada podemos hacer.

La mayoría de nosotros nunca ha comprendido realmente la autoridad que tenemos en el ámbito profético. Pensamos que somos diferentes a los grandes profetas antiguos, quienes caminaron en una autoridad tremenda. Josué tuvo autoridad para detener el movimiento del cielo, para detener la luna y el sol. Moisés caminó con autoridad suficiente para abrir un camino en el mar Rojo. Estos hombres de Dios sabían cómo fluir en el ámbito profético.

La mayoría del pueblo de Dios, la mayoría de las iglesias, no saben fluir en ese tipo de autoridad. Por eso es que nos quedamos sentados, jugando con nuestros pulgares, esperando que Dios haga todo de manera automática. Solo imagine a Moisés parado a la orilla del mar Rojo, con el ejército egipcio echándosele encima a los israelitas, "esperando que Dios haga algo". Justo allí y en ese momento habría sido el final de la historia; todos habrían muerto.

Muchas veces, Dios espera que nosotros fluyamos en Él. Su unción, iniciativa y poder están disponibles para nosotros; sin embargo, ya que a la mayoría de nosotros no se nos ha enseñado cómo, no sabemos fluir en lo profético. He descubierto que muchas veces, en una conferencia, es muy difícil abrirse en cantos proféticos porque hay tantos religiosos en el servicio que no saben cómo fluir proféticamente. Cuando profetizo o doy un mensaje en lenguas, ellos saltan, cantan y aplauden porque nunca se les ha enseñado cómo fluir en la unción. Sus acciones no son equivocadas, sino que están fuera de lugar y ellos confunden todo el servicio. Toda la iglesia necesita aprender cómo fluir con la unción.

> ¡Mirad cuán bueno y cuán delicioso es habitar los hermanos juntos en armonía!
> —SALMO 133:1

La unción fluye desde la cabeza

Si quiere una iglesia profética, tiene que tener un liderazgo profético ya que la unción siempre fluye desde la cabeza. La Biblia reporta en el libro de los Salmos que cuando Aarón fue ungido, el aceite fluyó desde su cabeza hasta la orilla de su túnica. La unción siempre fluye hacia abajo, no fluye hacia arriba.

Si el liderazgo de la asamblea local no fluye en la unción profética, entonces, la gente no va a fluir en profecía. Si el liderazgo no fluye en milagros, la congregación no fluirá en milagros. Por eso es inútil que la gente tome algo de una conferencia pensando que lo van a llevar a sus iglesias y las transformarán. Ellos estarán tratando de hacer que la unción fluya hacia arriba, a menos que ellos mismos sean los líderes de la iglesia.

No me importa cuánto sepa acerca de liberación o profecía; si usted trata de introducirla en su iglesia en lugar de que los líderes lo hagan, va a terminar lastimado y decepcionado. Desperdiciará años tratando de crear un movimiento espiritual en esa iglesia, pero no funcionará porque usted no tiene la autoridad, a menos que entre al ámbito profético de la oración y usted ore por eso.

Tiene que llegar a la autoridad en el mundo espiritual para poder hacer que las cosas se manifiesten en su iglesia local. Entonces, Dios lo pondrá en el corazón de su pastor, y fluirá hacia abajo desde la autoridad de ese pastor. Cualquier otro movimiento en la iglesia es un levantamiento de rebeldía y Dios no puede bendecirlo.

> Entonces Jehová descendió en la nube, y le habló; y tomó del espíritu que estaba en él, y lo puso en los setenta varones ancianos; y cuando posó sobre ellos el espíritu, profetizaron, y no cesaron.
>
> —Números 11:25

Dios quiere un pueblo profético, y está buscando personas que fluyan en milagros. Sin embargo, usted nunca fluirá en milagros antes de su liderazgo. Cuando su liderazgo empiece a fluir en milagros, esa unción fluirá sobre cada uno de los que están bajo la autoridad de ellos. Así es como funciona siempre.

Por eso es que puede ir a algunas iglesias, y si el liderazgo no fluye en lo profético, lo más seguro es que no habrá mucha profecía, no importa cuánto quiera usted fluir en lo profético. No generarán muchos cánticos nuevos, aunque usted pueda fluir en esa unción en lo personal.

Sé que puede ministrar a los laicos todo el día, pero a menos que el liderazgo vaya adelante, la iglesia no será efectiva al grado que Dios desea. Se debe a que los líderes están manteniendo a la gente fuera de ese ámbito. Recuerde, sencillamente, usted no puede pasar por encima de su liderazgo.

Por eso, mi corazón se enfoca en el liderazgo. Es la razón por la que trato de alcanzar pastores y líderes. Es tan importante ministrarlos a ellos primero. Independientemente de si es o no un líder, ore por el liderazgo de la iglesia. Dios está levantando líderes proféticos, gente de autoridad, gente que podrá fluir en milagros. Ellos van a ministrar, y cuando la hagan, la unción va a caer sobre el pueblo de Dios a tal extremo que ellos irán tras sus líderes a diferentes ámbitos del Espíritu de Dios.

CAPÍTULO 7

DECENTEMENTE Y CON ORDEN— PROTOCOLO PROFÉTICO

Así que, hermanos, procurad profetizar, y no impidáis el hablar lenguas; pero hágase todo decentemente y con orden.

—1 Corintios 14:40

IOS TIENE UN número ilimitado de pensamientos acerca de su pueblo, y a los profetas se les ha dado el don de conocer los pensamientos de Dios y compartirlos. Hay dos avenidas principales a través de las cuales Dios revela sus pensamientos a su pueblo: la profecía personal y la corporativa. Para que el pueblo se beneficie de una o de ambas, es importante que los profetas procedan con su ministerio según el protocolo delineado en la Palabra.

PROTOCOLO PARA EL MINISTERIO PROFÉTICO PERSONAL

He recibido cientos de palabras proféticas en mi vida. Estas palabras han llevado gran claridad a mi vida en lo que se refiere a mi destino. Estas palabras me han encontrado en tiempos de desánimo. Han impartido fuerza y dones en mi vida. Yo valoro altamente la profecía personal y deseo que cada creyente se beneficie de recibir la palabra del Señor.

Dios es un Dios personal, y cada persona tiene un destino en su plan. Él quiere que cada uno de nosotros elija escuchar de Él. En nuestra iglesia, hemos desarrollado equipos proféticos para cubrir las necesidades de muchos creyentes que desean recibir palabras de profecía personal. En particular, cada miembro nuevo y cada creyente nuevo tiene la oportunidad de recibir profecía personal. Muchos individuos solicitan profecía personal, así que hemos desarrollado nuestra iglesia para cubrir esta necesidad. ¿Es correcto buscar palabras de profecía personal, o debería la persona esperar hasta que dichas palabras le sean dadas solo por la unción del Espíritu Santo?

He profetizado sobre miles de personas sin unción inicial, sencillamente porque ellos pidieron ministración. He descubierto que cuando empiezo a hablar en fe, la unción aumenta. De hecho, algunas de las profecías más fuertes que he recibido han venido a pesar de que yo no tenía unción inicial.

La profecía puede ser provocada por la fe. A veces, hay unción para profetizar que no necesita provocación, pero debe saber que puede ser provocada si fuera necesario. Todos los dones pueden ser provocados. La enseñanza y la prédica pueden ser provocados. Las lenguas pueden ser provocadas. La profecía también puede ser provocada por medio de la fe y un acto de la voluntad. Si pide, recibirá:

Pedid, y se os dará; buscad, y hallaréis; llamad, y se os abrirá. Porque todo aquel que pide, recibe; y el que busca, halla; y al que llama, se le abrirá. ¿Qué hombre hay de vosotros, que si su hijo le pide pan, le dará una piedra? ¿O si le pide un pescado, le dará una serpiente? Pues si vosotros, siendo malos, sabéis dar buenas dádivas a vuestros hijos, ¿cuánto más vuestro Padre que está en los cielos dará buenas cosas a los que le pidan?

—Mateo 7:7–11

A medida que tiene más fluidez en la expresión profética, aumentarán sus oportunidades para ministrar a los demás. Las personas se acercarán a usted con expectativas: algunas buenas o tras malas. Ya que la profecía se trata de edificar el cuerpo de Cristo, estas son las formas en que usted puede edificar a aquellos que se acercan a recibir de su unción.

Permítales buscar una palabra rema

Buscar una palabra rema, también conocida como "una palabra del momento", no es un concepto nuevo. Todos queremos estar incluidos en lo que Dios está haciendo en este momento. *Rema* es una palabra profética personal que viene del Señor y que no es algo que usted lee simplemente en la Palabra del Señor, en la Biblia. Hay muchos líderes de iglesia que disuaden a la gente a no buscar una palabra de una persona con unción profética. Los ministros han advertido sobre el ministerio profético personal en sus enseñanzas porque han visto abusos. Demasiado engaño y error ha habido a nombre de la "profecía personal".

Como resultado, algunos ministros enseñan a su grey que todo lo que necesitan es la Biblia, la Palabra (logos) de Dios. Le enseñan a su congregación: "Si solo estudia la Palabra, recibirá todas las respuestas que necesita. Los cristianos nunca deberían ir a un servicio a la expectativa de que alguien les dé una palabra [rema] de Dios". En consecuencia, muchas personas pasan años sin recibir una palabra de Dios porque han sido enseñados a sospechar del fluir sobrenatural de la profecía personal.

Comprendo las razones para advertir a la gente de esta manera y conozco los peligros de ser engañado. Sin embargo, el Señor me ha mostrado algunas cosas en lo que se refiere a la unción profética, y creo que es un error "tirar el agua junto con los frijoles". Para empezar, en el Antiguo Testamento podemos que la gente acudía a los profetas de Dios con frecuencia para recibir una palabra del Señor. Ellos todavía no tenían la unción del Espíritu Santo en su vida tal como lo tenemos nosotros bajo el nuevo pacto, así que buscaban a los profetas que sí tenían la unción. Ahora bien, aunque Dios puede hablarnos individualmente, aún hay momentos cuando necesitamos escuchar a Dios a través de la profecía. Necesitamos escuchar la palabra de Dios para nuestra vida a través de otro santo. Cuando recibamos dicha palabra, sabremos cómo opera la profecía y podremos juzgar la palabra del Señor por medio del Espíritu de verdad.

Permítame preguntarle: "¿Cuál es la voluntad de Dios para mi vida?"

Durante mis años de servicio como pastor, mucha gente se me ha acercado con preguntas acerca de conocer la voluntad de Dios para su vida. Usted también podría haber recibido preguntas como esta. A medida que su don profético se da a conocer en su cuerpo local, la gente podría acercársele con esta pregunta. No los desanime. Minístrelos. Como dije, cuando usted empiece a abrir su boca, Dios la llenará.

Podrían preguntarle: "¿Cómo puedo saber con seguridad si esta es mi voluntad o la voluntad de Dios?". Lo que siempre les digo es que la voluntad de Dios es que sigan los deseos de su corazón.

Podrían responder a eso diciendo: "Bueno, pastor, ¿cómo sé si es mi deseo o el deseo de Dios? ¿Cómo puedo notar la diferencia entre los deseos que yo tengo y aquellos que Dios me da?". Mi respuesta a eso es: "Si su corazón es puro y usted desea realmente hacer la voluntad de Dios, no tiene que preocuparse de que sus deseos sean equivocados".

> Todas las cosas son puras para los puros, mas para los corrompidos e incrédulos nada les es puro; pues hasta su mente y su conciencia están corrompidas.
>
> —Tito 1:15

La única vez en que los creyentes deben preocuparse de que sus deseos sean malos es cuando están en rebeldía, desobediencia, lujuria o algún otro tipo de pecado. Entonces, tienen que ser cuidadosos de no confundir sus deseos con los deseos de Dios. Las personas en un estado espiritual pecaminoso torcerán o pervertirán los deseos de Dios. Anime a la gente que usted ministra a que, en tanto sean puros, sinceros y abiertos ante Dios, puedan confiar en sus deseos porque su corazón está abierto para recibir los deseos de Dios en lugar de los propios.

Hágales saber que la profecía fluirá según la proporción de fe que tengan

Para mi sorpresa, en un servicio, casi cada persona recibió una palabra profética del Señor, aunque no parecía haber ninguna unción sobrenatural para profetizar. Lo que sucedió es que yo, sencillamente, provoqué al don de Dios que está en mí. Ahora bien, yo sé que puedo imponer manos sobre las personas y profetizarles en fe. Y sé cómo funciona ese don, y puedo fluir en él. Ya que cada asistente en ese edificio necesitaba escuchar de Dios, yo tenía la capacidad de incitar el don de Dios en mí y profetizar desde mi don para cada uno de ellos.

Hace algunos años, probablemente no habría alentado ese tipo de profecía. Con seguridad habría dicho algo como: "Si no hay unción sobrenatural para profetizar, si el Espíritu de Dios en realidad no acaba de descender sobre mí, entonces no voy a tratar de profetizar para cada uno de los que están en el edificio". También habría dicho: "Esta gente no debería venir a la iglesia con la expectativa de escuchar una palabra directa de Dios".

Desde entonces, he descubierto que usted siempre debería estar a la expectativa de escuchar una palabra proveniente de Dios, especialmente en la iglesia.

Con demasiada frecuencia, la tradición religiosa es la que nos impide recibir lo mejor de Dios.

> De manera que, teniendo diferentes dones, según la gracia que nos es dada, si el de profecía, úsese conforme a la medida de la fe.
>
> —ROMANOS 12:6

Hágales saber que deben estar conscientes de la "comezón de oídos"

> Porque vendrá tiempo cuando no sufrirán la sana doctrina, sino que teniendo comezón de oír, se amontonarán maestros conforme a sus propias concupiscencias.
>
> —2 TIMOTEO 4:3

Sí existe tal cosa como la comezón de oídos, lo que significa que, a veces, puede ser necesario enseñarle a la persona a quien ministra que recibir una palabra de Dios no los excusa de orar y buscar a Dios por sí misma. La profecía no es para los haraganes que no quieren orar y buscar a Dios, quienes prefieren que alguien les profetice.

Sin embargo, hay personas que están verdadera y sinceramente buscando a Dios. Quieren saber: "¿Hay algo que el Señor quiera decir en esta situación?". Piensan: "No queremos tomar decisiones solos. No queremos operar solo con nuestro entendimiento. Queremos escuchar de Dios porque sabemos que, si tenemos el criterio de Dios sobre el asunto, cualquier cosa que hagamos será lo correcto".

Ministre a estas personas sin titubear. Debido a la fe de ellos, el Señor les revelará las respuestas que buscan.

Hágales saber que es bueno estar alerta de los profetas falsos

Yo sé que hay profetas falsos. Sin embargo, no olvidemos que antes de que haya algo falsificado, primero tiene que haber algo genuino.

Hay quienes quieren profetizarle a cambio de una remuneración. Ellos tienen un don profético, pero su propósito al profetizar es aprovecharse financieramente del pueblo de Dios. Hasta pueden ser precisos en el espíritu porque están profetizando por un don genuino. Pero su carácter tiene defectos al punto de que se aprovecharán del pueblo de Dios. Los temores y la presión financiera pueden conducir a las personas a caer en ese tipo de tácticas.

Sin embargo, profeta, usted no es así. Usted opera con humildad, integridad y gran sentido de responsabilidad ante el Espíritu de Dios y los otros profetas que lo rodean.

Si esto surge durante la ministración, anime a la persona a llevar cualquier temor de falsos profetas ante el Señor. Dígale que le pida a Dios que los mantenga con un corazón puro para que puedan discernir a un falso profeta. Compártale la Palabra sobre este tema para que reconozcan a los profetas, verdaderos o falsos, por su fruto (Mateo 7:16, 20; Lucas 6:44). Anímelos que no permitir que la existencia de profecía falsa les impida recibir la verdadera. Eso sería como optar por no pagar con billetes, porque han escuchado que hay gente que los falsifica.

Hágales saber que para recibir necesitan estar dispuestos

Muchas veces, he asistido a una reunión confundido sobre los detalles en lo que se refiere a la voluntad de Dios para mi vida. Sencillamente, no sabía cómo lograr lo que sentía que Él me estaba diciendo que hiciera. Necesitaba escuchar a Dios hablándole a mi situación. Sin embargo, debido a que el sermón era "general" por naturaleza, un mensaje bueno para todo propósito, me iba en el mismo estado en el que llegué, y no tenía la oportunidad de recibir ministración profética, que era lo que más necesitaba.

No fue sino hasta que empecé a buscar una palabra rema de Dios que recibí la dirección que necesitaba para mi vida. Es importante que los creyentes sepan cuándo necesitan ministración personal. Si ellos abren su corazón a la palabra del Señor a través de la profecía personal y asisten a asambleas locales donde los creyentes fluyen con precisión en el don profético, recibirán la dirección para su vida que necesitan. Gracias a Dios por el don de profecía.

TRECE CLAVES PARA MINISTRAR PROFECÍA PERSONAL

1. Profetice siempre en amor. Ame a las personas que ministra. El amor es la motivación detrás de la profecía (1 Corintios 14:1). No profetice por amargura, dolor o ira. El amor busca siempre edificar. El amor no es rudo. El amor no es áspero ni condenatorio. Sea sensible a la persona que esté ministrando. Sea cortés.

2. Profetice según su proporción de fe (Romanos 12:6). No copie a los demás. Sea usted mismo. Dios quiere que todos seamos originales, no copias. Perdemos la individualidad y la singularidad propia dada por Dios cuando copiamos a otros. Esfuércese en dar lo mejor de sí y sea usted mismo.

3. Evite ser muy efusivo, dramático, exagerado, o llamativo cuando ministre proféticamente.

4. Cuando ministre a una persona del sexo opuesto, no ponga sus manos en ningún área del cuerpo de la persona que pueda considerarse sensible. Si tiene que tocarla, ponga sus manos suavemente sobre la cabeza o en el hombro. Puede pedirle a otra persona, del mismo sexo de quien recibe, que ponga sus manos sobre la persona receptora con el propósito de impartir y sanar.

5. ¡No permita que la gente lo adore a usted! Manténgase humilde cuando la gente le alabe y diga cosas buenas acerca

de la ministración que recibieron de usted. Recuerde adorar a Jesús. El testimonio de Jesús es el espíritu de profecía.

6. No sea un "llanero solitario" profético. Aprenda a ministrar con otros. Solamente conocemos en parte y profetizamos en parte. Someternos a los demás es una manera de evitar el orgullo. Considere a otros cuando ministra. No sea un "acaparador" profético. Dé a otros la oportunidad para ministrar. No se tome todo el tiempo. Aprenda a trabajar en equipo. Un buen seguidor es un buen líder.

7. Evite mover las manos en exceso, eso distrae al receptor. Esto incluye señalar, agitar y empuñar la mano. Además, evite mecer a la persona. No hable excesivamente en lenguas cuando esté ministrando proféticamente. Generalmente, podemos hablar en lenguas cuando estemos empezando, para entrar en el fluir, pero después de eso, opte por palabras conocidas para profetizar.

8. Nunca dé una palabra profética que sea contraria a lo que está escrito en la Palabra de Dios. Es importante que la gente profética estudie la Palabra. Estudie para mostrarse a sí mismo aprobado.

9. Conozca sus fortalezas y limitaciones. Algunas personas son más fuertes en ciertas áreas de lo profético que en otras. No intente ir por encima de su medida de gracia. No estamos en una competencia; no estamos tratando de superar a otros.

10. Recuerde, el espíritu del profeta está sujeto a los profetas (1 Corintios 14:32). Dios no nos da lo que no podemos controlar. Usted siempre debe tener control sobre su espíritu (Proverbios 25:28). Nunca permita que las cosas se salgan de control.

11. No sea repetitivo mientras profetiza. Esto sucede muchas veces cuando la gente habla durante mucho tiempo. Deténgase cuando el Espíritu Santo se detenga.

12. En lo posible, use una grabadora. Esto hará que el receptor pueda escribir la profecía y revisarla. Además, de evitar que el receptor responsabilice al ministro de haber dicho algo que no dijo, también hace posible que la profecía sea juzgada por el liderazgo.

13. Hable en primera persona. Acostumbrarse a esto podría tomar tiempo y práctica; sin embargo, usted es la voz del Señor sobre la tierra, y hacerlo permitirá un fluir profético más profundo.

PROTOCOLO PARA LA PROFECÍA CORPORATIVA EN LA IGLESIA LOCAL

La profecía corporativa es importante para edificar asambleas locales fuertes. Dios edifica, exhorta y consuela a las iglesias locales a través de la profecía corporativa. Pablo le escribió a la asamblea de Corinto para darles instrucciones adecuadas respecto a la profecía:

> El que habla en lengua extraña, a sí mismo se edifica; pero el que profetiza, edifica a la iglesia. Así que, quisiera que todos vosotros hablaseis en lenguas, pero más que profetizaseis; porque mayor es el que profetiza que el que habla en lenguas, a no ser que las interprete para que la iglesia reciba edificación.
>
> —1 Corintios 14:4–5

Como apóstol, Pablo estaba escribiéndoles porque sentía una preocupación por el bienestar de la iglesia local. Él deseaba ver a la iglesia desarrollada y edificada en todas las formas, y eso incluía la profecía.

Aunque, hoy día, parece haber mucho énfasis en la profecía personal, es importante que las iglesias locales permitan a los profetas hablarle también a toda la congregación. Esta es una de las formas en que Dios desea bendecir y edificar al cuerpo de Cristo local. Las iglesias que permitan que se escuche la voz del Señor serán bendecidas.

Es importante instruir apropiadamente al cuerpo de creyentes local para que los profetas puedan fluir en la profecía de manera ordenada. De lo contrario, la confusión será el resultado.

Quizá la confusión más grande que la gente tiene acerca del ministerio profético es que la profecía debe ser ministrada en un tono de voz sentencioso y condenatorio, como un regaño. Mientras que algunas profecías, de hecho, podrían hablar de juicio, este tono debe reservarse para los profetas maduros que funcionan en la función de profetas y para aquellos que son reconocidos por los ancianos en la asamblea. Hay veces en que Dios quiere dar una palabra de corrección a una asamblea, pero la mayoría de las profecías que se dan corporativamente deben ser para edificación, exhortación y consuelo.

Decentemente y con orden

En su primera carta a la iglesia en la ciudad de Corinto, el apóstol Pablo les aconsejó acerca de la manera en que la profecía corporativa se debía de dar:

> Asimismo, los profetas hablen dos o tres, y los demás juzguen. Y si algo le fuere revelado a otro que estuviere sentado, calle el primero. Porque podéis profetizar todos uno por uno, para que todos aprendan, y todos sean exhortados. Y los espíritus de los profetas están sujetos a los profetas; pues Dios no es Dios de confusión, sino de paz. Si alguno se cree profeta, o espiritual, reconozca que lo que os escribo son

mandamientos del Señor. Así que, hermanos, procurad profetizar, y no impidáis el hablar lenguas; pero hágase todo decentemente y con orden.

—1 Corintios 14:29–33, 37, 39–40

Básicamente, Pablo asumía que la profecía corporativa debía suceder con frecuencia. Por lo tanto, necesitaba ser regulada para que pudiera contribuir a la edificación y no a la confusión.

La iglesia primitiva no tenía micrófonos ni sistemas de sonido, y pareciera que, en esos tiempos, muchísimos profetas, absortos en el espíritu de profecía, se interrumpían unos a otros al esforzarse por ser escuchados. En la actualidad, con el enorme tamaño de muchas de nuestras iglesias, así como la preocupación por la madurez de aquellos que expresan palabras proféticas frente a toda la asamblea, es necesario añadir un poco más de consejo.

Por ejemplo, a alguien que quiera profetizar podría requerírsele que se acercada a uno de los líderes y pidiera el micrófono. ¿Qué otras consideraciones deben tomarse en cuenta?

Música, adoración y profecía

Cuando nos unimos en adoración, debe estar a la expectativa para escuchar la voz del Señor. La profecía puede ser hablada; o puede ser cantada:

> ¿Qué, pues? Oraré con el espíritu, pero oraré también con el entendimiento; cantaré con el espíritu, pero cantaré también con el entendimiento.
>
> —1 Corintios 14:15

Como mencioné antes en este libro, la palabra hebrea primaria para *profecía* es *naba*, que significa profetizar, hablar o cantar por inspiración, hervir, borbotear y alabar a Dios mientras se está bajo influencia divina.

La adoración puede hacer que el espíritu de profecía sea liberado (Apocalipsis 19:10). A medida que la adoración surja, verá que nuevas canciones y palabras proféticas empiezan a "borbotear" mientras el espíritu de profecía se hacer más fuerte en la asamblea.

Además de que sea importante para iniciar un fluir profético fuerte, la música es primordial para mantenerlo. Los músicos ayudan a marcar el tono y la atmósfera para la adoración. Adicionalmente, los músicos pueden profetizar con sus instrumentos. Todos los músicos del tabernáculo de David eran proféticos:

> Asimismo David y los jefes del ejército apartaron para el ministerio a los hijos de Asaf, de Hemán y de Jedutún, para que profetizasen con arpas, salterios y címbalos; y el número de ellos, hombres idóneos para la obra de su ministerio, fue: De los hijos de Asaf: Zacur, José, Netanías y Asarela, hijos de Asaf, bajo la dirección de Asaf, el cual profetizaba bajo las órdenes del rey. De los hijos de Jedutún: Gedalías, Zeri, Jesaías, Hasabías, Matatías y Simei; seis, bajo la dirección de su padre Jedutún, el cual profetizaba con arpa, para aclamar y alabar a Jehová. De los

hijos de Hemán: Buquías, Matanías, Uziel, Sebuel, Jeremot, Hananías, Hanani, Eliata, Gidalti, Romanti-ezer, Josbecasa, Maloti, Hotir y Mahaziot. Todos éstos fueron hijos de Hemán, vidente del rey en las cosas de Dios, para exaltar su poder; y Dios dio a Hemán catorce hijos y tres hijas.

—1 Crónicas 25:1–5

Tenga un espíritu sumiso y enseñable

Es extremadamente importante que todos los santos en la asamblea local mantengan un espíritu sumiso y enseñable hacia su pastor y su liderazgo local mientras ellos ministran dones espirituales. Los pastores y demás líderes han recibido la responsabilidad de ser pastores tanto para la congregación como para aquellos que usan sus dones para ministrar.

La información y la corrección que dan aquellos en autoridad debe ser recibida por los santos con entusiasmo, quienes deberían tener el deseo de manifestar su ministerio de tal manera que complemente la filosofía de la iglesia local. Ningún miembro del equipo profético debería asumir jamás que él o ella no necesita recibir dirección o corrección de parte del pastor. (Vea Proverbios 12:15.)

Todos somos humanos, podemos —y estamos sujetos— a cometer errores; así que, en algún punto mientras ministramos, cada uno de nosotros cometerá errores. A veces, estaremos conscientes de haber errado, pero no siempre. Por lo tanto, es importante decidir anticipadamente estar abiertos y dispuestos para que nos corrijan aquellos que están por encima de nosotros. Es igualmente importante que quienes han sido puestos sobre la congregación ejerzan su autoridad y que no teman reprender si fuera necesario.

Cuando usted comete un error en el contenido o en la forma en que entrega una palabra profética pública es, particularmente, cuando su pastor puede salvarle la vida. Recuerde que usted es miembro de un equipo profético, no un llanero solitario, y que cada uno de nosotros solamente recibirá una revelación parcial. Al mismo tiempo, su pastor es responsable de la visión general y de las múltiples funciones de la iglesia local.

Si alguien tiene un don de profecía, o incluso lleva la función de profeta en la iglesia local, eso nunca significa que la persona puede suplantar a su pastor local.

No tarde mucho

Una queja común entre los pastores es que mucha gente tarda demasiado cuando profetiza o ministra dones espirituales en la iglesia. Los profetas dan palabras elaboradas, a veces tan largas como un sermón completo. Aunque es cierto que profetizar es como predicar, en el sentido de que ambas presentan una verdad, es igualmente cierto que una presentación complicada o muy larga puede ser aburrida o puede entorpecer el efecto de esa verdad.

La mayoría de las profecías congregacionales pueden darse en un minuto o menos, dos minutos como máximo. Cualquier tiempo mayor a esto podría volverse extremadamente agotador para algunos, y sería problemático para el pastor, quien es responsable del orden, horario y fluir del servicio. Aquellos que profetizan deberían esforzarse en presentar cualquier revelación tan clara y concisamente como sea posible.

Sobre el mismo tema, una persona no debería sentir que él o ella debe profetizar en todos los servicios, ya que esto podría limitar la participación de otros para ministrar en sus dones y hasta podría dar la impresión de que este individuo en particular está tratando de monopolizar el ministerio profético o espiritual de la iglesia. Ni la frecuencia profética ni el extenderse deben indicar que el orador tiene más virtud o que merece más honra.

Fluya en el orden del servicio

Debería ser obvio que la profecía no es apropiada durante cualquier parte del servicio cuando se necesita que la atención esté enfocada en algo, en particular durante la prédica, los anuncios o el llamado al altar, cuando una palabra profética se vería como una interrupción. Normalmente, el momento para fluir en los dones del Espíritu es durante la parte de adoración del servicio. Durante el corto momento de clama entre coros, los profetas pueden estar listos para hablar. En ese momento, los líderes deberían esperar y animar la manifestación del Espíritu a través de la profecía.

Cuando los santos ministran durante el momento adecuado del servicio, su ministración debe complementar el fluir del servicio y no contradecir o cambiar el orden del mismo.

Por ejemplo, si la congregación está involucrada en altas alabanzas a Dios, demostrativas y exuberantes, sería inapropiado compartir una palabra acerca de estar en quietud y silencio ante el Señor.

Aunque Dios podría compartir una palabra clave con un individuo santo que podría cambiar el orden del servicio, creemos que deben ser el pastor y aquellos llamados al liderazgo quienes tengan la responsabilidad de dirigirla.

Si un pastor está accesible durante el servicio de adoración, usted puede compartir su revelación de manera privada y dejar que ese pastor determine si el momento para compartirla es adecuado. Si no, ¡no se ofenda! Usted habrá entregado lo que siente que Dios ha compartido con usted, y ahora eso quedará en manos de aquellos a quienes Dios ha dado autoridad sobre el servicio.

Una profecía para la iglesia

Los siguientes ejemplos de profecías corporativas dadas sobre nuestra asamblea local son edificantes, exhortativas y reconfortantes:

> El Espíritu de Dios desea que diga que las señales y maravillas registradas en la Biblia son verdaderas. Sucedieron. No son cuentos de hadas. El poder de Dios es real. Los milagros de Dios son verdaderos. La unción de Dios es verdadera.
>
> He aquí, tal como ha sido profetizado en el pasado, vienen cambios. El clima espiritual está cambiando. Las profecías están saliendo

y cambiando la atmósfera. La Palabra de Dios que está saliendo proféticamente en esta hora está cambiando las estaciones. Verán un nuevo mover del Espíritu de Dios en el país. Verán a Dios obrar con su mano poderosa. Verán llevarse a cabo sanidades y milagros. Verán personas venir diciendo: "Ah, esto es nuevo".

Pero quiero que sepas, pueblo mío, en este día y hora, que tienes que levantarte en el poder del Espíritu Santo. No puedes retractarte. No debes tener miedo de avanzar. Sabe esto, pueblo mío, que el tiempo está listo y que la época es ahora para que los milagros de Dios sucedan.

De tus entrañas fluirán ríos de agua vivía. Sí, fluirán, y fluirán, y fluirán. Y, entonces, la gente empezará a conocer el poder de Dios, y empezará a conocer los milagros de Dios.

Sí, yo profetizo señales y maravillas en la iglesia. Profetizo los milagros de Dios en la iglesia y en nuestras ciudades. Sí, proclamo que la gente verá la gloria de Dios. Creerá, y muchos vendrán del norte, y del sur, y del oriente, y del occidente. Vendrán y entrarán en una nueva fase de ministración y alabanza y glorificación del nombre de Dios. Sí, vendrán porque tú te levantarás, así como lo hizo Moisés con su vara. Enviarás la palabra a la tierra. Harás descender el fuego de Dios. Atraerás los milagros de Dios con la autoridad que te he dado.

Sí, el nombre de Jesús y el poder del Espíritu Santo está en ti y puedes usar la vara y la autoridad para empezar ordenarles a las señales y a las maravillas que vengan, incluso como lo hizo Moisés cuando fue a Egipto. Él estaba temeroso, pero Yo le dije: "Estaré contigo". Le di señales y maravillas.

Sí, Dios incluso va a darle a la iglesia señales y maravillas. Cuando las reciban en su propia vida, creerán tal como lo hizo Moisés. Irán a Egipto. Usarán la vara y la autoridad que les he dado para proclamar los milagros de Dios, sacar a mi pueblo de la esclavitud y verlo libertado de faraón, del capataz, de la esclavitud, de la crueldad y de las ataduras.

Sí, muchos saldrán de iglesias donde han sido atados y los faraones los han gobernado. Los faraones los han controlado. Ellos han esclavizado a mucha de mi gente. Sí, saldrán, pero no vendrán hasta que los milagros y las señales y maravillas vengan. Sí, los milagros y las señales y las maravillas abrirán el camino para que salgan. Ellos saldrán por mi mano poderosa. Ellos saldrán con regocijo. Saldrán de Egipto y de las ataduras. Ellos vendrán a través del mar Rojo. Sí, recibirán la gloria y el poder y la nube y el fuego.

Irán a la tierra de Canaán, y entrarán. Desafiarán a los gigantes, derrumbarán las fortalezas, y poseerán sus posesiones, dice el Espíritu de Dios.

No hay nada —ni hombre ni demonio— que pueda mantener a mi pueblo atado. ¡Pues a quien el Hijo libertare, es verdaderamente libre!

Como dice en mi Palabra, les he dado la autoridad y la libertad en el Espíritu para ser libre y para que no vuelvan a enredarse con el yugo de la atadura. Sino para ser libre para que puedan entrar a la tierra, desafiar a los gigantes, derribar las fortalezas, recibir su herencia, andar en bendición y entrar en la tierra que fluye leche y miel; sí, una tierra de prosperidad y una tierra que es bendecida y fructífera. Sí, ya viene, dice el Espíritu de Dios, pero las señales y las maravillas tienen que venir. Sí, el fluir profético tiene que ser fuerte.

Así como puse mi unción profética sobre Moisés y sobre los ancianos en aquel día, estoy poniendo mi unción profética sobre el liderazgo de mi iglesia. Habrá profetas de Dios fuertes que vendrán, y habrá hombres que fluirán fuertemente en lo profético. Ellos liberarán al pueblo de Dios para que fluya en el ámbito sobrenatural. Ellos profetizarán en sus hogares, y profetizarán en sus trabajos y profetizarán en las calles y profetizarán en la iglesia.

La palabra profética que sale de su boca será como fuego. Será como un martillo que hace pedazos las rocas. Sí, los principados y potestades se inclinarán. Y sabrán que tú eres el pueblo de Dios con un fluir profético. Ellos descenderán de los lugares altos a la tierra. Sí, ellos verán. Verán la mano de Dios. Sí, temblarán y se estremecerán ante el poder de Dios.

Cuando vayan y hablen la palabra del Señor, ellos obedecerán. Y descenderán porque la Palabra es como una espada. Así que alcen su mirada, pueblo mío, y sepan que estoy en medio de ustedes. Estoy allí para librarlos y libertarlos para levantarlos y empujarlos hacia un nuevo ámbito.

Sabrán que es la mano de Dios. Es la mano de Dios. Es la mano de Dios sobre el pueblo de Dios en esta hora para sacar al pueblo de la oscuridad a una luz admirable, para que ellos puedan gritar, danzar y saltar de gozo, y para que ya no vuelvan a sufrir dolor y tristeza. Ellos serán un pueblo preparado por el Señor para hacer las obras de Dios. Entonces, los llamaré a casa en gloria para ser mi novia, dice el Espíritu del Dios viviente.

PROTOCOLO PARA MUJERES EN EL MINISTERIO PROFÉTICO

Felipe el evangelista…tenía cuatro hijas doncellas que profetizaban.
—HECHOS 21:8–9

Muchas veces me preguntan acerca del rol de las mujeres en el ministerio profético. ¿Puede una mujer funcionar en el rol de profeta? La respuesta es sí, las mujeres pueden tener la función de un profeta, así como un creyente profético. Es el deseo del Señor que todos escuchen de Él y hablen su palabra para llevar edificación a todo el que escucha. Las mujeres tienen expresiones proféticas especiales que son específicas y esenciales para el cuerpo de Cristo. Lea lo que el experto en Biblia y teólogo Stanley Horton dice sobre este tema:

Algunos han malinterpretado 1 Corintios 14:34 para decir que las mujeres no deberían ministrar en dones vocales. Sin embargo, Pablo ya había dicho en el versículo 31, "podéis profetizar todos uno por uno para que todos aprendan, y todos sean exhortados". En el contexto Pablo "sugiere que cualquier otro tipo de interrupción debe evitarse. Las mujeres (quienes generalmente en ese tiempo no tenían educación) estaban haciendo preguntas de manera inapropiada y, por lo tanto, contribuían a la confusión. Se les dijo que esperaran hasta llegar a casa y que le preguntaran a su esposo. Esto debería aplicarse tanto a hombres como a mujeres en asuntos que la costumbre consideraba impropio. Sin embargo, Pablo en ningún sentido está tratando de impedir que las mujeres profeticen, hablen en lenguas, canten o que contribuyan de alguna otra forma a la adoración".[1]

Estos son algunos ejemplos de mi propia experiencia ministerial y de profetizas de la Biblia y del beneficio que ellas aportan al ministerio profético.

Esposas que profetizan

Hay muchos pastores que tienen esposas que profetizan. Algunos quieren que ellas sean como una Primera Dama, que solamente luce bien y sonríe. Otros pastores no reciben el don que Dios ha colocado en sus esposas y no las dejan o les permiten ministrar. Esto es vergonzoso y tiene que parar. No permita que la religión y la tradición mantengan a las mujeres encerradas en una caja. Dios no les dio a las mujeres al Espíritu Santo para que se sentaran, estuvieran calladas y fueran detenidas e ignoradas. Pastores así terminarán teniendo problemas porque rechazan el don que Dios ha puesto en la vida de ellas para ayudar.

La unción de Jael

Esta es una palabra profética que Dios me dio para las mujeres usando el ejemplo de Jael clavándole una estaca en la cabeza a Sísara.

> Pero Jael mujer de Heber tomó una estaca de la tienda, y poniendo un mazo en su mano, se le acercó calladamente y le metió la estaca por las sienes, y la enclavó en la tierra, pues él estaba cargado de sueño y cansado; y así murió.
>
> —Jueces 4:21

Dar en el clavo significa dar en el punto preciso; hacer o decir algo exactamente bien; ser preciso; dar en el blanco; detectar y exponer (una mentira, un escándalo, etc.). Mujeres que profetizan, prepárense para "dar en el clavo". Sus expresiones proféticas "dan en el blanco".

Las hijas de Zelofehad

Tal como hablamos de los hijos de Dios heredando dones espirituales, las hijas de Dios también tienen herencia. Sus hijas tienen la herencia en el ministerio profético para profetizar activa y audazmente. Los padres apostólicos envían y bendicen a sus hijas. Vea esto revelado aquí en la historia de Zelofehad y sus hijas:

Vinieron las hijas de Zelofehad hijo de Hefer, hijo de Galaad, hijo de Maquir, hijo de Manasés, de las familias de Manasés hijo de José, los nombres de las cuales eran Maala, Noa, Hogla, Milca y Tirsa; y se presentaron delante de Moisés y delante del sacerdote Eleazar, y delante de los príncipes y de toda la congregación, a la puerta del tabernáculo de reunión, y dijeron: Nuestro padre murió en el desierto; y él no estuvo en la compañía de los que se juntaron contra Jehová en el grupo de Coré, sino que en su propio pecado murió, y no tuvo hijos. ¿Por qué será quitado el nombre de nuestro padre de entre su familia, por no haber tenido hijo? Danos heredad entre los hermanos de nuestro padre. Y Moisés llevó su causa delante de Jehová. Y Jehová respondió a Moisés, diciendo: Bien dicen las hijas de Zelofehad; les darás la posesión de una heredad entre los hermanos de su padre, y traspasarás la heredad de su padre a ellas.

—Números 27:1–7

Las hijas de Felipe

[Felipe] tenía cuatro hijas que profetizaban (Hechos 21:9). El profeta Joel dijo que las hijas iban a profetizar (Joel 2:28). Había una cantidad de mujeres en el Aposento Alto (Hechos 1:14). La llegada del Espíritu Santo en el Día de Pentecostés abrió la puerta para que las mujeres estuvieran involucradas en el ministerio profético de manera sin precedentes. Ahora, se envía muchas más mujeres a profetizar que nunca antes.

Y en los postreros días, dice Dios, derramaré de mi Espíritu sobre toda carne, y vuestros hijos y vuestras hijas profetizarán; vuestros jóvenes verán visiones, y vuestros ancianos soñarán sueños

—Hechos 2:17

Miriam

Miriam, la hermana de Moisés, era profetiza. Ella guio a las mujeres en la danza para celebrar la victoria de Dios sobre faraón. También se le reconoce por haber sido enviada con Moisés y Aarón a sacar a Israel de Egipto. Por lo tanto, ella jugó un papel prominente en la liberación de Israel de la esclavitud.

Y Miriam la profetisa, hermana de Aarón, tomó en su mano el pandero, y todas las mujeres salieron tras ella con panderos y danzas.

—Éxodo 15:20, lbla

Pues yo te hice subir de la tierra de Egipto, y de la casa de servidumbre te redimí, y envié delante de ti a Moisés, a Aarón y a Miriam.

—Miqueas 6:4 lbla

Hulda

Hulda era una profetiza a quien el rey Josías reconocía. Cuando el rey descubrió el Libro de la Ley, rasgó sus ropas y envió hombres a consultar al Señor por medio de Hulda. Ella estaba a cargo del vestuario del rey y dijo la palabra del

Señor para el rey acerca del juicio que estaba por llegar sobre Israel. Ella declaró que no sucedería en su tiempo porque él se había humillado.

> Andad, consultad a Jehová por mí y por el remanente de Israel y de Judá acerca de las palabras del libro que se ha hallado; porque grande es la ira de Jehová que ha caído sobre nosotros, por cuanto nuestros padres no guardaron la palabra de Jehová, para hacer conforme a todo lo que está escrito en este libro. Entonces Hilcías y los del rey fueron a Hulda profetisa, mujer de Salum hijo de Ticva, hijo de Harhas, guarda de las vestiduras, la cual moraba en Jerusalén en el segundo barrio, y le dijeron las palabras antes dichas. Y ella respondió: Jehová Dios de Israel ha dicho así: Decid al varón que os ha enviado a mí, que así ha dicho Jehová.
>
> —2 Crónicas 34:21–23

Débora

Débora era una profetiza, jueza y madre en Israel. Ella era una profetiza nacional y juez reconocida por todo Israel. Israel venía a ella para arreglar disputas. Los profetas pueden ayudar a resolver disputas. El rol de Débora como madre representa su amor y compasión por Israel. Las madres pueden ser profetizas.

> Gobernaba en aquel tiempo a Israel una mujer, Débora, profetisa, mujer de Lapidot.
>
> —Jueces 4:4

> Las aldeas quedaron abandonadas en Israel, habían decaído, hasta que yo Débora me levanté, me levanté como madre en Israel.
>
> —Jueces 5:7

La esposa de Isaías

El gran profeta Isaías consideraba a su esposa como profetiza. Esto muestra que ambos, esposo y esposa, pueden ser profetas; lo cual haría un equipo profético fuerte.

> Y me llegué a la profetisa, la cual concibió, y dio a luz un hijo. Y me dijo Jehová: Ponle por nombre Maher-salal-hasbaz.
>
> —Isaías 8:3

Ana

Ana era una profetiza que oraba y ayunaba. Ella le habló a todos aquellos que buscaban redención y la venida del Mesías. Por medio de su oración y ayuno ayudó a preparar el camino para que viniera el Señor. Ella oraba y ayunaba en el templo y no se apartaba de la casa de Dios. Ana es una imagen del profeta de intercesión.

> Estaba también allí Ana, profetisa, hija de Fanuel, de la tribu de Aser, de edad muy avanzada, pues había vivido con su marido siete años desde su virginidad, y era viuda hacía ochenta y cuatro años; y no se

apartaba del templo, sirviendo de noche y de día con ayunos y oraciones. Esta, presentándose en la misma hora, daba gracias a Dios, y hablaba del niño a todos los que esperaban la redención en Jerusalén.

—Lucas 2:36–38

Hay un orden para todo lo que Dios hace. Él no es desordenado, ni está confundido o perdido, y su gente profética tampoco debería serlo o estarlo. La Biblia dice que debemos sobresalir en profecía, lo que significa que nuestra ministración en esta área debería ser hecha con excelencia. Para ayudarnos a sobresalir, los próximos capítulos van a detallar las funciones específicas del ministerio del profeta; aquellas que traen las mayores recompensas al reino y al mundo.

CAPÍTULO 8

LOS PROFETAS PROTEGEN

Y por un profeta Jehová hizo subir a Israel de
Egipto, y por un profeta fue guardado.

—Oseas 12:13

UCHAS VECES, LA iglesia ha asumido que los pastores son sus guardianes espirituales, y a la vez descuida el ministerio de los profetas. Sin embargo, la iglesia nunca fue diseñada para operar solamente con pastores fungiendo como protectores de la gente. Los profetas también han sido puestos en la iglesia para ayudar a cumplir este rol importante (1 Corintios 12:28). Las iglesias que ignoran este aspecto del ministerio profético no podrán soportar los ataques del infierno en los últimos días.

Oseas 12:13 nos revela que una de las mayores funciones del ministerio de los profetas es preservar. Israel fue libertado de Egipto a través del ministerio del profeta Moisés, y luego Israel fue preservado por medio de la intercesión de Moisés (Números 14:11–20).

La palabra *preservar* significa proteger de daño, peligro o maldad. También significa proteger o salvar. En hebreo, la raíz es *shamar*. *Shamar* significa cobertura (como con espinas), guardar, proteger, vigilar.[1] La palabra *shamar* se utiliza por primera vez en la Escritura en Génesis 2:15, donde se le dice a Adán que guarde (shamar) el huerto. También se menciona en Génesis 4:9, donde Caín le pregunta a Dios si él es el guarda (*shamar*) de su hermano.

El profeta SHAMAR

La palabra *shamar* enfatiza el elemento protector de la función del profeta. En cada iglesia local se necesita el aspecto de conservación y protección del ministerio del profeta. Muchos pastores bienintencionados han sufrido innecesariamente por la falta de comprensión de este aspecto del ministerio profético. El aspecto *shamar* del ministerio del profeta es uno de los más importantes y beneficia enormemente a la iglesia.

La iglesia local se mantiene protegida a través de la intercesión profética, el discernimiento profético, la alabanza profética, la predicación profética, la enseñanza profética y la adoración profética. Así es como se defiende mejor a la iglesia. Sin la revelación del aspecto *shamar* del ministerio profético, una iglesia local sufrirá muchos ataques que pueden ser evitados.

Cada iglesia debería identificar, desarrollar y capacitar a los profetas *shamar* que Dios ha puesto en su asamblea. Una revelación de la importancia del ministerio de los profetas *shamar* es vital para el éxito y la salud permanente de toda iglesia. Debido a que el rol de los profetas *shamar* es tan importante, dedicaré la mayor parte de este capítulo y el siguiente a la explicación de cómo ellos pueden ayudar a los pastores de las iglesias a proteger y defender a su congregación.

Vigilante

Shamar significa proteger, cuidar, ser un vigilante. Puede referirse a proteger del ataque externo o de influencias malignas a un rebaño, corazón, mente, nación o ciudad. Se usa en referencia a proteger (montar guardia) las puertas o entradas a las ciudades. Cada iglesia local necesita un vigilante profético. Esto no es un profeta, sino una compañía de profetas que ayuden a proteger a la iglesia de la invasión del enemigo. Las iglesias que desarrollan el ministerio profético tendrán la ventaja de estar protegidos a través de la intercesión y el aspecto shamar del ministerio profético.

Guardar significa varias cosas. Puede significar proteger, vigilar, montar guardia, patrullar, asegurar, defender, escudar, albergar, analizar, cubrir, esconder, preservar, salvar, conservar, supervisar, mantener bajo vigilancia o control, mantener bajo guarda, gobernar, impedir, suprimir, vigilar permanentemente, estar alerta o cuidar. Los sinónimos de *guarda* incluyen protector, defensor, guardián, custodio, vigilante, centinela y patrullero. Estas palabras nos ayudan a visualizar y definir el aspecto shamar del ministerio profético.

Los componentes del manto profético shamar corresponden al rol del profeta como un guardián que atiende el rebaño al que ha sido asignado. Se aplica a la función de guardia que corresponde al cargo, el aspecto del ministerio profético que convierte a una persona en centinela o protector. La acción de shamar un pueblo es trabajar proféticamente, rodear al pueblo o la iglesia con un muro divino o cerco de protección, o volver a sellar la brecha en el cerco a través del cual el diablo ha entrado con asaltos satánicos, ataques y conflicto.

Vea estos ejemplos de la Biblia donde se usa la palabra *shamar:*

> Si Jehová no edificare la casa, en vano trabajan los que la edifican; Si Jehová no guardare la ciudad, en vano vela la guardia.
>
> —Salmo 127:1

> Mi alma espera a Jehová más que los centinelas a la mañana, más que los vigilantes a la mañana.
>
> —Salmo 130:6

> Sobre tus muros, oh Jerusalén, he puesto guardas; todo el día y toda la noche no callarán jamás. Los que os acordáis de Jehová, no reposéis.
>
> —Isaías 62:6

> Me hallaron los guardas que rondan la ciudad, y les dije: ¿Habéis visto al que ama mi alma?
>
> —Cantares 3:3

Podemos ver que los deberes de los vigilantes en la iglesia se llevan a cabo a través de la oración, intercesiones y peticiones del profeta a favor del cuerpo local de creyentes. Tal guardia estaría formada por el equipo de oración, los intercesores especiales, salmistas dedicados, visionarios y profetas subordinados. La palabra *shamar* es la que enfatiza el estado de los profetas como guardias espirituales, guerreros, agentes de lo sobrenatural y protectores de las iglesias de Dios. Sin la ayuda de los vigilantes, los pastores no pueden cuidar a su congregación. Como resultado, el pueblo de Dios se vuelve presa fácil de las fuerzas enemigas:

> Ovejas perdidas fueron mi pueblo; sus pastores las hicieron errar, por los montes las descarriaron; anduvieron de monte en collado, y se olvidaron de sus rediles. Todos los que los hallaban, los devoraban; y decían sus enemigos: No pecaremos, porque ellos pecaron contra Jehová morada de justicia, contra Jehová esperanza de sus padres.
>
> —JEREMÍAS 50:6–7

Construir un cerco de protección

Además, la palabra *shamar* identifica a un profeta que circula (o rodea) para contener y cuidar, como lo que hacemos con los jardines. La autoridad espiritual del profeta funciona como una barda o guarnición alrededor de una congregación asignada para protegerla del daño, ataque o invasión demoniaca. Proteger de invasores, en este contexto, incluye proteger del desperdicio, destrucción, invasión y amenazas que resultan de la invasión espiritual y humana en la iglesia.

> He aquí, no se adormecerá ni dormirá el que guarda (*shamar*) a Israel. Jehová es tu guardador (*shamar*); Jehová es tu sombra a tu mano derecha. El sol no te fatigará de día, ni la luna de noche. Jehová te guardará (*shamar*) de todo mal; El guardará tu alma. Jehová guardará (*shamar*) tu salida y tu entrada desde ahora y para siempre.
>
> —SALMO 121:4–8

Por estos versículos podemos ver que Dios ejerce shamar sobre su pueblo. Dios ama a su pueblo y lo protege. El aspecto shamar del ministerio del profeta es una parte de la naturaleza de Dios. Dios nunca se adormece ni duerme. Él siempre está alerta. Dios nos protege (shamar) del mal. Dios guarda (shamar) nuestra alma, (mente, voluntad y emociones). Dios protege (shamar) nuestra salida y entrada (en nuestros viajes). Proteger es la naturaleza de Dios. La protección de Dios parte de nuestro pacto con Él y, por lo tanto, los profetas shamar son una parte práctica del funcionamiento de nuestra relación de pacto con Dios.

Rol y posición

Hay veces en que se unen a la iglesia personas de carácter herético o rebeldes caprichosos para sembrar semillas de destrucción en ella. El ojo vigilante del profeta residente puede identificar a estas personas y traer sobre ellas incomodidad espiritual para que se sientan cohibidas entre el rebaño y se alejen rápidamente.

Algunos líderes ven a los profetas como ministerios translocales solamente; según su punto de vista, solo el rol de los pastores es fijo. Por supuesto, siempre es una bendición traer profetas de otros ministerios o congregaciones. Sin embargo, esto no reemplaza a los profetas que están fijos en la casa, los profetas shamar, quienes son parte de la iglesia local al igual que el pastor.

Los profetas necesitan comprender su rol y posición en la iglesia local. Tener una revelación del aspecto shamar de su manto profético los ayudará a llevar a cabo su ministerio más completamente.

El aspecto shamar del ministerio del profeta también pude verse en la vida de Samuel:

> Así fueron sometidos los filisteos, y no volvieron más a entrar en el territorio de Israel; *y la mano de Jehová estuvo contra los filisteos todos los días de Samuel.*
> —1 SAMUEL 7:13, ÉNFASIS AÑADIDO

Los filisteos fueron sometidos y no podían entrar en las cosas de Israel mientras Samuel viviera. Esto nos da una buena imagen del poder de la presencia de un profeta.

El enemigo odia al profeta porque la presencia del profeta impide su avance. Es por esto que él ha hecho todo lo que está a su alcance para evitar que los profetas estén organizados y funcionando en la iglesia, y sus esfuerzos muchas veces son visibles si observamos la incredulidad y el temor limitantes o la tradición.

ENEMIGOS DE LA IGLESIA

Podemos alegrarnos de vivir en una época en que estamos viendo la restauración del ministerio profético y el correspondiente despliegue de revelación y comprensión relacionado a este ministerio.

Los profetas shamar ayudan a proteger la iglesia contra:

- Acusación
- Apatía
- Ataques financieros
- Avaricia
- Brujería
- Calumnia
- Carnalidad
- Celos
- Chisme
- Codicia
- Conflicto
- Confusión
- Control
- Delación
- Deslealtad
- Destrucción
- División
- Desorden
- Doctrinas demoníacas
- Enfermedad
- Engaño
- Falsa enseñanza
- Falsos profetas, apóstoles y maestros
- Idolatría

- Indiferencia
- Inmoralidad
- Jezabel
- Legalismo
- Muerte
- Orgullo

- Pereza
- Rebeldía
- Recaída
- Tibieza
- Traición
- Transigencia

Además de identificar estos enemigos potenciales, los profetas shamar deben buscar a Dios para desarrollar estrategias para resistir, expulsar y vencerlos en el poder del Espíritu Santo. Estas estrategias pueden incluir oración, ayuno, adoración, enseñanza, predicación, corrección y expulsión directa. En otras palabras, los profetas deberían hacer algo más que clamar: "Así dice el Señor". Eso no sería adecuado. Como defensa, es insuficiente. Los profetas shamar son una parte del pacto comunitario y tienen un interés conferido en la salud del rebaño. Ellos no son extranjeros que están de paso. Ellos tienen que amar a la iglesia. Deben experimentar el gozo de la victoria y el dolor de los ataques del enemigo sobre los santos que aman. Jeremías lloró por Israel porque él era parte de Israel y sufrió con Israel. Los profetas deben comprender que Dios los "ha colocado" en la iglesia. Lo que significa que han sido asignados, establecidos o posicionados en este rol.

Los profetas shamar ayudan a proteger la predicación, enseñanza, evangelismo, adoración e intercesión de la iglesia local. Ellos ayudan a identificar y confrontar espíritus religiosos, espíritus ocultos y espíritus de pecado, orgullo, rebeldía y brujería.

Los profetas shamar son el sistema inmunológico espiritual de la iglesia local. Ellos ayudan a combatir la enfermedad espiritual que es el esfuerzo de Satanás para debilitar la salud de la iglesia. Los profetas shamar son necesarios para la salud integral de la iglesia.

Los profetas shamar ayudan a proteger la visión de la iglesia. Además, ayudan a confirmar la visión de la iglesia. Ayudan a alejar el ataque de Satanás sobre la visión de la iglesia. Ellos deben compartir un celo divino por la salud de la iglesia y los propósitos de Dios para la misma. (Vea 2 Corintios 11.)

Fallas comunes en la defensa de la iglesia

A veces, no es suficiente solo hablar de lo que "debería ser". Muchas veces, nos convencemos de una necesidad solamente cuando vemos las necesidades imperiosas que nos rodean. En una asamblea local problemas como los que se enumeran a continuación revelan las brechas en las defensas de la iglesia. Sin una unción shamar en funcionamiento, estos problemas son muy comunes:

- Accidentes
- Apatía
- Ataques sobre el pastor y su familia
- Brujas
- Confusión
- Conspiración
- Control y dominio
- Desvíos
- Disputas internas y división
- División de la iglesia
- Divorcios y separaciones
- Enfermedades y padecimientos inexplicables
- Enseñanza falsa, errónea o herejía
- Estancamiento
- Fallas en el liderazgo
- Falsos hermanos
- Falsos profetas, falsos maestros, falsos apóstoles
- Hechiceros
- Impedimentos, bloqueos u obstrucciones
- Inmoralidad
- Lobos dentro del rebaño
- Manipulación
- Muertes prematuras
- Ocultistas
- Pérdida de unción
- Personas que abandonan la iglesia.
- Problemas familiares
- Relaciones rotas
- Reveces financieros

Existen ciertos espíritus que atacan a las congregaciones. Estos espíritus parecen especializarse en debilitar al cuerpo de Cristo en cada localidad. Con el paso del tiempo, la iglesia les ha dado nombres bíblicos para identificarlos mejor y resistirlos. Estos son cinco poderes demoníacos de los que los profetas deben proteger a la iglesia.

1. Idolatría y brujería

> Pero tengo unas pocas cosas contra ti: que toleras que esa mujer Jezabel, que se dice profetisa, enseñe y seduzca a mis siervos a fornicar y a comer cosas sacrificadas a los ídolos.
> —Apocalipsis 2:20

El profeta Elías luchó contra Jezabel. Dios levantó a Elías durante el tiempo en que Jezabel estaba destruyendo la nación a través de la idolatría y la brujería. El espíritu de Jezabel siempre busca destruir e impedir el desarrollo del ministerio profético en una iglesia. Jezabel intentará matar a los verdaderos profetas. El espíritu de Jezabel opera a través de los miembros de una congregación. El espíritu de Jezabel es responsable de las profecías falsas. Este espíritu funciona a través de la adivinación, control, manipulación y dominio. Jezabel también es responsable de la enseñanza falsa y la impureza sexual.

Los espíritus jezabélicos han destruido muchas congregaciones. Muchos líderes han sido víctimas de Jezabel porque a ella le encanta estar en una posición de liderazgo. El espíritu ganará gran influencia incitando la calumnia y el chisme para dañar a los líderes ordenados de la iglesia. Jezabel odia el liderazgo ordenado y hará todo lo posible para destruirlo o controlarlo. (Atalía, la hija de Jezabel, intentó matar la descendencia real [2 Reyes 11:1]).

Jim Goll ha declarado: "Un espíritu de Jezabel provoca temor, fuga y desánimo; empujando, muchas veces, a que el líder espiritual huya del lugar al que fue asignado tal como lo hizo Elías. Cada año, cientos de líderes espirituales laicos y de gobierno renuncian debido a desánimo debilitante, confusión, depresión, pérdida de visión, desesperación, desorientación, retiro, sensación de inutilidad, derrota, cansancio, enfermedad física, insuficiencia financiera, asesinato del carácter, fracaso moral y casi una variedad infinita de otros factores. En muchos casos, la responsabilidad es de este espíritu maligno de control".[2]

El espíritu de Jezabel odia a los profetas porque ellos son su amenaza más grande. Jezabel intentará eliminar la intercesión. Jezabel atacará al ministerio de oración de una iglesia. En el evento bíblico, Jezabel pudo ganar poder e influencia sobre Israel por medio de su matrimonio con el rey Acab. El matrimonio es un pacto, y este pacto matrimonial le dio a Jezabel el derecho legal para entrar a Israel, trayendo consigo toda su idolatría, brujería y hechicería.

Esto debería advertirnos que nosotros, los líderes, debemos ser muy cuidadosos de con quién hacemos un pacto. Un pacto equivocado puede abrirle la puerta a Jezabel.

Los profetas andan en discernimiento y pueden detectar a Jezabel. Aun antes de que el espíritu de Jezabel sea evidente para ellos, los profetas deben orar por los líderes de la iglesia. Ellos deben proveer cobertura en oración para prevenir que Jezabel gane influencia.

Así como la esposa de Acab, Jezabel, era conocida por ser muy manipuladora, así es el espíritu de Jezabel. Los profetas pueden discernir y exponer la manipulación sutil por medio de enseñanza, falsa profecía y adulación. La influencia del espíritu de Jezabel siempre se verá en la falsa enseñanza y los esfuerzos para controlar las decisiones. Incluso, podría incluir brujería, seducción y pecado sexual. Obviamente, una iglesia no puede mantenerse sana con la influencia de un espíritu seductor de Jezabel. Este espíritu seduce a los creyentes apartándolos y confundiéndolos.

El espíritu de Jezabel hace que las iglesias sean dirigidas más por la carne que por el Espíritu Santo. El espíritu de Jezabel aleja a toda la iglesia de la pureza e interfiere en la verdadera adoración. Cuando el espíritu de Jezabel está presente, los espíritus de perversión, adulterio, inmoralidad y fornicación andan libremente en un grupo de personas. Difamación y chisme son signos de este espíritu.

Las iglesias bajo la influencia del espíritu de Jezabel se alejarán de su doctrina. La peligrosa enseñanza falsa y la herejía afectará el estilo de vida de los santos, e incluso las asambleas que una vez fueron fuertes se encontrarán débiles y en ruinas. El espíritu de Jezabel es como una araña viuda negra, la cual es mortal y hasta se come a su compañero. (El nombre *Jezabel* significa "sin marido").

El fenecido ministro John Paul Jackson declaró: "Ninguna iglesia es demasiado grande, demasiado sana o demasiado pura como para estar exenta del ataque de un espíritu de Jezabel. De hecho, mientras más grande sea la iglesia, más grande la seguridad de que aquellos con el espíritu de Jezabel buscarán ganar influencia y poder, a menos que el pastor, el equipo de liderazgo, los intercesores y los individuos proféticamente dotados ejerzan su responsabilidad y resistan este ataque espiritual".[3]

2. Deslealtad y traición

Y se levantaba Absalón de mañana, y se ponía a un lado del camino junto a la puerta...y así robaba Absalón el corazón de los de Israel...la conspiración se hizo poderosa, y aumentaba el pueblo que seguía a Absalón.

—2 Samuel 15:2, 6, 12

Absalón se rebeló contra su padre, David, y trató de arrebatarle el reino. En otras palabras, él fue desleal con su padre y actuó por orgullo, vanidad, rebeldía y amargura.

Por lo tanto, el espíritu de Absalón representa deslealtad y traición. Muchos líderes han sufrido deslealtad y traición de parte de otros líderes quienes tienen el espíritu de Absalón, lo que resultó en división y deserción. Los profetas necesitan estar en guardia contra este espíritu que busca dividir y separar iglesias.

Absalón hizo que el corazón de la gente se apartara de David, quien era el verdadero rey. Absalón trató de usurpar su autoridad al ganar seguidores. Incluso Ahitofel, el consejero más sabio de David, se unió a la rebelión. De manera similar, muchos líderes han sufrido deslealtad por parte de la gente con espíritu de Absalón.

El espíritu de Absalón puede ser detenido a través de la intercesión profética. Es interesante notar que Absalón se mantuvo en "a un lado del camino, junto a la puerta" para seducir a la gente a convertirse en sus seguidores. Esto prueba la importancia de tener intercesión profética a las puertas de la iglesia. (Hablaremos más de esto en el siguiente capítulo).

David casi pierde su trono en manos de Absalón. Él tuvo que huir a Jerusalén para salvar su vida. Ignoraba lo que Absalón estaba haciendo anticipadamente. Absalón planeó una conspiración contra su padre, David. Él planeó y actuó en secreto junto con otros que no estaban contentos con la forma en que iban las cosas bajo el liderazgo de David. La conspiración continuó ganado fuerza a medida que el número de personas que se pasaron al lado de Absalón aumentaba. Un espíritu de Absalón intentará tener tantas personas de su lado, contra el liderazgo, como le sea posible. Sutil y astuto, un espíritu de Absalón llevará su rebeldía en secreto. Ambicioso, sutil y hábil, este espíritu irá en busca de la figura paterna o líder. A veces, el espíritu de Absalón atacará los hijos e hijas espirituales del líder. El espíritu de Absalón es como una serpiente, se desliza entre la gente para atacarla.

Muchos líderes han sido víctimas de conspiraciones malignas perpetradas por otros líderes en la iglesia. Esos complots ocultos llegaron sorpresivamente. Muchísimas veces, incluso cuando los líderes tratan de recuperarse, es demasiado tarde. Las conspiraciones ocultas no han sido expuestas lo suficientemente rápido.

La unción shamar está diseñada para ver conspiraciones ocultas y exponerlas antes de que sea demasiado tarde.

3. REBELIÓN

> Coré hijo de Izhar, hijo de Coat, hijo de Leví, y Datán y Abiram hijos de Eliab, y On hijo de Pelet, de los hijos de Rubén, tomaron gente, y se levantaron contra Moisés con doscientos cincuenta varones de los hijos de Israel, príncipes de la congregación, de los del consejo, varones de renombre. Y se juntaron contra Moisés y Aarón y les dijeron: ¡Basta ya de vosotros! Porque toda la congregación, todos ellos son santos, y en medio de ellos está Jehová; ¿por qué, pues, os levantáis vosotros sobre la congregación de Jehová?
> —NÚMEROS 16:1–3

Coré también representa rebelión, aunque él era más abierto y desafiante que Absalón. Coré desafió abiertamente el liderazgo de Moisés y de Arón. Coré acusó a Moisés de exaltarse a sí mismo sobre los demás líderes. La insinuación era que él estaba reprimiendo a los otros líderes. Mientras que el espíritu de Jezabel parece trabajar primariamente a través de las mujeres, el espíritu de Coré parece trabajar principalmente a través de los hombres.

Como sabemos, la rebelión es como el pecado de brujería (1 Samuel 15:23). La brujería opera a través de estos tres espíritus malignos: Jezabel, Absalón y Coré. Si no se detecta, la brujería puede cegar y seducir a muchos creyentes en una congregación.

El espíritu de Coré hará que un líder se exalte a sí mismo en medio de la congregación, ignorando al liderazgo asignado por Dios. El espíritu de Coré es intrépido y descarado, no teme hablar abiertamente contra el liderazgo. Este espíritu acusa a los líderes de asignarse a sí mismos en vez de asignados por Dios.

El diablo odia a los líderes ordenados de Dios, y él intentará difamar, derrocar, acusar y expulsar a aquellos que han sido ordenados para ser líderes. El espíritu de Coré es uno de esos espíritus que intenta exaltar a una persona para desafiar al verdadero liderazgo. El espíritu de Coré odia al liderazgo apostólico y profético.

Los profetas deben estar junto al liderazgo de la iglesia en contra del espíritu de Coré, el cual aparecerá como un espíritu revoltoso, que se rehúsa a someterse a la autoridad establecida.

4. Constricción del fluir del Espíritu Santo

> Aconteció que mientras íbamos a la oración, nos salió al encuentro una
> muchacha que tenía espíritu de adivinación, la cual daba gran ganancia
> a sus amos, adivinando.
>
> —Hechos 16:16

La palabra que se traduce aquí como "adivinación" es *pitón*; y pitón es una serpiente constrictora. Las pitones matan a sus víctimas apretándolas para sacarles el aire, y el aire representa el espíritu de una persona. Los espíritus pitónicos intentan asfixiar la vida de las iglesias. Esto puede incluir asfixiar la vida de la alabanza y la adoración y del ministerio profético. Los espíritus pitónicos también intentan ahogar la vida de oración de la iglesia. (Recuerde, la doncella poseída por el espíritu de pitón se encontró con los apóstoles cuando ellos iban a orar).

La gente con espíritu pitónico intentará detener o asfixiar el mover del Espíritu Santo en la iglesia. El espíritu malo tratará de restringir la nueva vida que trae el Espíritu de Dios. Este espíritu convence a los líderes de retraerse de los dones y del mover del Espíritu Santo. Cuando cualquier espíritu intenta detener el fluir del Espíritu Santo o de pervertirlo, lo llamamos "brujería".

Las características notorias de una iglesia que está afectada por un espíritu pitónico pueden incluir una falta de profecía y otras manifestaciones del Espíritu Santo, falta de oración, cansancio y letargo espiritual, falta de alabanza y adoración ferviente, y falta de desarrollo de los ministerios. Los dones y las manifestaciones falsas pueden suceder en lugar de manifestaciones genuinas del Espíritu Santo. Las iglesias deberían experimentar un fluir y unción continuos del Espíritu Santo. Algo está seriamente mal cuando la vida espiritual está siendo ahogada en la iglesia.

Los profetas son sensibles a las operaciones del Espíritu Santo, y ellos tienen la capacidad para percibir cuando algo está mal. Ellos no solamente perciben que algo está mal, sino que también pueden identificar el problema. La intercesión profética puede impedir que la brujería y la adivinación entren y afecten el fluir espiritual de una congregación.

5. Orgullo

> En aquel día Jehová castigará con su espada dura, grande y fuerte al
> leviatán serpiente veloz, y al leviatán serpiente tortuosa; y matará al
> dragón que está en el mar.
>
> —Isaías 27:1

Leviatán reina sobre todos los hijos del orgullo. El espíritu de Leviatán, representado por un cocodrilo o una gran serpiente marina, ataca a los líderes haciendo que se vuelvan arrogantes y engreídos. Estamos conscientes de que Dios resiste al orgulloso, pero da gracia al humilde (1 Pedro 5:5) y que la humildad es un prerrequisito para tener acceso a la gracia de Dios.

La referencia más extensa sobre Leviatán se encuentra en el capítulo 41 del libro de Job. Por consiguiente, las características del espíritu de Leviatán incluyen falta de oración (Job 41:3), palabras ásperas (versículo 3), ruptura de pactos (versículo 4), incapacidad para servir a otros (versículo 4), sin aliento (o espíritu, o aire; versículo 16), necedad (o ser terco; versículo 24), dureza de corazón (versículo 24), y, sobre todo, orgullo (versículo 34). El orgullo le abre la puerta a la destrucción (Proverbios 16:18).

Los ministerios pueden volverse orgullosos a través del conocimiento y el éxito (1 Corintios 8:1); sin embargo, esto es lo opuesto a la humildad, la cual es la clave para la honra y el éxito. La falta de humildad abrirá las puertas a los espíritus de orgullo, arrogancia, altivez y exaltación propia. Estos son espíritus peligrosos que deben ser identificados y expulsados lejos de la asamblea.

OBJETIVOS ESTRATÉGICOS PARA LA INTERCESIÓN PROFÉTICA

La intercesión profética —oraciones divinamente inspiradas que tienen como blanco las influencias malignas y eliminarlas— es una de las funciones principales del profeta shamar.

Cada área de la iglesia debería ser cubierta por la intercesión del profeta. Esto incluye lo siguiente:

- El pastor (apóstol, líder)
- Los ancianos (presbiterio, obispos)
- Los profetas y equipos proféticos, intercesores
- Los equipos de alabanza y adoración (trovadores y salmistas)
- Los diáconos
- Los pastores (guías)
- Los maestros (doctores, instructores)
- Los evangelistas y equipos evangelísticos
- Los ministerios de apoyo
- Los administradores (gobiernos)
- Los equipos de danza
- El ministerio de jóvenes
- El ministerio de niños
- El ministerio de negocios
- Las finanzas
- Las misiones (naciones)
- El alcance mediático (televisión y radio)
- Los nuevos creyentes
- Los nuevos miembros
- Matrimonios
- Solteros
- Hombres y mujeres
- Viudas
- Familias

La intercesión profética también incluye oración para la liberación de:

- Alabanza profética
- Amor
- Ángeles protectores
- Crecimiento de la iglesia
- Dones del Espíritu Santo
- Evangelismo
- Favor
- Fortaleza
- Gloria
- Humildad
- Liberación
- Milagros
- Paz
- Propiedad
- Profecía
- Prosperidad
- Revelación
- Sabiduría
- Salvación
- Sanidad
- Santidad
- Señales y maravillas
- Unidad

Continuaremos esta discusión de la protección profética en el siguiente capítulo.

CAPÍTULO 9

LOS PROFETAS VIGILAN

Ve y pon un centinela, que informe de todo lo que vea.

—Isaías 21:6, nvi

N LA BIBLIA, los centinelas eran colocados en las defensas externas (el muro de una ciudad o el cerco de un campo) o en un mirador elevado o una torre desde donde se viera el territorio que debía ser vigilado. Un centinela es aquel que monta guardia. Las ciudades antiguas tenían centinelas estacionados sobre los muros. Su responsabilidad era hacer sonar una advertencia si un enemigo se aproximaba. (Vea 2 Reyes 9:17; Ezequiel 33:2–3.) Los israelitas también ubicaban guardias para que sirvieran como centinelas sobre sus viñedos y campos, especialmente durante la cosecha. Su responsabilidad era vigilar que los animales y los ladrones no se acercaran a los productos agrícolas. De manera similar, los profetas de Israel se veían a sí mismos como vigilantes, advirtiendo a la nación de Dios sobre el juicio que se aproximaba si el pueblo no se arrepentía.

Hoy día, una forma de identificar su rol y posición es decir que los centinelas guardan las *puertas* de la iglesia local entre otras. Si usted lee la Escritura teniendo presente la palabra *puertas*, empezará a ver esta conexión por todas partes. Por ejemplo, medite en los siguientes pasajes del Antiguo Testamento:

> Tus hermosos valles fueron llenos de carros, y los de a caballo acamparon a la *puerta*.
>
> —Isaías 22:7, énfasis añadido

> Porque fortificó los cerrojos de tus *puertas*; bendijo a tus hijos dentro de ti. Él da en tu territorio la paz; te hará saciar con lo mejor del trigo.
>
> —Salmo 147:13–14, énfasis añadido

> Cuando escogían nuevos dioses, la guerra estaba a las *puertas*; ¿Se veía escudo o lanza entre cuarenta mil en Israel?
>
> —Jueces 5:8, énfasis añadido

> Y Daniel solicitó del rey, y él puso sobre los negocios de la provincia de Babilonia á Sadrach, Mesach, y Abed-nego: y Daniel estaba á la *puerta* del rey.
>
> —Daniel 2:49, rva, énfasis añadido

Las puertas son puntos de ingreso, y necesitan ser fortalecidas para mantener afuera al enemigo y mantener al pueblo y sus posesiones a salvo. El ministerio del profeta ayuda a fortalecer las puertas de manera que los hijos sean bendecidos y que la paz esté dentro de la iglesia. Con el beneficio de la protección del ministerio profético, la iglesia será llena de lo más fino del trigo (prosperidad).

Las personas que sirven en la función de profeta necesitan tener una comprensión de las puertas y puntos de ingreso en sus iglesias, sus ciudades, sus regiones y sus naciones. Tener una revelación de las puertas y de su importancia ayudará a los profetas a defender esos puntos de ingreso de la invasión del enemigo. Cuando los profetas obtengan un entendimiento más claro de su rol y posición en la iglesia, una revelación del aspecto shamar del manto del profeta, ellos estarán mejor capacitados para llevar a cabo su ministerio.

La alabanza es una puerta

La alabanza es una puerta (Isaías 60:18). Por eso es que el enemigo intenta frecuentemente atacar e infiltrarse en la alabanza y adoración de una iglesia. Él ataca a los líderes de alabanza, trovadores y salmistas. Los profetas deben ayudar a proteger esta puerta por medio de la intercesión. (Vea Salmo 118:19–20.)

Los profetas pueden hablar con los enemigos en la puerta (Salmo 127:5). *Hablar* es la palabra hebrea *dabar*, que puede significar: ordenar, subyugar o advertir.[1] Para ser tan efectivos como sea posible como centinelas en la puerta de la iglesia es importante que los profetas, aquellos que se sientan a la puerta, se abstengan a sí mismo de hablar mal contra el liderazgo de la iglesia. (Vea Salmo 69:12.)

Profetas en liderazgo

Si el enemigo triunfa en las puertas, la iglesia está en problemas. Por esta razón los profetas tienen que ser parte del liderazgo de la iglesia local. Dios los ha puesto como "segundo lugar" en la iglesia.

> Y a unos puso Dios en la iglesia, primeramente apóstoles, luego profetas, lo tercero maestros, luego los que hacen milagros, después los que sanan, los que ayudan, los que administran, los que tienen don de lenguas.
>
> —1 Corintios 12:28

Los profetas deberían ser parte del ministerio de música, del ministerio de jóvenes, del ministerio de niños, del presbiterio y sobre todo ministerio de la iglesia. Cada ministerio representa una puerta específica y cada puerta de la iglesia necesita intercesión profética. Los profetas intercederán y detendrán al enemigo en las puertas. Irán a luchar contra los demonios en las puertas donde han sido estacionados.

La batalla siempre será en las puertas porque allí es donde los defensores se enfrentan con los enemigos invasores. Los enemigos "se exhiben" en la puerta. Allí es donde los enemigos lanzan sus ataques. Por eso necesitamos a los profetas haciendo guardia en las puertas.

No solo son los profetas asignados por Dios a las varias puertas de la iglesia local, sino que también hay "iglesias puertas" (en otras palabras, iglesias apostólicas) que son clave para una región o territorio. Estas iglesias puertas necesitan profetas altamente calificados para mantener al enemigo afuera. La intercesión profética fuerte es fundamental en las puertas que deben ser protegidas.

Prevenir la destrucción

La iglesia perderá su protección si las puertas son destruidas. La destrucción de una puerta resulta en el ingreso de cosas no deseadas. Los demonios pueden entrar en la iglesia y establecer fortalezas si las puertas están abiertas. Una puerta destruida significa que nada puede estar cerrado. "Desolación queda en la ciudad, y la puerta está hecha pedazos, en ruinas" (Isaías 24:12, LBLA).

La puerta representa un lugar de autoridad, y el enemigo quiere derrocar esa autoridad para que él pueda saquear a los habitantes y usurpar la autoridad por sí mismo. Los habitantes no pueden contrarrestar efectivamente el avance del enemigo a menos que sus defensas estén coordinadas por alguien con la autoridad apropiada para hacerlo. El profeta tiene la autoridad espiritual para estar en la puerta y desafiar al enemigo. Cuando los demonios atacan las puertas e intentan destruirlas, no pueden ir más allá de los profetas que están firmes en las puertas, alertas y bien fortificados con la unción de Dios.

Reprender en las puertas

La puerta es un lugar donde el enemigo puede ser reprendido. *Reprender* significa obligar a retroceder. Una reprensión es un regaño agudo. Un regaño es una reprensión severa o formal hecha por una persona con autoridad.

Los demonios deben ser reprendidos. Ellos deben ser derrotados. La intercesión profética reprende al enemigo y se lleva a cabo en las puertas, los centros específicos de tráfico y negocios en toda área del reino de Dios. Los espíritus de brujería, lujuria, rebelión, engaño, orgullo, Jezabel, religión y carnalidad deben ser reprendidos en las puertas. Esto evitará que ellos entren y destruyan la iglesia.

No es necesario mencionar que los espíritus demoníacos no se rinden tranquilamente ante la reprensión. Ellos resistirán y lucharán. Ellos odian a los porteros, los centinelas proféticos que interfieren en sus planes malignos:

> Ellos aborrecieron en la puerta al reprensor.
>
> —Amós 5:10, JBS

Una palabra de prevención

Muchas veces, un profeta podrá advertir a un líder acerca de un enemigo invasor, y la advertencia prevendrá el desastre. A veces, la mejor defensa es una simple prevención.

> Sino que el profeta Eliseo está en Israel, el cual declara al rey de Israel las palabras que tú hablas en tu más secreta cámara.
>
> —2 Reyes 6:12, JBS

Eliseo pudo advertirle al rey y evitar que fuera emboscado. El ministerio del profeta es preventivo. Es mejor evitar que algo suceda que tener que reaccionar después de que sucede.

El viñedo de Dios

Además de ser como una ciudad amurallada con puertas a intervalos en el muro protector, la iglesia es el viñedo de Dios.

La Iglesia es una institución divina ordenada por Dios y odiada por el enemigo. La Iglesia es el Israel de Dios y Él mismo ha colocado sus defensas:

> Ahora cantaré por mi amado el cantar de mi amado a su viña. Tenía mi amado una viña en un recuesto, lugar fértil. Habíala *cercado*, y despedregádola, y plantádola de vides escogidas: había *edificado* en medio de ella *una torre*, y también asentado un lagar en ella: y esperaba que llevase uvas, y llevó uvas silvestres.
>
> —ISAÍAS 5:1–2, RVA, ÉNFASIS AÑADIDO

Israel es el viñedo de Dios y la iglesia lo es también. El resultado de la siembra del Señor debería ser fructífero. Hemos sido ordenados para llevar fruto y para que el fruto permanezca (Juan 15:16). Sin embargo, el enemigo quiere destruir el fruto de las iglesias y los ministerios. Por lo tanto, la iglesia local necesita profetas para impedir que el fruto sea destruido.

No es sabio plantar un viñedo sin una cerca. La cerca provee una barrera protectora para el viñedo. Una torre es un lugar para el centinela. El Señor pone cerco a su viñedo. Él coloca la torre en el medio. Ambas son imágenes del ministerio del profeta en la iglesia. El cerco y la torre son necesarios para mantener afuera al enemigo.

Los viñedos también necesitan centinelas, al igual que lo hacen las ciudades. Es solamente una imagen diferente de lo que necesitan las iglesias locales: torres, centinelas y porteros para proteger la vida del pueblo de Dios.

Ahora, el enemigo trama destruir al árbol con su fruto. Él gasta todo su esfuerzo tramando intrigas:

> Pero yo era como un cordero manso llevado al matadero, y no sabía que tramaban intrigas contra mí, diciendo: "Destruyamos el árbol con su fruto, y cortémoslo de la tierra de los vivientes, para que su nombre no se recuerde más".
>
> —JEREMÍAS 11:19, NBLH

Tramar es la palabra hebrea *chashab*, que significa trenzar o tejer. Otra palabra para esto es *impenetrar*, la cual está relacionada con la palabra *impenetrable*.[2] Algo que es impenetrable no puede ser resuelto o comprendido. *Trenzar* significa tejer o entretejer, u entretejer significa conectar de cerca o de manera intrincada. Dicho de otra forma, el enemigo teje planes intrincados contra la iglesia. Se requiere de la unción de un profeta para desenredar esas maquinaciones.

EL PUESTO DE GUARDIA DEL PROFETA

> Oh Señor, de día yo estoy continuamente en la atalaya, y todas las noches permanezco *en mi puesto de guardia*.
>
> —ISAÍAS 21:8, NBLH, ÉNFASIS AÑADIDO

Puesto de guardia es una frase interesante. En hebreo es la palabra *mishmereth*, que significa vigilar, la garita, el puesto, protección, puesto, ordenanza, defender.[3] Viene de la raíz *mishmar* que significa guardia.[4]

El profeta Isaías estaba en su puesto de guardia. *Puesto* es la palabra *natsab,* que significa estación, un pilar.[5] Ya que un vigilante es un medio de defensa o protección y *guardar* contiene la raíz de la palabra *guardia*, y ya que guardia es una persona que cuida o está a cargo de algo, los profetas son guardias espirituales. Ellos han sido ubicados en posiciones asignadas especiales, y ayudan a vigilar y proteger contra el enemigo la casa del Señor. Muchas iglesias locales han estado indefensas contra el enemigo porque no tienen profetas estacionados en sus puestos.

Las iglesias locales no solo tienen que tener guardias profetas establecidos para proteger a la iglesia de los ataques del diablo, sino que también los profetas deben estacionarse a sí mismo en sus puestos de guardia respectivos como superintendentes espirituales. Ellos deben vigilar y orar para fortificar a la iglesia, protegiéndola de la infiltración espiritual.

El profeta estaba en su puesto de guardia noches enteras. Creo que esto puede ser una referencia a la oración de toda la noche como una manera efectiva de evitar que el enemigo se infiltre en la iglesia.

Dios asigna y coloca a los profetas en sus puestos de guardia. Ellos son responsables de tomar su lugar como vigilantes y proteger a la iglesia. Deben permanecer continuamente sobre la torre de vigilancia. Ellos deben ser fieles a sus lugares asignados. No pueden abandonar sus puestos de guardia. Deben entender la importancia de la seguridad y la protección de la iglesia.

Deben colocarse a sí mismo en una postura de oración e intercesión. No deben moverse de la posición asignada. Satanás intentará hacer que los profetas se muevan de su lugar. Él intentará desanimarlos y evitar que tomen sus posiciones en la torre de vigilancia en primer lugar. Por su parte, los profetas deben adoptar una actitud de ser inamovible. Ellos deben aceptar lo que les fue asignado, permanecer en sus lugares señalados y cumplir su ministerio.

Los profetas deberían preguntar: "¿Dónde está mi puesto de guardia?", y cuando lo encuentren, sabrán que Dios los ha colocado allí. Ellos deben tener una revelación de su posición asignada. Luego, deben colocarse a sí mismos en ese lugar y *vigilar*, funcionado como guardias espirituales para proteger a aquellos que les han sido encomendados. Los profetas han sido asignados como guardias espirituales en muchas situaciones, desde iglesias locales, a ciudades, regiones y naciones.

Ver y decir

Después de que los centinelas han sido ubicados, ellos son responsables de declarar lo que han visto:

> Porque así me ha dicho el Señor: Ve y pon un centinela, que informe de todo lo que vea.
> —ISAÍAS 21:6, NVI

Los profetas shamar, o profetas centinela, han sido ubicados o puestos en sus propias posiciones o lugares designados, y *estos son los lugares* donde ellos tiene la capacidad más fuerte para ver con visión espiritual. Ellos podrán ver con ojos espirituales que pueden penetrar lo impenetrable. Ellos podrán ver lo que otros no pueden. Y ellos podrán *decir* lo que ven.

Ellos declararán y revelarán las cosas ocultas. Ellos harán oraciones decisivas que protegerán la función de su puesto a salvo y floreciente, ya sea en un ministerio, iglesia, ciudad, región o nación.

En el Antiguo Testamento a los profetas se les llamaba videntes, y todavía son videntes hoy día. Toda iglesia local necesita vigilantes videntes.

Desde los tiempos primitivos, los profetas vigilantes han ayudado a evitar que el enemigo destruya al pueblo de Dios y su propiedad. Muchas cosas se pueden evitar a través del ministerio del profeta vigilante. Es la voluntad de Dios que muchas cosas sean evitadas. No todo lo que sucede es necesariamente la voluntad de Dios. Los profetas nos ayudan a prevenir cosas que no son la voluntad de Dios.

Los sinónimos de *prevenir* incluyen: obstruir, impedir, dificultar, bloquear, entorpecer, interrumpir, interferir, detener, poner un alto, parar, revisar, arrestar, abortar, frustrar, desbaratar, arruinar, retener, oponerse, prohibir, neutralizar, hacer a un lado. Estas palabras nos ayudan a entender y visualizar mejor la manera en que un guardia vigila.

Hay tres palabras hebreas para *vigilar* o *vigilante: tsaphah, shamar* y *natsar. Tsaphah* significa inclinarse hacia adelante, enfocar en la distancia, observar, esperar, contemplar, espiar, esperar algo, mantener vigilancia.[6] *Shamar*, la cual ya hemos discutido en detalle, significa cercar (como con espinas), vigilar, proteger, cuidar, ser cauteloso, prestar atención, observar con detalle, observar, preservar, considerar, reservar o salvar, quedarse en espera, ser un vigilante. *Natsar* significa vigilar (en el buen o mal sentido), ocultar, sitiar, guardar, observar, preservar, ser un cuidador.[7] Cada una de estas palabras provee información de la función de un vigilante. Cuando el vigilante observa con enfoque en la distancia, recibiendo la advertencia de Dios, él dice la palabra que puede traer conservación, cambio, protección y estrategia efectiva.

Como centinela que soy, con frecuencia he visto las estrategias del enemigo y, a veces, he recibido información específica. Pude *ver* claramente cómo era el enemigo de maneras que iban desde el nombre exacto del espíritu maligno hasta las reacciones estratégicas específicas de los métodos de guerra espiritual que debíamos utilizar en la batalla. También tenía el ojo de centinela para ver y entender los tiempos y las épocas de Dios, lo cual influenciaba la naturaleza de nuestras respuestas. He vigilado y advertido cuando el enemigo estaba en movimiento, cuando nosotros, como ministerio, nos habíamos salido de la posición espiritual de Dios o cuando era el momento para levantarse y recibir la nueva época de lanzamiento y bendición a fin de no perdernos lo que Dios estaba haciendo en medio de nosotros.

FORTALECER LA GUARDIA

Cuando Nehemías llegó a ayudar a los israelitas que estaban regresando para reconstruir Jerusalén, los adversarios también llegaron para oponerse. ¿Qué hizo Nehemías? Él puso una vigilancia contra ellos:

> Y todos ellos conspiraron juntos para venir a luchar contra Jerusalén y causar disturbio en ella. Entonces oramos a nuestro Dios, y para defendernos montamos guardia contra ellos de día y de noche.
> —NEHEMÍAS 4:8–9, LBLA

Nehemías es una imagen del ministerio apostólico porque los apóstoles son constructores. Cuando Dios está construyendo o reconstruyendo algo, se espera que haya oposición al proceso de construcción. La única manera de vencer la oposición es montar guardia contra ellos, y esa guardia necesita ser diligente de día y de noche. Los apóstoles necesitan profetas; quienes los asistirán en la construcción a través de la vigilancia y la oración, viendo y anunciando lo que ven. Apóstoles y profetas deben trabajar juntos en la construcción de la iglesia.

> Desperté también sobre vosotros atalayas, que dijesen: Escuchad á la voz de la trompeta.
> —JEREMÍAS 6:17, RVA

Ya que los centinelas del antiguo Testamento tocaban la trompeta para advertir el peligro que se acercaba, la trompeta se ha convertido en la voz simbólica del profeta. El vigilante shamar que el Señor pone sobre su pueblo tiene la autoridad para tocar la trompeta. Con el sonido de advertencia de la trompeta (la voz del profeta), la gente se reunirá. Los planes del enemigo pueden ser desbaratados cuando el pueblo responde al sonido de la trompeta. Ignorar la trompeta es invitar al peligro.

> Reforzad la guardia, poned centinelas.
> —JEREMÍAS 51:12, RVA

Necesitamos colocar centinelas (los profetas) en su lugar. Ninguna ciudad en los tiempos antiguos podía defenderse sin una vigilancia fuerte. De la misma manera, ninguna iglesia puede defenderse sin una vigilancia fuerte.

> Porque están consagrados; y todo el pueblo hará la guardia de Jehová.
> —2 CRÓNICAS 23:6, RVA

Sin embargo, no todos los creyentes están llamados a ser centinelas. Los centinelas con los intercesores proféticos que tienen una gracia especial para proteger (shamar) a la iglesia, para mantenerla segura. Los centinelas tienen la gracia y el discernimiento para ver claramente cuando el enemigo se aproxima, tocar la trompeta y reunir al resto del pueblo para luchar en oración y acción.

La palabra del Señor puede inducirnos a la intercesión:

Y si ellos son profetas, y si es con ellos palabra de Jehová, oren ahora á Jehová de los ejércitos.

—Jeremías 27:18, rva

Los falsos profetas de Israel no sentían una carga por la intercesión. Ellos no se preocupaban de proteger a la gente. Estaban ciegos ante el peligro que se acercaba. No estaban cumpliendo con la función shamar.

La obligación principal del profeta, si recuerda, es pararse en la brecha y armar el cerco para el pueblo de Dios sobre la tierra. Esta responsabilidad es donde fallaron muchos de los profetas de Israel.

Me dijo: "Hijo de hombre, come lo que tienes ante ti; come este rollo, y ve y habla a la casa de Israel". Abrí mi boca y me hizo comer aquel rollo. Me dijo: "Hijo de hombre, alimenta tu vientre y llena tus entrañas de este rollo que yo te doy." Lo comí, y fue en mi boca dulce como la miel. Luego me dijo: "Hijo de hombre, ve y entra a la casa de Israel y háblales con mis palabras. Porque no eres enviado a un pueblo de habla misteriosa ni de lengua difícil, sino a la casa de Israel; no a muchos pueblos de habla misteriosa ni de lengua difícil, cuyas palabras no entiendas; pero si a ellos te enviara, ellos te escucharían. Pero la casa de Israel no te querrá oír, porque no me quiere oír a mí; porque toda la casa de Israel es dura de frente y obstinada de corazón. Yo he hecho tu rostro fuerte contra los rostros de ellos, y tu frente fuerte contra sus frentes. Como el diamante, más fuerte que el pedernal he hecho tu frente; no los temas ni tengas miedo delante de ellos, porque son una casa rebelde". Me dijo: "Hijo de hombre, toma en tu corazón todas mis palabras que yo te diré, y pon mucha atención.

—Ezequiel 13:1–10, rva2015

A Ezequiel se le dijo que pusiera un muro de asedio contra la ciudad de Jerusalén a través de un acto profético:

Y tú, oh hijo de hombre, toma una tableta de arcilla, ponla delante de ti y graba sobre ella una ciudad: Jerusalén. Luego pon asedio contra ella, construye contra ella un muro de asedio y levanta contra ella un terraplén. Pon contra ella campamentos y coloca arietes contra ella en derredor.

—Ezequiel 4:1–2, rva2015

Este acto profético demostró y liberó el asedio de los babilonios sobre Jerusalén. No es mucho decir que esta es una imagen del aspecto de batalla de cualquier ministerio de profeta.

Los profetas tienen la capacidad para atacar las fortalezas y pelear contra los poderes del infierno. Ellos ponen un asedio. Construyen fuertes contra el enemigo. Escogen montes y ponen un campamento y arietes contra las fortalezas del enemigo.

Además, descubren las estrategias que Dios quiere que utilicen contra los enemigos poderosos. Es un tipo de guerra de asedio.

> Así ha dicho Jehová: Haced en este valle muchos estanques.
>
> —2 Reyes 3:16

Los moabitas vieron los estanques llenos de agua y pensaron que estaban llenos de sangre. El enemigo fue confundido y pensó que los israelitas se habían aniquilado entre ellos, así que se sintieron animados a entrar al campamento de Israel, donde ellos mismos fueron aniquilados y derrotados.

Eliseo le dio una estrategia profética al rey para derrotar al enemigo. De la misma forma, los profetas dan estrategias a la Iglesia para que el pueblo de Dios pueda vencer los ataques del enemigo.

Los profetas son una parte esencial de la guerra espiritual. Sin los profetas en las puertas, la Iglesia no puede triunfar.

CAPÍTULO 10

LOS PROFETAS DESATAN MILAGROS, SANIDAD Y LIBERACIÓN

*Derramaré de mi Espíritu, y profetizarán. Y daré prodigios
arriba en el cielo, y señales abajo en la tierra.*

—HECHOS 2:18–19

CREO FIRMEMENTE QUE una de las maneras en que nacen los milagros es a través de la profecía. Pensamos que la profecía era solo alguien que venía y nos decía cosas reafirmantes acerca de nosotros mismos o nos profetizaba alguna información acerca del futuro. Por supuesto, esa es una parte del fluir profético, pero estoy descubriendo que hay una manifestación del fluir profético mucho más grande. La profecía es mucho más poderosa de lo que pensamos.

Estoy descubriendo que el fluir profético abre el ámbito espiritual para que la gloria de Dios se manifieste en nuestro medio.

> Y en los postreros días, dice Dios, derramaré de mi Espíritu sobre toda carne, y vuestros hijos y vuestras hijas profetizarán; Vuestros jóvenes verán visiones, y vuestros ancianos soñarán sueños; Y de cierto sobre mis siervos y sobre mis siervas en aquellos días derramaré de mi Espíritu, y profetizarán. Y daré prodigios arriba en el cielo, y señales abajo en la tierra, sangre y fuego y vapor de humo; El sol se convertirá en tinieblas, y la luna en sangre, antes que venga el día del Señor, grande y manifiesto; Y todo aquel que invocare el nombre del Señor, será salvo.
> —HECHOS 2:17–21

Observe que las señales y maravillas van después de la profecía. Nosotros profetizamos, y luego Dios empieza a mostrar señales y maravillas. Tan pronto como el pueblo de Dios empieza a profetizar: "Así dice Dios " las cosas empiezan a suceder en el ámbito espiritual con manifestación de señales y maravillas en el ámbito natural. La profecía es una de las llaves para abrir el ámbito espiritual.

Moisés fue un profeta de Dios. Él tenía la unción profética cuando fue a Egipto y llevó a cabo señales y maravillas. Moisés es una representación de la iglesia porque la iglesia es responsable de entrar a Egipto (una representación del mundo) para libertar a la gente de la esclavitud. Yo creo que Dios va a levantar "Moiseses" modernos quienes entrarán con señales y maravillas y harán que el diablo deje ir al pueblo de Dios.

Yo quiero ver señales y maravillas. Estoy cansado de solo hablar de ellas. Creo que una manera en que vamos a verlas es a través de expresiones proféticas, porque los profetas de Dios y las profecías que ellos den abrirán el camino para que vengan las señales y las maravillas. Yo he leído el segundo capítulo de Hechos muchas veces, pero nunca, sino hasta hace poco, pude hacer la conexión entre la profecía y los milagros.

Lo que digo es que deberíamos estar a la expectativa de señales y maravillas que vienen tras los profetas. Cuando ellos proeticen en el ámbito espiritual y la unción de Dios venga sobre ellos, empezarán a activar los milagros de Dios. Los sucesos sobrenaturales empezarán a suceder en el ámbito espiritual por medio de las expresiones proféticas.

¿De qué tipos de señales, maravillas y milagros debemos estar a la expectativa? Creo que deberíamos esperar ver de todo tipo: *milagros financieros, milagros de sanidad, milagros de liberación, señales y maravillas sobrenaturales* tanto en el cielo como en la tierra. Estas cosas sucederán, y confundirán a los incrédulos. Los profetas de Dios van a profetizar esas cosas para que se manifiesten. Por esto es tan importante saber, si queremos señales y maravillas en nuestras iglesias tenemos que ser iglesias proféticas.

LOS PROFETAS PREPARAN LA ATMÓSFERA PARA LIBERACIÓN

Antes de que Dios haga algo sobrenatural en una escala mayor, las expresiones proféticas deben antecederlo. Debido a que algunos climas espirituales no son conductores de milagros, necesitamos una cultura profética para hacer los cambios en la atmósfera espiritual de un lugar.

Jesús fue a su pueblo natal y no pudo hacer obras poderosas allí a causa de la incredulidad. El clima espiritual de ese pueblo no era conductor de milagros.

> Y no pudo hacer allí ningún milagro, salvo que sanó a unos pocos enfermos, poniendo sobre ellos las manos. Y estaba asombrado de la incredulidad de ellos. Y recorría las aldeas de alrededor, enseñando.
> —Marcos 6:5–6

A pesar de que Él era el Hijo de Dios con el poder y la unción de Dios sin medida, cuando él fue a Nazaret no pudo hacer ninguna obra poderosa. En otras palabras, el espíritu de incredulidad era muy fuerte en esa ciudad. Jesús impuso manos solamente en unos pocos enfermos y los sanó, pero no pudo hacer obras poderosas.

La mayoría de las iglesias tienen un clima espiritual que no es conductor del milagroso poder de Dios. Demasiados espíritus de religiosidad, tradición, incredulidad, duda, pecado, perversión, tinieblas y otros espíritus que tienen a la gente atrapada.

Dios siempre quiere ministrar a la gente. El problema no es que Él no esté listo; es la gente la que no está lista. Para hacer que el clima espiritual cambie, algo se debe romper.

Cuando Dios fue a sacar a Israel de Egipto, ellos no estaban listos para salir de inmediato. Dios tuvo que enviar diez plagas a fin de hacer una ruptura primero:

> Dijo, pues, Moisés: Jehová ha dicho así: A la medianoche yo saldré por en medio de Egipto, y morirá todo primogénito en tierra de Egipto, desde el primogénito de Faraón que se sienta en su trono, hasta el primogénito de la sierva que está tras el molino, y todo primogénito de las bestias. Y habrá gran clamor por toda la tierra de Egipto, cual nunca hubo, ni jamás habrá.
>
> —Éxodo 11:4–6

Muchas veces, algo debe romperse en el ámbito espiritual antes de que Dios pueda hacer lo que Él desea. Usted se preguntará por qué Dios no entró y sacó a los hijos de Israel. Es porque algo tenía que romperse en el ámbito espiritual antes de que el pueblo de Dios pudiera salir. Este es el caso en muchas situaciones. Algo debe romperse en el ámbito del espíritu antes de que Dios pueda libertar a su pueblo de un área de esclavitud en particular.

Algunas personas nunca salen de ciertas áreas de atadura porque no han tratado ni roto algo en el ámbito espiritual a través del poder de Dios. Si Dios no rompe eso en el ámbito espiritual, estas personas continuarán esclavizadas.

Deja ir a mi pueblo

Satanás nunca va a dejar ir al pueblo voluntariamente. No está en su naturaleza el hacerlo. Satanás nunca va a permitir que una persona sea sencillamente libertada. Él la retendrá. Vemos esto cuando cada vez que Moisés iba a faraón y le decía: "Deja ir a mi pueblo", faraón endurecía su corazón. Él tenía que ser obligado a dejar ir al pueblo. Algo tenía que romperse antes de que él los dejara ir.

Hay muchas personas esclavizadas por la religión y la tradición. Esos espíritus no van a dejarlos ir solo porque se les pida, no importa cuán entregados estén a Dios. Si yo dijera: "Bueno, demonios, solo dejen ir a mi pueblo, por favor. Queremos irnos y servir a Dios. Estamos cansados de ser esclavos". Yo no creo que el diablo respondería: "Está bien, Eckhardt, llévatelos".

¡De ninguna manera! Usted tiene que romper esa fortaleza en el espíritu.

Dios envió a Moisés a Israel con la vara de la autoridad de Dios para ordenar a las plagas, señales y maravillas y poder romper esa atadura en el espíritu. Moisés era un profeta.

De la misma manera, en nuestro tiempo, Dios está levantando personas con una unción profética para romper cosas en el espíritu. Luego, Dios podrá moverse. Esta es la razón por la que Dios quiere levantar iglesias proféticas fuertes. Estas iglesias se levantarán en espíritu y profecía. La gloria vendrá. La unción saldrá y romperá los poderes de las tinieblas en el ámbito celestial y abrirá el camino para señales, maravillas y liberación.

Cuando los profetas imponen manos

Al ponerse el sol, todos los que tenían enfermos de diversas enfermedades los traían a él; y él, poniendo las manos sobre cada uno de ellos, los sanaba. También salían demonios de muchos, dando voces y diciendo: Tú eres el Hijo de Dios. Pero él los reprendía y no les dejaba hablar, porque sabían que él era el Cristo.

—Lucas 4:40–41

Observe que en el versículo de arriba la unción fluye a través de las manos hacia los cuerpos de aquellos que están oprimidos por el diablo y los sana. Esto también incita a los demonios y los echa fuera.

Dios ungió a Jesús de Nazaret con el Espíritu Santo y poder para sanar a aquellos que estaban oprimidos por los demonios (Hechos 10:38). La enfermedad es una opresión del diablo. No es de sorprenderse que los demonios reaccionaron cuando Jesús ministró por medio de la imposición de manos. Los demonios detestan la imposición de manos. Ellos no quieren que usted los eche fuera cuando imponga manos sobre los enfermos.

A algunos se les ha enseñado que nunca impongan manos sobre las personas endemoniadas, pero esa no es la enseñanza de Jesús. Él ponía sus manos sobre personas que tenían demonios y los echaba fuera. No estoy proponiendo que los creyentes busquen a todo aquel endemoniado y que le impongan las manos, sino que estoy diciendo que usted no debería temer imponer manos sobre las personas para echar fuera a los demonios. No todas las liberaciones requieren la imposición de manos, pero es una administración válida del ministerio de liberación.

Desatar virtud

Si un creyente está lleno del poder del Espíritu Santo, él o ella está lleno de *virtud*. A veces, la palabra *dunamis* se traduce como *poder*; en otras ocasiones, como *virtud*. La virtud y el poder (dunamis) son lo mismo. Cuando la mujer con el flujo de sangre tocó el borde del manto de Jesús, Él percibió que había salido de Él virtud (dunamis). La virtud de sanidad puede fluir y entrar en el cuerpo de los enfermos por medio de la imposición de manos.

Esta virtud puede usarse para sanar a los enfermos y echar fuera a los espíritus malignos. Los creyentes llenos del Espíritu pueden imponer manos sobre los enfermos y creer que les transferirán virtud. Esta virtud echará fuera a la enfermedad y dolencia, las cuales son obra del diablo.

Jesús les dijo a sus discípulos: "pero recibiréis poder [*dunamis*, virtud], cuando haya venido sobre vosotros el Espíritu Santo" (Hechos 1:8). Los creyentes llenos del Espíritu son recipientes ambulantes de la unción de sanidad. Usted lleva consigo la virtud de Cristo. El Señor desea liberar su virtud en la tierra a través de la imposición de sus manos. Así es como le funcionó a Pablo, aún en situaciones inusuales:

> Y aconteció que el padre de Publio estaba en cama, enfermo de fiebre y de disentería; y entró Pablo a verle, y después de haber orado, le impuso las manos, y le sanó.
>
> —Hechos 28:8

Pablo empezó un encuentro de sanidad en la isla de Malta (también llamada Melita) por medio de la imposición de sus manos. "Hecho esto, también los otros que en la isla tenían enfermedades, venían, y eran sanados" (Hechos 28:9). Él estaba ilustrando la predicción de los evangelios: "sobre los enfermos pondrán sus manos, y sanarán" (Marcos 16:18).

Había suficiente virtud sanadora en las manos de Pablo como para sanar a todo enfermo en esa isla. No es de sorprenderse que el diablo lo odiara, y tampoco es de sorprenderse que los demonios detesten y combatan la doctrina de la imposición de manos. Ellos no quieren que los creyentes conozcan el poder y la virtud que se desata por medio de la imposición de manos. Ellos quieren ocultarle la verdad porque la imposición de manos es el *fundamento* de la liberación del poder de Dios en la tierra.

Esta es una señal que debe seguir a todo creyente. Todo creyente debe poder imponer manos sobre los enfermos y creer que se recuperarán. Esto es diferente a cuando el presbiterio impone manos para equipar por medio de la impartición. No todo creyente es parte del presbiterio. El Espíritu Santo honra la imposición de manos del presbiterio en lo que se refiere a la distinción de los dones ministeriales, y no todo creyente puede imponer manos sobre los ministros para liberarlos en la manera que puede hacerlo el presbiterio. Sin embargo, todo creyente puede imponer manos sobre la gente para que reciba al Espíritu Santo por sanidad y liberación. Este es un honor que Dios le ha dado a todos sus santos.

Atar y desatar

Jesús desató a la mujer que tenía un espíritu de enfermedad por medio de la imposición de manos:

> Enseñaba Jesús en una sinagoga en el día de reposo; y había allí una mujer que desde hacía dieciocho años tenía espíritu de enfermedad, y andaba encorvada, y en ninguna manera se podía enderezar. Cuando Jesús la vio, la llamó y le dijo: Mujer, eres libre de tu enfermedad. Y puso las manos sobre ella; y ella se enderezó luego, y glorificaba a Dios.
>
> —Lucas 13:10–13

Hubo una sanidad inmediata, instantánea. Por lo tanto, tenemos el poder de desatar y el de la imposición de manos. Desatar a las personas es una manifestación de liberación. La iglesia ha recibido el poder de atar y desatar. Una de las formas en que podemos desatar es por medio de la imposición de manos.

La conexión entre sanidad y liberación

La mujer de este pasaje recibió su sanidad a través de la liberación. Hay algunas personas que no serán sanadas hasta que los espíritus malignos sean expulsados. Hay una línea muy delgada entre la sanidad y la liberación. Muchas veces, estos ministerios se traslapan. La imposición de manos es eficaz en ambos casos. Una vez expulsado el espíritu maligno, el daño que esa parte del cuerpo sufrió puede ser sanado. En muchos casos, los espíritus de muerte y destrucción también necesitan ser expulsados junto con el espíritu de enfermedad. En la mayoría de los casos, se debe renunciar a la falta de perdón y la amargura antes de que la sanidad y la liberación por medio de la imposición de manos pueda ser efectiva.

Trabajar al unísono con la imposición de manos es un *mandato* para todo creyente. Los creyentes deben comprender los temas de autoridad y poder en adición al de la imposición de manos.

Comprender el poder de la imposición de manos cuando se aúna con la profecía ayudará a los creyentes a desatar liberación sanidad, promoción y bendición. Muchas veces, imponemos manos sobre las personas cuando profetizamos. He visto gente sanar y ser libertada a través de la profecía y de la imposición de manos. En lo personal, he recibido una impartición tremenda a través de la profecía con la imposición de manos.

No es necesario imponer manos cuando profetiza, pero cuando se combinan las dos, son maneras poderosas para impartir y desatar bendiciones.

Sin profetas, sin milagros

Solíamos pensar que un profeta era alguien que simplemente andaba por todas partes y sabía todo acerca de usted. Eso no es cierto. Yo fluyo en lo profético y apenas sé algo acerca de alguien. Generalmente, solamente recibo revelación acerca de las personas cuando pongo mis manos sobre ellos. Esa es la manera en que mi don funciona. Muy raras veces, con solo ver a una persona sé algo acerca de ella.

Aun a través de su discernimiento natural, cualquiera puede ver a las personas y notar que han cometido errores. No se necesita un sueño o una visión para ello. Si un hombre va caminando por la calle y se ve salvaje y loco, hablando consigo mismo, peleando y lanzando puñetazos al aire, no se necesita una unción del cielo para ver que él tiene un problema.

El propósito principal del ministerio profético no es revelar secretos. Es profetizar con tal unción que uno atraviesa los cielos velozmente y romper los poderes de las tinieblas. Profetizar abre la puerta para que venga la gloria de Dios. La profecía en realidad aplana el camino para que la Palabra de Dios sea ministrada.

El ministerio profético también prepara el camino para los milagros. La profecía facilita que suceda un cambio en la vida de la gente. La adoración profética que sale en el servicio de alabanza, incluso antes de que el orador ministre, crea un cambio en la atmósfera espiritual. Un fluir de la gloria empieza a venir. Para cuando el orador sube a ministrar la Palabra de Dios y edificar la fe de las personas, el lugar ya está tan lleno de la gloria de Dios que el siguiente paso es entrar directamente a los milagros, señales y maravillas. Probablemente usted mismo lo ha visto. Por eso, muchas veces, Dios tiene que traer el fluir profético primero, antes de que los milagros sucedan.

Lea la Biblia con esto en mente. Casi nunca encontrará milagros en la Biblia donde no haya profetas. Lea en el libro de Jueces, donde el ángel del Señor se le apareció a Gedeón y dijo: "Varón esforzado y valiente " y Gedeón respondió: "¿dónde están todas sus maravillas?". (Vea Jueces 6:12–13.)

Si leemos acerca de milagros en la Biblia y nos preguntamos por qué no vemos muchos de ellos hoy día, no necesitamos preguntarnos más. Se debe a que no tenemos muchos profetas fluyendo en la unción profética y trayendo la gloria de Dios. No tenemos puchos profetas profetizando para que los milagros se manifiesten.

Dios siempre les comunica a sus siervos, los profetas, antes de hacer algo (Amós 3:7). Usted puede entrar a una ciudad que está tan atada por los demonios y tan custodiada por los demonios, con principales y potestades tan fuertes, que usted no puede iniciar el mover de Dios en esa ciudad. Necesita que los profetas entren y profeticen el pensar y la voluntad de Dios en ese lugar.

Algunos pastores no tienen milagros en sus iglesias; aun así, ellos reprenden a su gente por asistir a un servicio donde lo hay. Les dicen a sus miembros: "No vayan allí. Hay demasiados profetas falsos en el país".

Le digo algo, pastor; por qué no reúne a toda su iglesia, va allí con ellos y determina si la persona es de Dios o no. Si es de Dios, entonces, deje que asistan. Si no lo es, entonces, advierta a sus miembros. Si la gente se aparta del camino, el pastor tiene el derecho de corregirlos. Algunas personas sí necesitan ser corregidas; pero, por favor, no elimine el apetito y el deseo que la gente tiene de fluir en lo sobrenatural y la gloria de Dios. No lo aniquile. Guíelos, exhórtelos y anímelos a buscar la gloria de Dios, porque es por la gloria de Dios que ellos experimentarán el cambio.

Esta es la razón por la que animamos a las personas a salir y ver los milagros, señales, maravillas, sanidades y el fluir profético del Espíritu de Dios. A muchos pastores no les gusta. Ellos dicen: "Usted se está robando a los miembros de mi iglesia".

Bueno, ellos necesitan venir a un lugar como nuestra iglesia porque esos pastores están apartando a su gente del fluir del Espíritu Santo. Ellos están estorbando la gloria de Dios.

La Escritura dice que Él "manifestó su gloria". Los milagros son una manifestación de la gloria de Dios. Es la gloria de Dios la que lo cambia. Los milagros lo cambiarán porque le presentarán la gloria de Dios que cambia vidas. El apóstol Pedro es un ejemplo de esto.

La Biblia dice que Jesús llamó a Pedro y a su hermano y les dijo que lo siguieran y que Él los haría pescadores de hombres (Mateo 4:19; Marcos 1:17). Hay otro relato que dice que Jesús le dijo a Pedro que echara su red "para pescar":

Cuando terminó de hablar, dijo a Simón: Boga mar adentro, y echad vuestras redes para pescar. Respondiendo Simón, le dijo: Maestro, toda la noche hemos estado trabajando, y nada hemos pescado; mas en tu palabra echaré la red. Y habiéndolo hecho, encerraron gran cantidad de peces, y su red se rompía. Entonces hicieron señas a los compañeros que estaban en la otra barca, para que viniesen a ayudarles; y vinieron, y llenaron ambas barcas, de tal manera que se hundían. Viendo esto Simón Pedro, cayó de rodillas ante Jesús, diciendo: Apártate de mí, Señor, porque soy hombre pecador. Porque por la pesca que habían hecho, el temor se había apoderado de él, y de todos los que estaban con él, y asimismo de Jacobo y Juan, hijos de Zebedeo, que eran compañeros de Simón. Pero Jesús dijo a Simón: No temas; desde ahora serás pescador de hombres. Y cuando trajeron a tierra las barcas, dejándolo todo, le siguieron.

—LUCAS 5:4–11

Cuando Pedro sacó su red, la pesca era tan grande, ¡fue un milagro! Al ver esto, Pedro se postró a los pies de Jesús y dijo: "Apártate de mí, Señor, pues soy pecador". Ese milagro quebrantó a Pedro y cambió su vida.

Una de las razones por las que tenemos muchos ministerios débiles y pocos ministerios fuertes naciendo en la tierra es porque demasiados de ellos no han nacido por medio de milagros.

El ministerio de Pedro nació a través de un milagro. Cuando esa red se rompió, y él cayó a los pies de Jesús y dijo: "Señor, apártate de mí", el Señor dijo: "Pedro, no temas; de ahora en adelante, pescarás hombres". En otras palabras, "Este es tu ministerio, Pedro".

Los milagros son mucho más que solo: "Bueno, tuvimos un milagro". Los milagros pueden cambiar a las personas, y los milagros pueden dar a luz ministerios fuertes en la tierra. ¿A cuántos de los que leen este libro les gustaría ver apóstoles fortalecidos, profetas fortalecidos, evangelistas fortalecidos, pastores fortalecidos y maestros fortalecidos?

No hablo de un predicadorcito debilucho que no anda en ninguna habilidad sobrenatural y dice que ha sido llamado por Dios. Estoy hablando de ministerios fuertes que cambian iglesias, ciudades y naciones. No hablo acerca de alguien con documentos de ordenación. Cualquiera puede estudiar para ser predicador, obtener sus credenciales y aun así ser débil. Estoy hablando de los ministerios ungidos de Dios.

La gloria de Dios va ser orquestada a través del fluir profético. El fluir profético va a traer la gloria. Cuando la gloria venga, los milagros sucederán. Sucederán sanidades. Vamos a profetizar cosas que serán establecidas en el ámbito del espíritu. Veremos acontecer los milagros de Dios. ¡Veremos vidas cambiadas por el poder sobrenatural de Dios!

CAPÍTULO 11

LOS PROFETAS CONFIRMAN E IMPARTEN DONES ESPIRITUALES

Porque anhelo veros para impartiros algún don espiritual, a fin de que seáis confirmados.

—ROMANOS 1:11, LBLA

PARA ENTENDER MEJOR el poder de Dios a través de la imposición de manos, debemos comprender el tema de la impartición. La palabra *impartir* viene de la palabra griega *metadidōmi*, que significa entregar o compartir.[1] Cuando algo es impartido, ha sido comunicado de una persona a otra.

El apóstol Pablo tenía el deseo de impartir sobre los santos "algún don espiritual". En la versión Reina Valera 1995, este pasaje se lee así: "porque deseo veros, para comunicaros algún don espiritual, a fin de que seáis fortalecidos".[2]

Por lo tanto, lo que Pablo estaba impartiendo debía ser de ayuda espiritual para los santos. Las imparticiones espirituales se dan para ayudarnos a cumplir la voluntad de Dios en nuestra vida. Esto es parte de ser equipados. Nos volvemos equipados para hacer el trabajo del ministerio a través de la impartición.

CONSOLIDADO Y FORTALECIDO

El resultado de la impartición es establecer. En algunas traducciones: "a fin de que seáis confirmados" se traduce "a fin de que sean fortalecidos" o "para que estén más firmes". Así, el creyente es equipado para *estar más firme* como resultado de la impartición.

Un canal importante que se usa para que este equipamiento de fuerza nueva sea impartido es por medio de la imposición de manos. Sabemos que Timoteo recibió un don espiritual por medio de la imposición de manos de Pablo. Esta es impartición de un don ministerial a otro. Timoteo fue fortalecido y equipado para su ministerio como resultado de la impartición.

La impartición también puede llegar a través de la asociación. De esta forma, habrá una transferencia de unción desde o hacia las personas con las que se asocia. Con o sin el acompañamiento de la imposición de manos, a través de la impartición podemos recibir de los ministerios a los que nos sometemos o con los que nos asociamos.

Yo creo que hay relaciones divinas ordenadas por el Señor desde antes de la fundación del mundo. Hay ciertas personas a quienes el Señor ha predestinado para que usted se ligue a ellas en el Espíritu. Ellos tendrán los depósitos espirituales que usted necesita. Puede recibir una medida adicional de esos depósitos por medio de la imposición de manos.

Es la voluntad de Dios que la Iglesia opere en todos los dones y la unción que necesita mientras esperamos el regreso de nuestro Señor. No es la voluntad de Dios que nos haga falta algún don necesario.

Pablo le escribió a la Iglesia local en Corinto:

> Gracias doy a mi Dios siempre por vosotros, por la gracia de Dios que os fue dada en Cristo Jesús; porque en todas las cosas fuisteis enriquecidos en él, en toda palabra y en toda ciencia; así como el testimonio acerca de Cristo ha sido confirmado en vosotros, de tal manera que nada os falta en ningún don, esperando la manifestación de nuestro Señor Jesucristo; el cual también os confirmará hasta el fin, para que seáis irreprensibles en el día de nuestro Señor Jesucristo.
>
> —1 Corintios 1:4–8

Dios nos ha dado los medios para obtener todo lo que necesitamos. Él está listo y dispuesto para dotarnos y equiparnos con toda la gracia espiritual que necesitamos para completar nuestra comisión: *predicad el evangelio a todas las naciones y haced discípulos a todos los hombres* (vea Mateo 28:19).

Si carecemos de poder espiritual, no es culpa del Señor. Él ha provisto todo lo que necesitamos, pero nosotros debemos aprovecharlo. Por eso es tan importante comprender la enseñanza y la sabiduría de la imposición de manos. La imposición de manos es el canal principal por medio del cual podemos recibir los dones espirituales que necesitamos mientras trabajamos y esperamos la venida del Señor.

Fuerte, no débil

En realidad, no hay excusa para tanta debilidad en el cuerpo de Cristo. Estoy tan cansado de los cristianos débiles y las iglesias débiles. Una iglesia débil y anémica espiritualmente es el resultado de la carencia de dones espirituales. Demasiadas iglesias tienen deficiencia en dones espirituales porque no saben cómo liberar el poder de Dios a través de la imposición de manos. Cuando usted tiene deficiencia en dones espirituales, usted no será de los ministros capaces del Nuevo Testamento de los que habla la Palabra.

La Palabra nos dice que seamos fuertes en el Señor y en el poder de su fuerza. El Espíritu de Dios debe fortalecer nuestro hombre interior con el poder de su fuerza. Se requiere de fortaleza espiritual para expulsar demonios, sanar a los enfermos, resucitar a los muertos y alcanzar a los perdidos. Sin la dotación y equipamiento que viene a través de la impartición, la iglesia se vuelve tradicional y ceremonial. Muchos tienen una forma de devoción, pero niegan el poder consecuente. El reino de Dios no es de palabra, ¡sino de poder! Hay muchas prédicas de la ley escrita sin el poder y la demostración del Espíritu Santo.

Si usted se asocia con la fuerza, se volverá fuerte. Usted se vuelve como la gente con la que se asocia. No se permita volverse débil ligándose con la clase de creyente equivocado. Es importante asociarse con ministerios fuertes y recibir impartición a través de la imposición de manos. Usted necesita asociarse con iglesias y ministerios fuertes. Si se asocia con debilidad, se volverá débil.

Debe encontrar su propia compañía y relacionarse allí. Debe encontrar una iglesia del Nuevo Testamento que cree y practique la doctrina de la imposición de manos. Necesita apóstoles y profetas fuertes para que impongan manos sobre usted y le impartan dones espirituales y fortaleza. Entonces, usted podrá levantarse y ser el creyente fuerte que el Señor espera que sea.

IMPARTICIÓN DE DONES ESPIRITUALES

Por encima de los dones y equipamiento que todo creyente necesita para hacer las obras de Jesús, hay dones especiales necesarios para el ministerio de cinco partes. No todos son llamados al ministerio de apóstol, profeta, evangelista, pastor o maestro. Hay dones y equipamiento que vendrá al momento de la distribución para un ministerio específico. Los dones y el equipamiento se pueden recibir a través del presbiterio profético:

> No descuides el don que hay en ti, que te fue dado mediante profecía con la imposición de las manos del presbiterio.
> —1 TIMOTEO 4:14

El *presbiterio* es un grupo de ancianos gobernantes en una iglesia local o en grupo de iglesias locales. Los ancianos necesitan fluir en la profecía junto con la imposición de manos. Esta es una de las formas en que Timoteo recibió dones y equipamiento para su llamado en el ministerio. Este es un patrón bíblico de ordenación.

Al momento de la ordenación, aquellos que la reciben deben tener expresiones proféticas pronunciadas sobre ellos, con la imposición de manos para la impartición de dones espirituales. Cada ministerio tiene un destino profético que debe ser revelado y activado a través del *presbiterio profético*. La imposición de manos imparte los dones espirituales necesarios para cumplir el llamado. Como resultado, la persona o el grupo recibe la palabra del Señor respecto a su vida y ministerio además del poder y la capacidad necesaria para llevarlo a cabo. Eso sucede a través de la imposición de manos.

Cuando los dones ministeriales no reciben este tipo de ministración, muchas veces, carecen de la dirección profética y la habilidad necesaria para cumplir su llamado. La imposición de manos se ha convertido en algo ceremonial y tradicional en algunas iglesias careciendo del poder que tenía en la iglesia primitiva para dotar y equipar ministros. El Señor desea restaurarle a la iglesia el presbiterio profético, con la imposición de manos a plenitud. Cuando usted sea dotado y equipado, se convertirá en un ministro capaz del Nuevo Testamento.

Patrón divino

Si deseamos tener resultados bíblicos, debemos hacer las cosas como la Biblia dice. La Iglesia primitiva nos dejó un patrón divino a seguir. Si seguimos este patrón, empezaremos a ver resultados sobrenaturales:

> Por lo cual te aconsejo que avives el fuego del don de Dios que está en ti por la imposición de mis manos.
>
> —2 Timoteo 1:6

Pablo le está recordando a Timoteo que avive el fuego del don que recibió por medio de la imposición de manos. Otra traducción dice: "no dejes de usar esa capacidad especial".[3] Podemos referirnos al don de Dios como "capacidad especial". Esta forma de don y equipamiento va más allá del don del Espíritu Santo, el cual está disponible para todo creyente y se le conoce como "gracia común". La capacidad especial es necesaria para cumplir un llamado especial al ministerio.

Pablo quería que Timoteo no descuidara el don, sino que avivara su fuego. La fe debe avivar continuamente los dones de Dios. Una persona puede recibir dones a través de la imposición de manos y no operar en ellos por negligencia espiritual. El receptor de una capacidad espiritual, a través de la imposición de manos, tiene una responsabilidad que acompaña al don. Esto está alineado con el cargo que muchas veces se da cuando se imponen manos sobre un individuo para ordenarlo para el servicio de lo que Dios ha indicado.

El cargo es una responsabilidad solemne que el receptor debe guardar. A todo el que se le haya dado mucho, mucho se demandará de él (Lucas 12:48). No esté muy ansioso de recibir impartición por medio de la imposición de manos a menos que esté comprometido a usar lo que reciba.

Los dones que se reciben de esta manera son lo que yo llamo, depósitos espirituales. El Señor desea hacer depósitos espirituales en todos nosotros. Él quiere que usemos estos depósitos para ser de bendición para los demás. En esencia, el Señor espera resultados de sus depósitos. Así como nosotros esperamos recibir intereses del banco por nuestros depósitos, el Señor espera intereses sobre los dones que Él deposita en nosotros.

El Señor nos equipa con dones, y Él espera que hagamos algo con lo que nos ha dado. Él nos ha equipado para hacer las obras de Jesús. Él espera que los apóstoles, profetas, evangelistas, pastores y maestros tomen su responsabilidad en serio para el perfeccionamiento de los santos y la edificación del cuerpo de Cristo.

Cada creyente necesita preguntarse a sí mismo: ¿Estoy equipado para hacer lo que el Señor me ha llamado a hacer? Si no lo está, entonces ¿cómo cumplirá su llamado?

¿La imposición de manos para dotar y equipar es lo suficientemente fuerte en nuestras asambleas locales? ¿Hay suficiente enseñanza sobre este tema para que los santos funcionen efectivamente en el ministerio? Si no, ¿cómo podemos equiparnos mejor para hacer lo que el Señor nos ha llamado a hacer?

Toda Iglesia local debería imponer manos sobre las personas para recibir al Espíritu Santo. Todo creyente necesita ser bautizado con el Espíritu Santo. Todos los creyentes necesitan estar equipados para hacer las obras de Jesús. Toda Iglesia local debe tener ancianos que fluyan fuertemente en la imposición de manos. Sin estos medios de la impartición de dones y fortalecimiento, la Iglesia local no puede siquiera alcanzar el mínimo de aquello para lo que Dios la estableció. Los santos necesitan la fortaleza espiritual que se libera a través de la imposición de manos.

Estas cosas se volverán más fuertes en nuestras asambleas si enseñamos y enfatizamos su importancia. Las cosas de Dios operan y son recibidas por fe. La fe viene por el oír la Palabra de Dios. A medida que enseñamos la Palabra de Dios en esta área, el liderazgo podrá desatar dones, y los santos podrán recibir dones a través de la imposición de manos.

Una vez esta verdad haya sido enseñada, recibida y practicada, los santos serán dotados y equipados. Dotar y equipar no sucede solo así, sino que debemos enseñar y practicar la imposición de manos. Eso cambiará a la iglesia local. Nuestras iglesias estarán llenas de dones del Espíritu. Veremos suceder unciones más fuertes en nuestras iglesias.

No se aparte de la enseñanza y de practicar la imposición de manos. La oración profética con la imposición de manos es fundamental para equipar a los santos para hacer la voluntad de Dios. Cuando usted ponga sus manos sobre la gente, hágalo en fe. Crea que el Señor se moverá a través de la imposición de manos.

APARTAR Y DESATAR

El propósito primordial de la imposición de manos es promoción y exaltación, lo cual incluye la impartición de sabiduría y honor. La imposición de manos imparte bendición para la persona por quien se ora. La imposición de manos, junto con declaraciones proféticas hechas a través de la oración, también libera dones y equipa a las personas para cumplir su llamado.

Un tercer propósito para la imposición de manos es *apartar y desatar* dones ministeriales en la tierra. Bernabé y Pablo fueron separados y enviados a sus ministerios apostólicos a través de la imposición de manos:

> Ministrando éstos al Señor, y ayunando, dijo el Espíritu Santo: Apartadme a Bernabé y a Saulo para la obra a que los he llamado. Entonces, habiendo ayunado y orado, les impusieron las manos y los despidieron. Ellos, entonces, enviados por el Espíritu Santo, descendieron a Seleucia, y de allí navegaron a Chipre.
> —Hechos 13:2–4

En este caso, estuvo acompañada de oración y ayuno. De nuevo, vemos el principio que cuando el Señor desea liberar su poder en la tierra, muchas veces lo hace por medio de la imposición de manos.

Hay varios puntos en estos versículos que yo quiero enfatizar. El número uno es que el Espíritu Santo dijo que ellos debían "apartar" a Bernabé y a Pablo. Ahora, Bernabé y Pablo estaban *apartados* para el ministerio al que habían sido llamados previamente. El Espíritu Santo ya los había llamado a ser apóstoles, pero ellos todavía no habían sido apartados para ese llamado. Hay un periodo de tiempo entre el llamado y la separación llamado *preparación*. Ese tiempo ya había terminado. La imposición de manos era para apartarlos para su ministerio.

Hay un tiempo para el llamado, un tiempo para la preparación y un tiempo para la separación. El *llamado* es soberano y viene a través del Espíritu Santo. La preparación para el llamado depende del deseo del individuo para orar, estudiar y desarrollar el carácter de Cristo. Hay diferentes periodos de preparación para diferentes personas. Para algunos es más largo que para otros. Se requiere paciencia hasta el momento de la separación para el ministerio verdadero. El Espíritu Santo conoce el momento de la separación. Solo porque una persona haya sido llamada no significa que él o ella esté lista para funcionar según el llamado. El llamado es solamente el principio, seguido por la preparación y, luego, la separación.

La impartición de dones y el equipamiento para el ministerio también pueden llegar al momento de ser separado para el ministerio. En otras palabras, puede recibir la gracia que necesita para cumplir su llamado al momento de la separación a través de la imposición de manos.

Muchas veces, las personas entran al ministerio *prematuramente*, sin el equipamiento necesario y la separación que se alcanza a través de la imposición de manos. Esta es una razón por la que tantos dones ministeriales son débiles e ineficaces. No se debe a que ellos no hayan sido llamados, sino que se debe a que no fueron equipados y separados apropiadamente. *La separación tiene que hacerse en el momento espiritual adecuado.* No debe hacerse prematuramente, más bien, siempre debería hacerse por dirección del Espíritu Santo.

Observe, además, que los apóstoles no abandonaron la Iglesia de Antioquía sin recibir primero la bendición de los líderes de la Iglesia. El Espíritu Santo honra la sumisión al presbiterio que viene con la imposición de manos. Después de que Pablo y Bernabé fueron enviados a ministrar, ellos siguieron reportándose con los líderes de la Iglesia de Antioquía. Ellos se reportaban a esta iglesia después de sus viajes misioneros. Estaban sometidos y rendían cuentas a aquellos que habían puesto sus manos sobre ellos.

Bernabé y Pablo debían ser apartados de la iglesia local para viajar como apóstoles. Ellos debían ser enviados por la iglesia. No fueron *enviados* por el Espíritu Santo hasta que, por medio de la imposición de manos, el presbiterio los *mandó*. Aunque el Espíritu Santo es parte de la divinidad, Él obra a través de los hombres. Esta es una de las formas en que el Espíritu Santo aparta y desata dones ministeriales en la tierra.

Aquí vemos la autoridad que el Señor le ha dado a la Iglesia local. El Señor honra y reconoce esta autoridad porque Él la dio. Esa autoridad para apartar y desatar dones ministeriales sucede a través de la imposición de manos.

Con base a este patrón bíblico visto en la Iglesia de Antioquía, hay muchas preguntas que hacer si se siente llamado al ministerio:

1. Primero, ¿tiene la preparación necesaria (capacitación, estudio, sabiduría, carácter) para ser apartado para el llamado?
2. ¿Tiene los dones y equipamiento necesarios para cumplir el llamado? (Muchas veces, esto vendrá al momento de ser apartado).
3. ¿Es el momento correcto para ser apartado para ese llamado?

Recuerde, el llamado es soberano y proviene de Dios a través del Espíritu Santo; sin embargo, la preparación depende de su respuesta al llamado. Usted tiene un rol en la preparación al estudiar, orar y desarrollar el carácter de Cristo, y esto tomará diferente cantidad de tiempo según la persona.

La impartición de dones, el equipamiento y la separación puede hacerse por medio de la imposición de manos después de que la preparación se haya llevado a cabo; sin embargo, la separación depende del tiempo guiado por el Espíritu. En su momento, la impartición de dones, el equipamiento y la separación dependerán en qué tan bien desarrollada esté la iglesia en el área del presbiterio profético. El cuerpo de Cristo en su totalidad necesita más profetas maduros para que este proceso pueda funcionar según el patrón bíblico.

El envío ayuda

La imposición de manos de los apóstoles fue el medio utilizado para enviar a los diáconos a servir:

> a los cuales presentaron ante los apóstoles, quienes, orando, les impusieron las manos.
>
> —Hechos 6:6

El resultado fue "crecía la palabra del Señor, y el número de los discípulos se multiplicaba grandemente en Jerusalén" (versículo 7). Los diáconos fueron colocados en la iglesia, liberando así a los apóstoles para entregarse a la oración y el ministerio de la Palabra. Por lo tanto, la imposición de manos es también un canal para liberar el ministerio de apoyo en la iglesia.

En este caso, el Espíritu Santo no los apartó; la iglesia apartó a los siete hombres que estaban llenos del Espíritu Santo y de sabiduría y la iglesia los puso frente a los apóstoles. Los apóstoles dieron su aprobación a la selección por medio de la imposición de manos.

Más tarde, el apóstol Pablo dio una lista de cualidades para los diáconos. (Vea 1 Timoteo 3:10.) Escribió que ellos debían primero ser probados antes de que la imposición de manos los colocara en la iglesia, enviándolos a servir. Así como los ministros necesitan ser enviados al ministerio de su llamado, los diáconos también necesitan ser enviados a servir a través de la imposición de manos.

Como ya indiqué, la razón por la que muchas iglesias no tienen la capacidad de impartir dones, equipar y separar apropiadamente a las personas para enviarlos a su llamado es porque ellos no tienen presbiterio profético. Los ancianos (presbiterio) de la iglesia local tienen que ser capaz de fluir proféticamente y estar consolidados en una comprensión fundamental de la imposición de manos para poder enviar a las personas a su llamado, lo cual es necesario para una iglesia sana y fuerte.

Después de que las personas han recibido sus dones, han sido equipadas y apartadas por medio de la imposición de manos, entonces, se les puede enviar.

La profecía, la oración y el ayuno deberían acompañar a la imposición de manos para desatar toda la gracia y el poder necesario para un ministerio efectivo.

REVISIÓN Y EQUILIBRIO

Este es un consejo de Pablo a Timoteo:

> No te apresures a imponerle las manos a nadie.
> —1 TIMOTEO 5:22, NVI

Yo creo que este versículo se aplica específicamente a la ordenación; sin embargo, también es un principio general que debe ser observado en la iglesia. La palabra *apresurar* tiene que ver con el tiempo espiritual. No deberíamos proceder con prisa, sino más bien deberíamos ser guiados por el Espíritu Santo en cuanto al tiempo adecuado para imponer manos sobre las personas para ordenarlas y apartarlas.

El Espíritu Santo conoce el llamado, carácter y preparación de cada creyente. Él conoce el tiempo adecuado para decirnos cuándo imponer manos sobre las personas para equiparlas, impartirles dones y apartarlas. Imponer manos prematuramente puede ser dañino para el creyente y también para la iglesia. No puedo enfatizar demasiado la importancia de ser sensible al Espíritu Santo en el área de imposición de manos.

En sentido general, esto también es una advertencia para la iglesia en lo concerniente a la imposición de manos sin usar primero el discernimiento. Especialmente debido a la posibilidad de la transferencia de espíritus. Existe tal cosa como una transferencia de espíritus peligrosa. Tal como Josué recibió del espíritu de sabiduría de parte de Moisés por medio de la imposición de manos, una persona también puede recibir el espíritu malo de un ministro con un espíritu malo que impone manos sobre él o ella. Pablo advirtió a los corintios acerca de recibir "otro" espíritu (2 Corintios 11:4). En el Antiguo Testamento, los pecados de la gente se transferían simbólicamente al chivo expiatorio por medio de la imposición de manos (Levítico 16:21). El Señor no quiere que usted sea el chivo expiatorio de alguien más.

Hay dos extremos que se deben evitar como creyente: primero, estar tan temeroso de una transferencia maligna al punto de volverse paranoico si alguien le impone manos; o, que usted imponga manos sobre alguien. Segundo, permitir que cualquiera le imponga manos, o que usted imponga manos sobre todos. "No te apresures a imponerle manos a nadie", nos da un equilibrio. Eso no dice que no impongamos manos sobre las personas, sino más bien, *que no tengamos prisa en hacerlo*.

Solo no sea presto en imponer manos sobre las personas o en permitir que las personas le impongan manos. Permítase ser guiado por el Espíritu Santo. No ande en temor, sino en fe; manténgase cubierto con la sangre de Jesús. La imposición de manos es algo poderoso; no haga mal uso de ello.

CAPÍTULO 12

LOS PROFETAS CONFRONTAN LA CULTURA

Una voz profética no se quedará callada ante la intolerancia o el prejuicio, o el falso orgullo, y no pondrá en peligro la fidelidad por fines prácticos sin importar cuán nobles sean esos fines en sí mismo. Una voz verdaderamente profética es la que barrerá todos los parámetros religiosos y sencillamente preguntará: "¿Qué es lo que requiere Dios?", y responderá simplemente: "practiquen la justicia, amen la misericordia, anden humildemente con Dios". O sencillamente: "amar a Dios, amar a los demás". Una voz profética es la que se conformará solamente con la santidad de corazón y la vida como el resultado de una obediencia fiel a la voz de Dios. En un sentido real, una voz profética, incluso en la actualidad, es la voz de Dios. [Traducción libre]

—DENNIS BRATCHER[1]

LOS PROFETAS SON ferozmente leales a Dios y aman la justicia (comportamiento o trato justo de los demás, especialmente los pobres y los que están en desventaja). No hay nada de malo en usted si la injusticia y el maltrato a los demás lo entristece y enoja. Esta es la forma en que fue configurado por Dios.

> No hay quien clame por la justicia, ni quien juzgue por la verdad: confían en vanidad, y hablan vanidades; conciben trabajo, y paren iniquidad.
> —ISAÍAS 59:4, RVA

> Hacer justicia y juicio es a Jehová más agradable que sacrificio.
> —PROVERBIOS 21:3, RVA

LOS PROFETAS DEFIENDEN LA CAUSA DEL POBRE, DEL NECESITADO Y DEL HUÉRFANO

La naturaleza del profeta es defender al pobre y al necesitado. Los profetas detestan la injusticia y defenderán a quienes estén siendo tratados injustamente.

> ¿Hasta cuándo juzgaréis injustamente, y aceptaréis las personas de los impíos? Selah. Defended al débil y al huérfano; Haced justicia al afligido y al menesteroso. Librad al afligido y al necesitado; Libradlo de mano de los impíos.
> —SALMO 82:2–4, RVA

LOS PROFETAS CLAMAN POR JUSTICIA, IMPARCIALIDAD Y EQUIDAD

Justificación puede traducirse como justicia, imparcialidad y equidad. Los profetas detestan la religión y el sacrificio sin justicia e imparcialidad.

> Pero que fluya como agua la justicia, y la honradez como un manantial inagotable.
>
> —AMÓS 5:24, DHH

> Antes corra el juicio como las aguas, y la justicia como impetuoso arroyo.
>
> —AMÓS 5:24, RVA

> Entonces entenderás justicia, juicio, y equidad, y todo buen camino.
>
> —PROVERBIOS 2:9, RVA

La justicia era un tema mayor entre los profetas del Antiguo Testamento. Ellos igualaban la justicia con la justificación. Uno no podía ser injusto y justificado al mismo tiempo. Los sinónimos de *justicia* incluyen: equidad, imparcialidad, ecuanimidad, bondad, justificación, virtud, honor, integridad y rectitud.

Las palabras opuestas a justicia incluyen: preferencia, favor, favoritismo, subjetivismo, unilateral, parcialidad, partidismo y prejuicio.

LOS PROFETAS NO PERMITIRÁN QUE EL PODEROSO SE APROVECHE DEL DÉBIL

La historia de Nabot en 1 Reyes 21 resalta la manera en que los profetas lidiaban con la injusticia. Jezabel tomó posesión del viñedo de Nabot por Acab cuando preparando testigos falsos y haciendo que lo mataran. Este es un ejemplo del poderoso aprovechándose del débil. Dios le envió un mensaje a Acab por medio de Elías diciéndole que los perros lamerían su sangre en el lugar donde lamieron la sangre de Nabot.

> Le hablarás, diciendo: "Así dice el Señor: '¿Has asesinado, y además has tomado posesión de la viña?'" También le hablarás, diciendo: "Así dice el Señor: 'En el lugar donde los perros lamieron la sangre de Nabot, los perros lamerán tu sangre, tu misma sangre'".
>
> —1 REYES 21:19, LBLA

En la Biblia se encuentra otra ilustración de la manera en que los profetas lidian con la injusticia cuando David tomó a Betsabé, la esposa de Urías, e hizo que mataran a Urías. Natán le habló a David y expuso esta injusticia. David tenía muchos rebaños y manadas, pero tomó la única oveja que tenía Urías. Ese es otro ejemplo del poderoso aprovechándose del débil. Esta es una injusticia grave.

> Entonces el Señor envió a Natán a David. Y vino a él y le dijo: Había dos hombres en una ciudad, el uno rico, y el otro pobre. El rico tenía

muchas ovejas y vacas. Pero el pobre no tenía más que una corderita que él había comprado y criado, la cual había crecido junto con él y con sus hijos. Comía de su pan, bebía de su copa y dormía en su seno, y era como una hija para él. Vino un viajero al hombre rico y éste no quiso tomar de sus ovejas ni de sus vacas para preparar comida para el caminante que había venido a él, sino que tomó la corderita de aquel hombre pobre y la preparó para el hombre que había venido a él. Y se encendió la ira de David en gran manera contra aquel hombre, y dijo a Natán: Vive el Señor, que ciertamente el hombre que hizo esto merece morir; y debe pagar cuatro veces por la cordera, porque hizo esto y no tuvo compasión. Entonces Natán dijo a David: Tú eres aquel hombre. Así dice el Señor, Dios de Israel: "Yo te ungí rey sobre Israel y te libré de la mano de Saúl. "Yo también entregué a tu cuidado la casa de tu señor y las mujeres de tu señor, y te di la casa de Israel y de Judá; y si eso hubiera sido poco, te hubiera añadido muchas cosas como éstas. "¿Por qué has despreciado la palabra del Señor haciendo lo malo a sus ojos? Has matado a espada a Urías hitita, y has tomado a su mujer para que sea mujer tuya, y lo has matado con la espada de los hijos de Amón. "Ahora pues, la espada nunca se apartará de tu casa, porque me has despreciado y has tomado la mujer de Urías hitita para que sea tu mujer."

—2 Samuel 12:1–10, lbla

El punto de vista del profeta acerca de Dios y de la sociedad

El Sermón del Monte que se encuentra en el capítulo 5 de Mateo sirve como algo parecido a un manifiesto. Yo lo llamo el manifiesto del profeta. Un manifiesto es una declaración verbal publicada de las intenciones, motivos y puntos de vista del emisor, ya sea este un individuo, un grupo, un partido político o gobierno. El Sermón del Monte, dado por Jesús hace miles de años, presenta la manera en que los profetas deben ver y tratar con la gente. Echemos un vistazo a este pasaje y analicémoslo versículo por versículo.

Pobres de espíritu

Los profetas buscan humildad, los pobres de espíritu, aquellos que reconocen su necesidad de Dios.

> Bienaventurados (felices, ser envidiados espiritualmente prósperos— con vida, gozo y satisfacción en el favor y salvación de Dios, a pesar de sus condiciones externas) los pobres en espíritu (los humildes, quienes se clasifican a sí mismos como insignificantes), pues de ellos es el reino de los cielos.
>
> —Mateo 5:3, lbla, paréntesis añadido

Lamento

Los profetas se entristecen (lloran) por lo que entristece al corazón de Dios. Ellos también andan en el consuelo del Espíritu Santo.

Bienaventurados los que lloran (enlutados), porque ellos recibirán consolación.

—MATEO 5:4, JBS

Mansedumbre

La mansedumbre es importante para los profetas. La mansedumbre se caracteriza por ser calmado, paciente y benigno.

Bienaventurados (felices, alegres, gozosos, espiritualmente prósperos—con vida, gozo y satisfacción en el favor y salvación de Dios, a pesar de sus condiciones externas) los humildes (los tranquilos, pacientes, muy sufridos), pues ellos heredarán la tierra.

—MATEO 5:5, LBLA, PARÉNTESIS AÑADIDO

Justicia

Los profetas tienen hambre y sed de justicia (rectitud, buena relación con Dios).

Bienaventurados los que tienen hambre y sed de justicia, pues ellos serán saciados.

—MATEO 5:6, LBLA

Misericordia

Los profetas claman contra la crueldad y la hostilidad. Ellos claman por misericordia y compasión para el afligido y el oprimido.

Bienaventurados (felices, ser envidiados, y espiritualmente prósperos—con vida, gozo y satisfacción en el favor y salvación de Dios, a pesar de sus condiciones externas), los misericordiosos, pues ellos recibirán misericordia.

—MATEO 5:7, LBLA, PARÉNTESIS AÑADIDO

Procurar la paz

Los profetas se entristecen cuando hay conflicto, odio, batallas, disputas, confusión y división. Ellos son amantes y promotores de la paz (shalom).

Bienaventurados (disfrutando la felicidad envidiable, espiritualmente próspero—con vida, gozo y satisfacción en el favor y salvación de Dios, a pesar de sus condiciones externas) los que procuran la paz, pues ellos serán llamados hijos de Dios.

—MATEO 5:9, LBLA, PARÉNTESIS AÑADIDO

Persecución

Muchas veces, los profetas son perseguidos por su posición a favor de la justicia. Esto siempre ha sido así. Los sistemas injustos lucharán contra cualquier cosa que los amenace.

Bienaventurados los que padecen persecución por causa de la justicia, porque de ellos es el reino de los cielos. Bienaventurados serán ustedes

cuando por mi causa los insulten y persigan, y mientan y digan contra
ustedes toda clase de mal. Gócense y alégrense, porque en los cielos ya
tienen ustedes un gran galardón; pues así persiguieron a los profetas
que vivieron antes que ustedes.

—Mateo 5:10–12, rvc

Sal y luz

Los profetas son sal y luz.

> Ustedes son la sal de la tierra, pero si la sal pierde su sabor, ¿cómo
> volverá a ser salada? Ya no servirá para nada, sino para ser arrojada a
> la calle y pisoteada por la gente. Ustedes son la luz del mundo. Una
> ciudad asentada sobre un monte no se puede esconder. Tampoco se
> enciende una lámpara y se pone debajo de un cajón, sino sobre el can-
> delero, para que alumbre a todos los que están en casa. De la misma
> manera, que la luz de ustedes alumbre delante de todos, para que todos
> vean sus buenas obras y glorifiquen a su Padre, que está en los cielos.
>
> —Mateo 5:13–16, rvc

Yo sé que este versículo se aplica a todos los creyentes verdaderos, pero se
aplica especialmente a los profetas. Ellos traen sal y luz a la iglesia y al mundo.
Los profetas no ocultan la luz que Dios les da. Ellos traen luz a la casa (la iglesia).

Rectitud

Los profetas tienen un estándar de rectitud. Ellos enseñan y predican lo que
es recto. Los más grandes en el reino de Dios son los obedientes. Lea Mateo
5:17–20. Jesús defendió la ley porque esta era recta. Él cumplió la ley y la rectitud de la ley. Ahora, nosotros somos rectos por medio de Cristo.

Repito, el énfasis de los profetas es la rectitud (justicia, buena relación con Dios).

Los fariseos no eran rectos. Ellos se consideraban a sí mismos lo más grandes,
pero eran los menores. En realidad, por medio de su tradición, ellos le ense-
ñaban a la gente a quebrantar la ley. Los fariseos eran hipócritas.

Motivos del corazón

Los profetas tratan con los motivos del corazón tales como ira injustificada
(asesinato) y llamar "necio" a un hermano, y ellos le advierten a la gente sobre
las consecuencias. El motivo tras la mayor parte de los insultos es ira y odio, lo
cual es asesinato. Lea Mateo 5:21–26.

Estos versículos son interesantes ya que muestran la manera en que Jesús ("un
profeta como Moisés") mira la ira injustificada. La ira injustificada es cuando
uno no tiene un caso, pero aun así lo presenta. El resultado de la ira puede
ser tribunal o juicio. El resultado es que esta podría ser contraproducente para
usted. Es importante que antes de que llegue tan lejos, haya una reconciliación.
Los resultados pueden ser devastadores (demandas legales), incluyendo juicio y
cárcel. Aquí es a donde la ira injustificada puede llevarnos. Jesús lo asemeja al
asesinato.

Algunas personas harán un caso de cualquier cosa. Es un uso injusto del sistema legal. La gente usa el sistema legal para destruir a otros (asesinar). Los profetas tratan de ayudarnos a mantener nuestro corazón libre de este nivel de ira.

Problemas de la época

Los profetas tratarán con los problemas comunes de la época (la injusticia). Lea Mateo 5:27–32.

El divorcio era uno de los problemas de la época cuando Jesús ministraba. El sistema religioso de su tiempo había provisto una manera para que los hombres se divorciaran de sus esposas por casi cualquier motivo. Jesús los reprendió y expuso la verdadera razón de esos divorcios: lujuria, adulterio, dureza de corazón. Los hombres de tiempo de Cristo, sencillamente, estaban siendo crueles con sus esposas al rechazarlas. Los profetas tratarán con la crueldad y la dureza de corazón.

Malaquías también lidió con esta injusticia y la llamó "traición". Los sacerdotes lo hacían en la época de Malaquías.

> Pues qué ¿no hizo él uno solo aunque tenía la abundancia del espíritu? ¿Y por qué uno? Para que procurara una simiente de Dios. Guardaos pues en vuestros espíritus, y contra la mujer de vuestra mocedad no seáis desleales. Porque Jehová Dios de Israel ha dicho que él aborrece que sea repudiada; y cubra la iniquidad con su vestido, dijo Jehová de los ejércitos. Guardaos pues en vuestros espíritus, y no seáis desleales.
> —Malaquías 2:15–16, rva

Repito, el problema era la injusticia. Los esposos estaban tratando a las esposas de manera injusta, lo cual era aprobado por el sistema religioso de la época.

> Díceles: Por la dureza de vuestro corazón Moisés os permitió repudiar a vuestras mujeres: mas al principio no fue así.
> —Mateo 19:8, rva

Ellos estaban dejando a sus esposas por problemas que no eran adulterio; cuando, de hecho, lo que estaban haciendo era una forma de adulterio. Estaban tratando de usar las palabras de Moisés acerca de dar carta de divorcio cuando dejaban a sus esposas como un tecnicismo para divorciarse sin base legal. El decreto de Moisés no era una aprobación del divorcio, sino una protección para las mujeres que eran abandonadas, a fin de que ellas pudieran tener algo que dijera que la razón por la que las dejaron no era adulterio.

El divorcio también es un problema actual. El divorcio puede ser injusto dependiendo del motivo. Los profetas detestan esto y todo tipo de injusticias y se pronunciarán en contra de ello.

Los profetas son miembros valiosos de cualquier sociedad. Ellos aportan soluciones a problemas complejos, tienen acceso al conocimiento y la sabiduría divina, y tienen un amor por Dios y por la gente que hace que ellos estén llenos de misericordia y de un deseo apasionado por justicia.

PARTE III

ACTÍVESE

CAPÍTULO 13

ACTIVE LOS DONES MINISTERIALES PROFÉTICOS

Permítame decir algo sobre este asunto, usted puede empezar ahora a poner en marcha la activación de las corrientes proféticas que están en sus entrañas, saliendo de la inactividad, al frente de batalla de lo que Dios está haciendo en la tierra hoy día. Puede pasar de un estado patético a un estado profético y declarar un nuevo estilo en esta generación. Pero empieza en sus entrañas y en su boca. [Traducción libre]

—TIM Y THERESA EARLY[1]

ACTIVAR ALGO ES arrancar, desencadenar o poner en marcha. Las activaciones proféticas son ejercicios espirituales que usan palabras, acciones, frases, objetos, versículos bíblicos, canciones de adoración y danza, oraciones proféticas y más a fin de desencadenar los dones proféticos y ayudar a los creyentes, en cada área de la vida y ministerio, para que fluyan libremente tal como fueron comisionados para desatar el mensaje de Dios en la tierra. Los ejercicios espirituales ponen en marcha las expresiones proféticas, canciones y movimientos que llevarán gran bendición a los miembros de las iglesias locales, a los ministerios y al mundo.

Las activaciones están diseñadas para derrumbar las barreras que estorban y evitan a la gente operar en profecía. Estas barreras incluyen temor, duda, timidez e ignorancia. Esto, además, proveerá a las personas una oportunidad para ministrar, para algunos sería la primera vez, en un ambiente seguro y amoroso.

Las activaciones avivan y estimulan la llama de los ministerios que han estado estancados en el fluir profético. A veces, todos necesitamos ser reavivados y que se nos ayude a volver a empezar. Las activaciones proféticas pondrán en marcha a los creyentes y a las iglesias para profetizar. Las iglesias sin movimiento necesitan ser puestas en marcha. Las activaciones proféticas pueden hacer que volvamos a estar en movimiento.

> Por lo cual te recuerdo que avives el fuego del don de Dios que hay en ti por la imposición de mis manos.
>
> —2 TIMOTEO 1:6, LBLA

Fui expuesto a las activaciones proféticas en 1989 a través del ministerio de los doctores Buddy y Mary Crum de *Life Center Ministries*. Los invité a nuestra iglesia. Vinieron y nos activaron, capacitaron, confirmaron y lanzaron en los dones proféticos y el ministerio. Desde entonces he visto el crecimiento de nuestros grupos y equipos proféticos a lo largo de los años. Ha habido veces cuando nos hemos estancado y hemos tenido que abrir brecha hacia otro nivel.

Pero sabemos cómo usar las activaciones para incitar nuestros dones y llevar avivamiento cuando sea necesario.

Ahora viajo por todo el mundo, a veces solo o con mi equipo profético, activando creyentes en lo profético. Algunos de los que están en el ministerio profético en mi iglesia se han vuelto tan fuertes en lo profético que han lanzado su propio ministerio internacional y ellos, también, viajan por el mundo enseñando, predicando y activando y soltando profetas entre las naciones. Dios siempre nos desafía a ir más alto y a expandirnos más.

Hay muchas maneras creativas para activar creyentes. He colocado más de cien de ellas, organizándolas por categorías, a lo largo de los próximos capítulos. Las activaciones deben ser sencillas y divertidas. Los santos deben disfrutar el moverse en las cosas del Espíritu. Personas de todas las edades pueden involucrarse. Las activaciones traerán una emoción nueva a cualquier iglesia y también pueden ser un catalizador para el avivamiento y la gloria.

El valor de las diferentes activaciones es que romperán sus limitaciones y le darán la capacidad para operar en maneras diferentes. No se limite a su estilo favorito, sino muévase en formas y maneras de administración diferentes. Lo profético nunca debe volverse aburrido ni rutinario, sino que siempre debe ser emocionante y nuevo. Dios tiene muchas sorpresas para nosotros, y lo profético siempre liberará cosas nuevas.

Con la diversidad de dones presentes en el cuerpo de Cristo, las activaciones son importantes porque queremos ver a la gente operar correctamente y con precisión en su unción profética única. No queremos enviar personas que potencialmente pudieran dañar y lastimar a otros. Necesitamos capacitación, y a veces corrección, para operar en profecía. Las activaciones proveen un ambiente seguro para ayudar a las personas a aprender cómo funcionar con excelencia en esta área importante. Aunque la profecía proviene de Dios, es comunicada a través de vasos humanos, y por lo tanto, puede contaminarse y, a veces, entregarse de manera inexacta. Tal como dice 2 Corintios 4:7: "tenemos este tesoro en vasos de barro".

Las activaciones proféticas no están diseñadas para hacer que todos sean profetas; solamente Dios puede llamar y comisionar a un profeta. Las activaciones están sencillamente diseñadas para animar a la gente a crecer en cualquier nivel al que haya sido llamada. Podría haber profetas participando y dirigiendo activaciones; algunos de ellos pueden tener el don de profecía y otros pueden tener el espíritu de profecía como resultado de estar llenos con el Espíritu Santo; sin embargo, también puede haber salmistas, trovadores, intercesores, consejeros, predicadores, maestros y danzarines en las activaciones. Las activaciones los animarán y harán que todos ellos procedan con más fe e inspiración.

Las activaciones proféticas también implementarán el nivel profético en una iglesia, región o territorio. El nivel profético se mide por cuántos profetas maduros ministran en una región, cuántos creyentes operan proféticamente en una región, cuántas iglesias están operando en lo profético en una región y el nivel de intercesión y adoración profética en una región.

El profeta Samuel es un ejemplo de cómo una persona puede influenciar una región. Cuando Samuel nació, no había actividad profética en la nación (1 Samuel 3:1). Para cuando Samuel ungió a Saúl, había compañías de profetas ministrando (1 Samuel 10). En 1 Samuel 19, encontramos a Samuel en Naiot, Ramá, presidiendo sobre los profetas. La atmósfera profética era tan fuerte que todo el que entraba en esta atmósfera empezaba a profetizar.

Samuel era responsable del desarrollo de profetas emergentes en Israel. La Biblia no nos da detalles de esta capacitación. Probablemente, había preparación músical y bíblica involucrada y, posiblemente, Samuel impartía en la vida de los profetas. Samuel llevó lo profético a un nuevo nivel en Israel, lo que trascendió y continuó en las generaciones venideras. Esto es lo que intento hacer al entregarle estas activaciones que han sido tan útiles en mi andar personal con Cristo, así como en la vida de mi iglesia.

¿QUIÉN DEBERÍA FACILITAR Y PARTICIPAR EN LA ACTIVACIÓN PROFÉTICA?

Los líderes que tienen el deseo de ver a la iglesia local y el pueblo entregado a una dimensión profética mayor deberían emplear la estrategia de las activaciones proféticas. No podemos enseñar a las personas cómo profetizar, pero podemos ayudarles a escuchar la voz de Dios y decir con fe y confianza las palabras que escuchan. Las activaciones proféticas deben hacerse en un ambiente de amor, donde las personas se sientan cómodas. No hay mejor lugar que rodeado de líderes amorosos y creyentes que no tienen otro motivo más que bendecir y animar.

Si usted es un líder de ministerio, grupo pequeño o iglesia, aparte un tiempo para hacer activaciones. Si es miembro de una iglesia que opera en lo profético, propóngale esta idea a su pastor. Si asiste a una iglesia que no está abierta al ministerio profético, conéctese con un grupo de profetas maduros y haga que ellos le confirmen y activen. Cuando usted participe en activaciones proféticas, verá un nuevo impulso en su fluir profético.

Pablo aconseja a la iglesia a desear la profecía (1 Corintios 14:1) y a "ambicionar el don de la profecía" (1 Corintios 14:39, NBD). Aquellos que desean esta administración importante del Espíritu Santo deben tomar tiempo para ser parte de una activación profética. La activación animará a los creyentes y les ayudará a entrar en un fluir profético fuerte. Incluso aquellos que tienen experiencia en lo profético pueden beneficiarse de las activaciones. A veces, las personas necesitan ser restauradas y reavivar su fuego. Podemos volvernos inactivos en nuestros dones. Necesitamos avivar continuamente estos dones.

> Mientras que todo creyente lleno del Espíritu puede profetizar como una gracia general que Dios da a toda la iglesia (Joel 2:28–29; Hechos 2:15–18; 1 Corintios 14:31), la medida en que experimentemos lo profético y podamos andar en él está determinada por nuestro apetito. Si podemos vivir sin ello, seguramente lo haremos. [Traducción libre]
> —BENJAMIN SCHAFER[2]

Aquellos que desean profetizar deben comprender los grandes beneficios de la profecía. La profecía puede animar, consolar, edificar, confirmar, fortalecer, impartir, soltar, renovar, refrescar, sanar, libertar, iluminar, aclarar, dirigir, exponer, advertir, redargüir, corregir, bendecir, agilizar y restaurar. Estos muchos beneficios por sí mismos deberían hacer que todo líder, iglesia y creyente desee profetizar. Personalmente, a lo largo de ochenta naciones, he visto vidas transformadas y cambiadas a través del poder de la profecía.

Los profetas y la gente profética deberían hacer más que solo profetizar. Ellos deberían también capacitar y enseñar a otros en esta área. Cada creyente debe poder escuchar la voz de Dios y dar una palabra de manera consistente. La dimensión profética afectará también cada área de la iglesia, incluyendo la alabanza y la adoración, oración, predicación, enseñanza, consejería, evangelismo y las artes. Las iglesias proféticas bendecirán a sus ciudades, naciones y comunidades porque entregan el mensaje del Señor y revelan el sentir de Dios.

¿En qué ambiente se deben llevar a cabo las activaciones proféticas?

Las activaciones proféticas pueden hacerse en grupos grandes o pequeños. Los grupos pueden estar formados por creyentes que están en diferentes niveles de lo profético. Hay avanzados o intermedios y algunos pueden ser principiantes. Es bueno tener una mezcla de personas en diferentes niveles a fin de afinar y fortalecerse mutuamente durante las activaciones.

Algunas personas también tendrán un fluir profético fuerte dependiendo de su nivel de fe y conocimiento de la Palabra. Todos reciben una impartición durante la activación profética y se vuelven más fuertes en el fluir profético.

Debemos procurar el amor y desear dones espirituales, pero, especialmente, debemos desear profetizar (1 Corintios 14:1). No solo debemos desear profetizar, sino que también debemos desear sobresalir en ello. Primera Corintios 14:12 (RVA), dice: "Así también vosotros; pues que anheláis espirituales dones, procurad ser *excelentes* para la edificación de la iglesia" (énfasis añadido). Las activaciones están diseñadas para los creyentes que no solamente tienen el deseo de profetizar, sino que también desean ser excelentes en esta área. *Ser excelente* significa ser excepcionalmente bueno o muy competente en una actividad o tema. La gente profética debe ministrar con excelencia. Las activaciones proféticas están diseñadas para ayudar a los creyentes a desarrollar y ministrar con excelencia y precisión.

Las activaciones proféticas están diseñadas para ayudar a los creyentes a pulirse mutuamente en el área de la profecía. Proverbios 27:17 dice: "El hierro se pule con el hierro " (RVC). *Pulir* significa mejorar o hace que mejore. Hay veces en que necesitamos afilar el hacha. A veces, podemos desafilarnos en nuestros dones y necesitamos pulirnos a nosotros mismos. Eclesiastés 10:10 dice: "Si se usa un hacha sin filo hay que hacer doble esfuerzo" (NTV).

En las activaciones proféticas, generalmente colocamos los parámetros de la palabra profética para incluir la edificación, exhortación y el consuelo (1 Corintios 14:3). Esto provee una atmósfera de seguridad para las personas que se están abriendo para recibir una palabra.

Al hacerlo, estamos limitando que la probabilidad de error afecte a una persona negativamente. No queremos que las personas escuchen mensajes acerca de "muerte prematura" o "con quién casarse". No queremos que escuchen cosas inquietantes como: "Veo una nube negra persiguiéndolo", "Las brujas lo andan buscando", y así sucesivamente. Aunque este tipo de mensajes es posible, los dejamos en manos de profetas más experimentados y en un entorno diferente.

Las activaciones proféticas proveen un ambiente seguro para que la gente sea animada y activada en el área de la profecía. La profecía no reemplaza a la oración, predicación, enseñanza, alabanza, adoración ni a otras áreas que le dan al creyente un estilo de vida equilibrado. La razón por la que las activaciones proféticas son necesarias es porque el área profética muchas veces no ha sido desarrollada, mientras que los otros aspectos de la vida cristiana han sido más desarrollados.

Es importante que las personas sigan instrucciones durante una activación. Este no es el lugar para que la gente rebelde y rara trate de desviar el fluir profético y hacer alarde de sus dones. La sumisión a la autoridad divina debe ser un valor primordial en el ministerio profético; la rebeldía es como el pecado de hechicería.

> Los ejercicios de activación profética están diseñados para equipar con herramientas prácticas para escuchar la voz de Dios. Con el tiempo, usted podrá utilizar esas herramientas en todo tipo de situaciones: durante el tiempo de ministración en su iglesia local, en conversaciones diarias con los demás, mientras escribe correos o sencillamente ora por otros en su devocional con el Señor. Estas herramientas le ayudarán a fluir en lo profético en su vida diaria.
>
> —BENJAMIN SCHAFER[3]

Cuando participamos en los ejercicios de activación, debemos dar solamente lo que recibimos sin importar si tiene sentido o no. No se preocupe si recibe algo que el Señor le da y no tiene sentido para usted. Se sorprendería al saber que lo que no tiene sentido para usted puede cambiar la vida de la persona a la que está ministrando.

> Cuando dirigimos una "Escuela de Profecía" o un taller sobre profecía, encontramos que la mayoría de los asistentes pueden operar en este don en un nivel básico; entonces, el desafío para ellos es desarrollar el don. Ninguno de nosotros empieza con mucha madurez en ninguno de los dones del Espíritu Santo y la profecía no es la excepción. Dios es un Padre amoroso y sabe que necesitamos crecer tanto en fe como en entendimiento.
>
> —GEOFF Y GINA POULTER[4]

En otras palabras, no desprecie el día de los pequeños comienzos. Todos tenemos que empezar en alguna parte y, generalmente, será un pequeño comienzo.

Recuerde siempre que la Biblia, como la revelación perfecta de Jesús y la Palabra infalible de Dios, es el estándar absoluto para sopesar y evaluar toda revelación (2 Timoteo 3:16; Colosenses 2:18–19; Juan 1:14).

> La profecía no se trata solamente de comunicar el pensamiento de Dios, sino también su corazón.
>
> —Steve Thompson [5]

Los contactos de Cornelio: A dónde ir y qué hacer después de ser activado

> Entonces Pedro, descendiendo a donde estaban los hombres que fueron enviados por Cornelio, les dijo: He aquí, yo soy el que buscáis; ¿cuál es la causa por la que habéis venido? Ellos dijeron: Cornelio el centurión, varón justo y temeroso de Dios, y que tiene buen testimonio en toda la nación de los judíos, ha recibido instrucciones de un santo ángel, de hacerte venir a su casa para oír tus palabras.
>
> —Hechos 10:21–22

Dios lo conectará con la gente que necesita el mensaje del Señor que está en su boca.

De manera sobrenatural, la gente ha soñado mi nombre y escuchado que necesitan contactarme para que ore por ellos y les ministre.

Cuando empiece a activar y a avivar su don, Dios empezará a conectarlo sobrenaturalmente con personas que necesitan su unción, que necesitan el mensaje del Señor que está en su boca.

Este es el estilo de vida sobrenatural que Dios le da a los profetas y a la gente profética. Esta es la vida emocionante del profeta. He estado en ciudades y países en los que nunca pensé estar, lugares de los que nunca había escuchado pero fue una conexión divina debido a la palabra que tengo en mi boca y que la llevo conmigo todo el tiempo, así que cuando llegué allí pude entregar el mensaje del Señor.

Algunas personas quieren ser enviadas a todo tipo de lugares, pero ¿qué mensaje tienen que los lleve al lugar que Dios tiene para ellos? Asegúrese de incitar constantemente el don que está en usted para que pueda ministrar a las personas cuando le llamen.

Hay 125 activaciones en este libro que lo encaminarán hacia el desarrollo de su don para fluir efectivamente en el ministerio profético. Pueden seguirse en orden o escogerse con base al elemento tiempo y a lo que el líder desee hacer. Estas activaciones lo formarán y le darán la capacidad para operar en diferentes dimensiones de la profecía.

CAPÍTULO 14

ACTIVACIONES INICIALES

*De manera que, teniendo diferentes dones, según la gracia que nos
es dada, si el de profecía, úsese conforme a la medida de la fe.*

—ROMANOS 12:6

COMO DICE EL versículo de arriba, hay muchos dones en el cuerpo de Cristo que se dan por medio de la gracia, pero la profecía se da según la proporción de fe. Usted debe tener una medida de fe para operar en lo profético. Estas activaciones iniciales le ayudarán a "encender la mecha". Le ayudarán a hacer que el río fluya cuando aumente su medida de fe. Su fe debe estar acompañada del deseo, tal como lo mencioné arriba. Tiene que desear profetizar y luego empezar a provocar el don de Dios que está en usted, tal como lo dice 2 Timoteo 1:6. Cuando el don es provocado, empezará a fluir de sus entrañas, su espíritu, como ríos de agua viva (Juan 7:37), llevando vida a todos los que escuchan.

Ahora, comprenda que estas activaciones no están diseñadas para enseñarle a profetizar, en sí, sino a cómo escuchar a Dios y decir lo que escucha. Estas activaciones están diseñadas para animarlo a escuchar a Dios, a escuchar al Espíritu y dar un paso de fe y hacer que el río fluya. Cuando lo haga, desarrollará su don profético.

Será desafiado a esforzarse mientras, por fe, se embarca en estos ejercicios de activación y profundiza en lo profético. A medida que se rodee de otros, habrá un mayor nivel de fe que le ayudará a lanzarse en lo profético. Los demás pueden ayudarle a moverse en fe y por el Espíritu de Dios.

Activación profética #1: lea una escritura; dé una palabra profética

En esta activación usted lee o cita un versículo de la Escritura que el Señor le da para la persona a quien está ministrando, y luego usted parte de ese versículo y ministra proféticamente a la persona. Este es un ejercicio poderoso que mejorará su fluir profético.

Por ejemplo, 2 Timoteo 1:7, dice: "Porque no nos ha dado Dios el espíritu de temor". Usted podría escuchar al Señor decir: "Hijo mío (Hija mía), no temas; Yo estoy contigo".

Activación profética #2: reciba una palabra; dé una palabra profética

Esta activación es sencilla. Cuando usted está frente a una persona, créale a Dios por solo una palabra. Podría ser: *gracia, poder, amor* o *misericordia*. Parta de esa palabra que Dios le da para entrar a lo profético. A veces, Dios nos da una palabra, y a medida que hablamos proféticamente, la palabra se expandirá y fluirá.

Si el Señor le da la palabra *poder*, usted podría ser guiado a decir algo como: "Hijo mío (o Hija mía), mi poder está disponible para ti. No temas andar en mi poder. Cuando andes en poder, verás muchos milagros y avances en los días venideros".

Activación profética #3: póngase en marcha: ore en el Espíritu; dé una palabra profética

Cuando empiece a ministrar, ore en el Espíritu, permita que el Señor le dé una palabra o una imagen cuando esté orando, luego láncese a lo profético. Esto sintoniza su espíritu con lo que Dios quiere decirle a la persona. Hablar en lenguas es una buena manera de "poner en marcha" el fluir profético.

Activación profética #4: vea una imagen; dé una palabra profética

Este ejercicio incluye el aspecto de visión de lo profético. Algunas personas son más visionarias. Pídale al Señor una imagen, y láncese en la palabra profética. Este ejercicio ayudará a pulir el aspecto visionario de lo profético. La cantidad de imágenes que puede recibir es ilimitada.

Activación profética #5: ponga música; cante una palabra profética

Esta activación requiere música y activará una canción profética. Siga la música y cántele proféticamente a una persona. La música ungida es un catalizador para el fluir profético.

Activación profética #6: use un objeto; dé una palabra profética

Objetos comunes: reloj, teléfono, llaves, Biblia, etcétera. Con el objeto en mano, láncese al fluir profético. Esta activación aumentará su fe para hablar en diferentes áreas de la vida de la persona y aumenta el aspecto visual del fluir profético.

Estos son algunos ejemplos de cómo podría fluir: 1) Con un reloj, usted podría profetizarle a la persona algo relacionado con el tiempo de Dios. 2) Con un bolígrafo, podría dar una palabra acerca de escribir. 3) Con llaves, podría dar una palabra acerca de Dios abriendo puertas para la persona, y así sucesivamente.

Activación profética #7: bendiga a la persona; dé una palabra profética

Esta activación empieza con bendecir a la persona que está ministrando. Por ejemplo, podría decir: "Te bendigo con"…paz, favor, shalom, y similares. Luego, usted emprende una palabra profética. Debería escuchar una palabra cuando esté bendiciendo a la persona. Esto le ayuda a fluir en el poder de la bendición profética.

Activación profética #8: empiece con la palabra "no"

Esta activación empieza diciendo "no". Por ejemplo: "no temas", "no te preocupes", "no sientas vergüenza", o "no mires hacia atrás". Esta activación es un ejercicio en el que Dios no quiere que hagamos algo. La palabra profética empieza con "no", y usted emprende la profecía y desarrolla la palabra.

Activación profética #9: empiece con una pregunta

Preguntas tales como "¿Acaso no soy Yo tu Dios?". "¿Acaso no estoy contigo?". "¿He sido fiel contigo?". "¿Acaso no te llamé Yo?", podrían empezar una activación como esta.

A veces, la palabra profética empieza con una pregunta, y luego el Señor nos habla basándose en esa pregunta. En esta activación usted empieza dejando que el Señor le dé una pregunta para la persona a la que está ministrando, y luego usted da la palabra profética.

> ¿No sabéis? ¿No habéis oído? ¿Nunca os lo han dicho desde el principio? ¿No habéis sido enseñados desde que la tierra se fundó?
> —Isaías 40:21

Activación profética #10: profecías "si"

Estas son profecías condicionales: "Si me buscas, entonces haré", o "Si continúas adorándome, entonces yo"... "Si eres fiel, entonces Yo", y así sucesivamente.

Esta activación empieza con un *si*. Pídale al Señor que le dé una palabra que empiece con *si* para la persona a la que está ministrando y de allí parta al fluir profético. Esta activación desafía al receptor para que sea bendecido a través de la obediencia.

> Si quisiereis y oyereis, comeréis el bien de la tierra.
> —Isaías 1:19

CAPÍTULO 15

ACTIVACIONES CREATIVAS

Sino que lo necio del mundo escogió Dios, para avergonzar a los sabios;
y lo débil del mundo escogió Dios, para avergonzar a lo fuerte.

—1 Corintios 1:27

Las activaciones creativas están diseñadas para alcanzar por encima de la manera normal en que escucharía y daría una palabra profética. Estas están diseñadas para hacer que usted profetice de cosas sobre las cuales normalmente no profetizaría. La mayoría de la gente profetiza sobre esperanza, fe y otras palabras; sin embargo, profetizar sobre cosas como "el oído" hace que usted tenga que apoyarse en la creatividad y la innovación del Espíritu. Por naturaleza, los profetas son muy creativos e innovadores. Esos atributos son parte del manto profético. Dios es el Creador, y Él habita en un lugar de cosas nuevas e inusuales, creatividad divina. Él quiere a sus profetas en ese lugar con Él, listos para escuchar y actuar sobre la palabra espontánea de Dios.

Activación profética #11: la profecía de lo nuevo

Esta activación empieza orando para que Dios haga algo nuevo en la vida de la persona a la que está ministrando. Mientras ora, crea que Dios le dará una palabra que desatará algo nuevo en la vida de la persona y luego parta a lo profético. Puede profetizar nuevas puertas, nueva unción, nuevas relaciones, nueva salud, nueva revelación y similares.

La profecía es una manera poderosa de ver cosas nuevas desatadas.

> He aquí se cumplieron las cosas primeras, y yo anuncio cosas nuevas;
> antes que salgan a luz, yo os las haré notorias.
>
> —Isaías 42:9

Activación profética #12: profecías de creación

Esta activación empieza preguntándole a Dios qué está creando para la persona a quien usted está ministrando o para qué fue ella creada (su propósito), y luego empezar el fluir profético. La palabra de Dios es creativa porque Dios es creativo.

> Lo oíste, y lo viste todo; ¿y no lo anunciaréis vosotros? Ahora, pues, te
> he hecho oír cosas nuevas y ocultas que tú no sabías. Ahora han sido
> creadas, no en días pasados, ni antes de este día las habías oído, para
> que no digas: He aquí que yo lo sabía.
>
> —Isaías 48:6–7

> Ahora, así dice Jehová, Creador tuyo, oh Jacob, y Formador tuyo, oh
> Israel: No temas, porque yo te redimí; te puse nombre, mío eres tú.
>
> —Isaías 43:1

Activación profética #13: profetizar en rima

Esta activación está diseñada para ministrar a la persona de manera poética. La profecía puede ser poética y es una manera poderosa para ministrar a las personas. Pídale al Señor que le dé una rima para la persona a la que está ministrando, y láncese a lo profético. Tómese su tiempo en esta activación y permita que el Espíritu Santo le dé las palabras. A continuación, un ejemplo de cómo puede ser una rima profética:

> COntigo estoy día a día;
>> El temor no debe ser tu compañía.
> Siempre estaré contigo;
>> Para tu futuro tengo abrigo.
> Y te digo hoy
>> Que mi protección te doy,
> No estés triste
>> Porque de mi mano no te fuiste.

Activación profética #14: el oído

Esta activación se enfoca en el oído de la persona a la que ministra. Muchas veces, Dios nos habla en relación a nuestro oído (escuchar). Toque el oído de la persona y ore por su audición espiritual y luego entréguese a la palabra profética. Aquí hay un par de ejemplos de cómo podría profetizar acerca del oído de alguien: "Estoy abriendo tu oído para que escuches mi voz", o "Estoy cerrando tu oído a la voz del enemigo".

> Escucha, pueblo mío, mi ley; Inclinad vuestro oído a las palabras de mi boca.
>> —Salmo 78:1

Activación profética #15: el ojo

Esta activación se enfoca en los ojos de la persona a la que ministra. Ore por los ojos de la persona y pídale al Señor que le dé una palabra. Luego entre de lleno en lo profético. Los ojos están relacionados a la visión, el discernimiento, la revelación, la experiencia, el enfoque, etc.

> Tus ojos verán al Rey en su hermosura; verán la tierra que está lejos.
>> —Isaías 33:17

Activación profética #16: la boca o la lengua

Esta activación se enfoca en la boca y en la lengua. Ore por la boca y la lengua de la persona, pídale al Señor que le dé una palabra, y luego déjese llevar por lo profético. Las palabras para este fluir profético pueden incluir predicar, enseñar, canta, profetizar, orar, hablar en público, sabiduría y similares.

> Entonces el cojo saltará como un ciervo, y cantará la lengua del mudo; porque aguas serán cavadas en el desierto, y torrentes en la soledad.
>> —Isaías 35:6

Activación profética #17: las manos

Tome a la persona de la mano y ore por sus manos, mientras le pide al Señor que le dé una palabra, luego entréguese al fluir profético. Algunos ejemplos de las palabras que se dan durante esta activación son: manos sanadoras, Dios sosteniéndoles las manos, Dios levantándoles las manos, Dios usando sus manos, y similares.

> Así dice Jehová a su ungido, a Ciro, al cual tomé yo por su mano derecha, para sujetar naciones delante de él y desatar lomos de reyes; para abrir delante de él puertas, y las puertas no se cerrarán.
>
> —Isaías 45:1

Activación profética #18: el corazón

Esta activación se enfoca en el corazón de la persona, su ser más íntimo. Ore por el corazón de la persona y pídale al Señor que le muestre el corazón de ella. Cuando reciba una palabra, fluya en lo profético. Las palabras aquí pueden incluir: un corazón puro, un corazón nuevo, un corazón valiente, sanar su corazón, y similares.

> Decid a los de corazón apocado: Esforzaos, no temáis; he aquí que vuestro Dios viene con retribución, con pago; Dios mismo vendrá, y os salvará.
>
> —Isaías 35:4

Activación profética #19: la mente

Ponga su mano sobre la cabeza de la persona y ore por su mente y los pensamientos en que medita. Pídale al Señor que le dé una palabra para su mente y pensamientos, y empiece la palabra profética. Las palabras pueden incluir: conocimiento, inteligencia, creatividad, orden, restauración, y similares.

> Examíname, oh Dios, y conoce mi corazón: Pruébame y reconoce mis pensamientos.
>
> —Salmo 139:23, rva

Activación profética #20: los pies

Ore por los pies de la persona. Los pies representan el andar de la persona, el camino y el recorrido. Pídale al Señor que le dé una palabra y sumérjase en lo profético. Las palabras que se pueden dar durante este tipo de activación pueden incluir: pies nuevos, pies hermosos, nuevo camino, camino diferente, viaje y así sucesivamente.

> Y profeticé como me había mandado, y entró espíritu en ellos, y vivieron, y estuvieron sobre sus pies; un ejército grande en extremo.
>
> —Ezequiel 37:10

CAPÍTULO 16

ACTIVACIONES GENERADAS DE LOS NOMBRES DE DIOS

Dijo Moisés a Dios: He aquí que llego yo a los hijos de Israel, y les digo: El Dios de vuestros padres me ha enviado a vosotros. Si ellos me preguntaren: ¿Cuál es su nombre?, ¿qué les responderé? Y respondió Dios a Moisés: YO SOY EL QUE SOY. Y dijo: Así dirás a los hijos de Israel: YO SOY me envió a vosotros.

—ÉXODO 3:13–14

LAS SIGUIENTES ACTIVACIONES provienen del nombre de Dios. Dios deja caer su enseñanza cuando proclamamos el nombre del Señor. En Deuteronomio 32:2–3, la Biblia dice: "Goteará como lluvia mi enseñanza [la palabra hebrea *nataph* que significa "profecía"], destilará cual rocío mi palabra, como lloviznas sobre el pasto, como aguaceros sobre la hierba. Porque el nombre del Señor proclamaré. ¡Engrandezcan a nuestro Dios!".

Activación profética #21: Jehová Jiré

Esta activación parte del nombre de *Jehová Jiré* (el Señor, mi Proveedor). Dios gotea su enseñanza (*nataph*—gotea, profetizar) cuando proclamamos su nombre y lo engrandecemos a él. Engrandezca el nombre de Jehová Jiré declarando verbalmente su grandeza, permita y espere a que Dios deje caer su palabra, luego parta hacia lo profético. Las palabras posibles para fluir en esta activación incluyen desafíos para dar, confiar o tener fe en la provisión de Dios. Jehová proveerá es el nombre que Abraham le dio al lugar donde él había estado a punto de casi sacrificar a su hijo, Isaac (vea Génesis 22:14).

Activación profética #22: Jehová Rafa

Esta activación parte del mismo nombre *Jehová Rafa* (el Señor, mi Sanador). Esta es una excelente manera de desatar palabra de sanidad que puede incluir sanidad física o interior. Fue Dios quien llevó a Israel a Mara. Fue en este lugar que el Señor llegó a ser conocido como "el Señor que te sana" (Éxodo 15:26). Él los llevó allí para enseñarles y para darse a conocer a ellos y Él nos hace reflexiona en ese lugar y nos enseña y se da a conocer ante nosotros (1 Corintios 10:11) como nuestro sanador.

Por ejemplo, usted podría escuchar al Señor decirle por la persona: "Hijo/Hija, Yo soy tu sanador. Te estoy sanando ahora del pasado, vendando tus heridas y haciendo que una nueva vida fluya a través de tu mente, cuerpo y espíritu. No tienes que dudar; es mi deseo llevar sanidad a cada área lastimada de tu vida".

Activación profética #23: Jehová Shalom

El nombre *Jehová Shalom* significa "el Señor, mi Paz". La paz de Dios o *shalom* incluye: prosperidad, salud y plenitud. Las palabras que parten de esta activación traerán paz y plenitud a aquellos a quienes ministra. Gedeón llamó el lugar donde Dios confirmó su victoria sobre los medianitas: "el Señor es Paz", y construyó un altar (Jueces 6:24).

Usted podría ser guiado a decir algo como esto: "Hijo mío/Hija mía, Yo soy tu paz. Pon tus cargas sobre mí. Mi paz te doy, Yo no doy la paz que el mundo da. Tendrás mi paz que sobrepasa todo entendimiento. No permitas que tu corazón se turbe".

Activación profética #24: Jehová Shamá

Jehová Shamá significa "el Señor está presente". Estas palabras confirman la presencia de Dios con una persona y los beneficios de su presencia. Jehová-shamá es una transliteración cristiana del hebreo, que significa "Jehová está allí", ese nombre se le dio a la ciudad en el sueño de Ezequiel. (Ezequiel 48:35).

Para esta activación, usted podría escuchar al Señor decir algo como: "Hijo mío/Hija mía, Yo estoy contigo. Estoy contigo en medio de tus problemas. Estoy en medio de tu tormenta. Estoy contigo incluso hasta el final".

Activación profética #25: El Shaddai

El Shaddai significa "Dios poderoso". Estas palabras pueden hablar del poder de Dios y de poder en la vida de la persona, y da paz para creer y esperar a que Dios actúe poderosamente. En el Antiguo Testamento, *El Shaddai* aparece siete veces. *El Shaddai* se usa por primera vez en Génesis 17:1.

Un ejemplo de lo que podría desatar esta activación podría ser algo como esto: "Hijo mío/Hija mía, prepárate para verme hacer obras poderosas en tu vida. Prepárate para ver un mover de mi poder sobre tu situación. Yo soy Dios todopoderoso".

Activación profética #26: Yo Soy

YO SOY EL QUE SOY se le reveló a Moisés. Este nombre de Dios provee un número ilimitado de palabras que pueden ser desatadas revelándole quién es Dios a la persona a quien está ministrando. Usted podría empezar diciéndole que Dios es su escudo, libertador, sanador, proveedor, amigo, y así sucesivamente, a medida que el Señor le revela la posición de Él en la vida de la persona.

Cuando Moisés vio la zarza ardiendo en el desierto, le preguntó a Dios: "Cuando me pregunten: '¿Cuál es su nombre?' ¿Qué les responderé?". Dios respondió su pregunta revelando su nombre como "Yo Soy". "Y respondió Dios a Moisés: YO SOY EL QUE SOY. Y dijo: Así dirás a los hijos de Israel: YO SOY me envió a vosotros" (Éxodo 3:14).

Activación profética #27: Jehová M'Kaddesh

Este nombre significa "el Dios que santifica". Un Dios apartado de todo lo que es maligno requiere que las personas que lo siguen estén limpias de todo mal. Esta activación parte con una palabra de santificación, santidad y de ser apartado.

> Tú hablarás a los hijos de Israel, diciendo: En verdad vosotros guarda-réis mis días de reposo; porque es señal entre mí y vosotros por vuestras generaciones, para que sepáis que yo soy Jehová que os santifico.
> —Éxodo 31:13

Un ejemplo de una palabra que parte de esta activación podría ser algo como: "Hijo mío/Hija mía, te estoy santificando, haciéndote santa, y apartándote para mis propósitos. Deja que te purifique para que puedas ser santa. Deja que le lave para que puedas ser limpia".

Activación profética #28: Jehová Nisi

Jehová Nisi significa "el Señor, mi Bandera". Palabras de victoria y triunfo parten de esta activación.

> Moisés hizo un altar, al que puso por nombre "El Señor es mi bandera".
> —Éxodo 17:15, dhh

Un ejemplo de una palabra que se da de esta activación es: "Yo soy tu bandera. Anímate, pues hoy te doy la victoria sobre todos tus enemigos. Por el poder de mi nombre, tú has vencido".

Activación profética #29: Jehová Roi

Jehová Roi significa "el Señor, mi Pastor". En esta activación usted será desafiado a dar palabras que hablan de la protección del Señor, entre ellas: dirigir, alimentar, y similares. La referencia más extensa a "el Señor, nuestro Pastor" está en Salmo 23.

Activación profética #30: Maravilloso

Dios es un Dios de maravillas. Esta activación hará que usted diga palabras que cuentan las obras maravillosas de Dios en la vida de la persona a la que ministra. *Maravilloso*, significa: "deleite inspirador, placer o admiración; extremadamente bueno; sorprendente".

LOS NOMBRES DE DIOS

El Shaddai (Señor, Dios todopoderoso)—Génesis 17:1; 28:3; 35:11; 43:14; 48:3

El Elyon (Dios Altísimo)—Génesis 14:18–20, 22; Salmos 57:2; 78:35

Adonai (Señor, Maestro)—*Adonai* aparece 434 veces en el Antiguo Testamento. *Adonai* se usa muchas veces en Isaías como: "Jehová, Adonai". En el libro de Ezequiel aparece doscientas veces, y once veces en el capítulo de Daniel.

Yahweh (Señor, Jehová)— Usado más que cualquier otro nombre de Dios, Yahweh aparece en el Nuevo Testamento 6,519 veces. Se usa por primera vez en Génesis 2:4.

Jehová Nisi (El Señor, mi Bandera)—Éxodo 17:15

Jehová-Roi (El Señor, mi Pastor)—Salmo 23, también se conoce como Jehová Rohi, Jehová Raah o Jehová Ro'eh

Jehová Rafa (El Señor que sana)—Éxodo 15:26

Jehová Shamá (El Señor está allí)—Ezequiel 48:35

Jehová Tsidkenu (El Señor, nuestra justicia)—Jeremías 23:6; 33:16

Jehová M'Kaddesh o también Jehová Mekoddishkem (El Señor, Quien te santifica)—Éxodo 31:13; Levítico 20:8

El Olam (El Dios eterno)—Génesis 21:33; Jeremías 10:10; Isaías 26:4

Elohim (Dios)—En el Antiguo Testamento *Elohim* aparece más de dos mil veces. *Elohim* es el primer versículo en la Biblia, en Génesis 1:1.[1]

Qanna (Celoso)—Éxodo 20:5; 34:14; Deuteronomio 4:24; 5:9; 6:15

Jehová Jiré (El Señor proveerá)—Génesis 22:14

Jehová Shalom (El Señor es Paz)—Jueces 6:24

Jehová Sabaot (El Señor de los ejércitos)—1 Samuel 1:11; 17:45; 2 Samuel 6:18; 7:27; 1 Reyes 19:14; 2 Reyes 3:14; 1 Crónicas 11:9; Salmos 24:10; 48:8; 80:4, 19; 84:3; Isaías 1:24; 3:15; 5:16; 6:5; 9:19; 10:26; 14:22; Jeremías 9:15; 48:1; Oseas 12:5; Amos 3:13; Miqueas 4:4; Nahum 3:5; Habacuc 2:13; Sofonías 2:9; Hageo 2:6; Zacarías 1:3; Malaquías 1:6

CAPÍTULO 17

ACTIVACIONES GENERADAS POR VIRTUDES ESPIRITUALES

Y ahora permanecen la fe, la esperanza y el amor, estos tres; pero el mayor de ellos es el amor.

—1 Corintios 13:13

MUCHAS VECES, Dios nos desafía a través de la palabra profética en el área de las virtudes espirituales, tales como: amor, fe, esperanza o santidad. Estas áreas son muy importantes para el creyente. La palabra del Señor con frecuencia desafiará, animará y ayudará en estas áreas de nuestra vida, fortaleciéndonos y desarrollándonos completamente. Este tipo de palabras son muy importantes para el creyente cuando las escucha de parte del Señor. Algunas personas necesitan ser sanadas, corregidas o reenfocarse en estas áreas. La palabra del Señor vendrá y les hará saber que les está yendo bien.

Activación profética #31: amor

Enfóquese en el amor del Señor por la persona a la que está ministrando. Diga palabras de amor sobre ella y entréguese al fluir profético. Estas palabras confirman y les recuerdan a las personas del amor de Dios por ellos y los desafía a andar en amor, compasión y perdón. Esta activación le da libertad al ministro profético para operar en el amor de Dios en el fluir profético.

El que no ama, no ha conocido a Dios; porque Dios es amor.

—1 Juan 4:8

Activación profética #32: fe

Concéntrese en el área de la fe, diga palabras relacionadas a la fe y, luego, pase a la palabra profética. La fe es una parte importante de la vida del creyente, y Dios nos hablará y desafiará muchas veces en esta área. Estas palabras desafían a las personas en el área de la fe y las exhorta a eliminar toda duda e incredulidad de su vida.

Pero sin fe es imposible agradar a Dios; porque es necesario que el que se acerca a Dios crea que le hay, y que es galardonador de los que le buscan.

—Hebreos 11:6

Activación profética #33: misericordia

Enfóquese en la misericordia de Dios. Pronuncie la misericordia de Dios sobre la persona a la que está ministrando, luego pase a la palabra profética. Estas palabras les recuerdan a las personas la misericordia y el perdón de Dios, y los liberta de la culpa, condenación y vergüenza. Esta activación ayuda al ministro profético a operar en la misericordia y compasión del Señor cuando ministra.

> Alabad a Jehová, porque él es bueno; Porque para siempre es su misericordia.
>
> —SALMO 107:1

Activación profética #34: esperanza

Concéntrese en el tema de la esperanza, ore sobre las esperanzas y sueños de la persona y luego entre a la palabra profética. Use esta palabra para animar a las personas a tener esperanza y a soñar. Esta activación ayuda al ministro profético a desatar esperanza y ánimo.

> Y el Dios de esperanza os llene de todo gozo y paz en el creer, para que abundéis en esperanza por el poder del Espíritu Santo.
>
> —ROMANOS 15:13

Activación profética #35: santidad

Ore por la santidad y santificación de la persona, pase a la palabra profética. Estas palabras desafían a las personas a andar en pureza y a eliminar las impurezas de su vida. Esta activación ayuda al ministro profético a tener una postura a favor de la justicia y la pureza.

> Seguid la paz con todos, y la santidad, sin la cual nadie verá al Señor.
>
> —HEBREOS 12:14

Activación profética #36: poder

Ore para que la persona ande en el poder de Dios y, luego, empiece la palabra profética. Estas palabras desafían a las personas a andar en el poder y la manifestación del Espíritu. Esta activación le recuerda al ministro profético que el ministerio profético no solamente es en palabra sino también en poder. A veces el poder de Dios se libera durante esta activación para desatar un milagro en la vida de la persona que está siendo ministrada.

> El da esfuerzo al cansado, y multiplica las fuerzas al que no tiene ningunas.
>
> —ISAÍAS 40:29

Activación profética #37: autoridad

Enfóquese en la autoridad que tiene el creyente a través de Cristo, ore para que la autoridad de Cristo aumente, y pase a la palabra profética. Estas palabras exhortan a las personas a andar en su autoridad en Cristo y ejercerla. Esta activación también aumenta la autoridad en la que el ministro profetiza.

> Habiendo reunido a sus doce discípulos, les dio poder y autoridad sobre todos los demonios, y para sanar enfermedades.
>
> —LUCAS 9:1

Activación profética #38: humildad

Concéntrese en la virtud de la humildad, ore para que la persona ande en humildad, y pase al fluir profético. Estas palabras exhortan a las personas a andar en humildad y les advierte de los peligros del orgullo. Esta activación le recuerda al ministro profético sobre el virus del orgullo en comparación a la unción que viene con la humildad y la necesidad de ella, especialmente en profecía.

> Igualmente, jóvenes, estad sujetos a los ancianos; y todos, sumisos unos a otros, revestíos de humildad; porque: Dios resiste a los soberbios, y da gracia a los humildes.
>
> —1 Pedro 5:5

Activación profética #39: gozo

Enfóquese en el gozo del Señor (incluso puede reír durante esta activación), y pase al fluir profético. Estas palabras les recuerdan a las personas la importancia del gozo y atacan las situaciones que roban el gozo. Esta activación le da libertad al ministro profético para impartir la palabra profética con gozo.

> Luego les dijo: Id, comed grosuras, y bebed vino dulce, y enviad porciones a los que no tienen nada preparado; porque día santo es a nuestro Señor; no os entristezcáis, porque el gozo de Jehová es vuestra fuerza.
>
> —Nehemías 8:10

Activación profética #40: favor

Concéntrese en el favor de Dios, pronuncie favor sobre la vida de la persona y entre al fluir profético. Estas palabras liberan el favor de Dios para bendición y promoción. Esta impartición ayuda al ministro profético a liberar favor.

> Porque tú, oh Jehová, bendecirás al justo; como con un escudo lo rodearás de tu favor.
>
> —Salmo 5:12

CAPÍTULO 18

ACTIVACIONES DEL EQUIPO MINISTERIAL

Después llamó a los doce, y comenzó a enviarlos de dos en
dos; y les dio autoridad sobre los espíritus inmundos.

—MARCOS 6:7

LOS PROFETAS TAMBIÉN pueden trabajar en equipo. Los equipos ayudan a mantener a los profetas en equilibrio, y el trabajo en equipo provee una barrera saludable contra el orgullo, aislamiento y la exclusividad. Tenemos muchos profetas reconocidos en nuestra asamblea local; ellos comprenden que el trabajo en equipo es la forma más adecuada. Necesitamos estar conectados con personas que fluyen fuertemente en el ministerio profético.

Las siguientes activaciones sirven para capacitar a los profetas y a las personas proféticas en la forma de ministrar en grupos de tres o con la ayuda de un ministro profético con más experiencia.

Activación profética #41: continuar la palabra profética de alguien más (apoyarse en otro)

Estas activaciones lo pondrán en pareja con alguien que es más fuerte y tiene más experiencia en el ministerio profético. Esto le ayudará a recibir una impartición cuando trabaje con este compañero. Ellos pueden evaluar su fluir profético y ayudarle a vencer cualquier obstáculo o reto que experimente cuando empiece a operar en lo profético.

En esta activación, usted permitirá que la persona con más experiencia ministre primero, y usted le seguirá (se apoyará en él o ella) para ministrar a la persona. Escúchelo cuidadosamente cuando él esté ministrando, permita que el Espíritu Santo resalte una palabra o frase que ellos den, y luego entre a lo profético basándose en lo que el Espíritu Santo le ha resaltado. Usted simplemente se moverá en el fluir y la fuerza de lo que se ha dicho. No se sienta intimidado. Solo diga lo que el Señor le da después de que ellos le ceden el turno.

Activación profética #42: inicie la palabra profética y después dé seguimiento

En esta activación usted irá primero, y la persona con más experiencia irá después y ampliará lo que usted ministró. Esta activación le ayudará a ver cuán más profundamente puede ir la palabra que usted empezó. Entonces, usted dará seguimiento con una palabra que continúe expandiendo lo que empezó originalmente. Estas activaciones le enseñarán que lo profético es como un río que sigue fluyendo.

Activación profética #43: reciba una impartición, y luego profetice

En esta activación, la persona profética que tiene más experiencia impone manos sobre usted y desata una impartición por fe; luego, le da la libertad para que ministre al receptor. Después de recibir la impartición, entre al fluir profético y esté a la expectativa de una profecía con más fuerza.

Activación profética #44: profecía para el otro ministro profético, luego para el receptor

En esta activación, usted orará por el ministro profético más experimentado y lo animará con una palabra profética. Después de compartir con él o ella, será momento de ministrar a la persona. Esto expandirá su ministración a más de una persona.

Activación profética #45: reciba una palabra y dé una palabra

En esta activación usted permitirá que el ministro profético con más experiencia le ministre a usted, y luego, usted ministrará a la otra persona. Esta activación le animará porque después de haber recibido una palabra, estará inspirado para dar una palabra.

Activación profética #46: consejo de parte de un ministro experimentado

En esta activación, pídale al ministro profético con más experiencia alguna instrucción que pueda ayudarle en su fluir profético. El ministro profético con más experiencia debería poder asistirle en cualquier ajuste que sea necesario que usted haga, y luego lo deja en la libertad de ministrar nuevamente.

Activación profética #47: empiece, deténgase, empiece

En esta activación, usted empezará orando y ministrando a la tercera persona, y luego, cuando el ministro más experimentado diga "pare", usted se detendrá; se voltea hacia el ministro profético más experimentado y empieza a ministrarlo hasta que él o ella le diga "pare". Cuando el ministro le diga que se detenga, usted voltea hacia la otra persona y continúa ministrándole hasta que se le indique que se detenga. Esta activación nos ayuda a entender que el espíritu del profeta está sujeto al profeta y que usted puede reanudar el fluir profético. (Vea 1 Corintios 14:32).

Activación profética #48: ministrar a ambos

En esta activación haga que los otros dos se tomen de la mano, ore por ellos, y luego dé una palabra para ambos, al mismo tiempo. Dicho de otra manera, usted confía que recibirá una palabra que aplique a ambos. Esta es una palabra mini corporativa. Lo que le ayuda a usted para que pueda moverse en el fluir corporativo. Algunas palabras son individuales y otras son para grupos.

Activación profética #49: dé una palabra para el ministro después de que él o ella haya compartido

Usted dejará que el ministro con más experiencia ministre a la tercera persona, y cuando haya terminado, usted volverá a ministrar al ministro.

Ahora, su fluir profético debería ser más fuerte; y, después de recibir, el ministro le ministrará a usted. Generalmente, la palabra es de ánimo para usted en su recorrido profético. Este también puede ser un momento de más impartición de parte del ministro más experimentado.

Activación profética #50: dé una palabra para el ministro experimentado y luego a la tercera persona; dos veces

Usted empezará orando y luego entra de lleno al fluir profético empezando con el ministro más experimentado; luego, cuando el ministro diga: "cambie", usted se voltea y empieza a ministrar a la tercera persona. El ministro experimentado dirá nuevamente "cambie" y usted reanudará la ministración profética para el ministro experimentado. El ministro dirá otra vez "cambie" y usted continuará ministrando a la tercera persona. Esta activación lo capacitará a usted con la ayuda de un ministro profético más experimentado.

CAPÍTULO 19

ACTIVACIONES BÍBLICAS

Toda la Escritura es inspirada por Dios, y útil para enseñar, para redargüir, para corregir, para instruir en justicia, a fin de que el hombre de Dios sea perfecto, enteramente preparado para toda buena obra.

—2 TIMOTEO 3:16–17

PARA TOMAR VENTAJA de las siguientes activaciones, usted debe tener conocimiento básico de lo que significan los símbolos bíblicos. Estas activaciones podrían ser más para la gente profética en nivel intermedio o avanzado, quienes han pasado más tiempo en la Palabra. Es importante entender que la Biblia es un libro profético y que está lleno de símbolos proféticos de donde puede empezar.

Activación profética #51: Nombres bíblicos

En la Biblia, los nombres de las personas son muy proféticos y, muchas veces, el Señor dará una palabra a una persona usando gente de la Biblia. Los más comunes son: Abraham, José, Moisés, Josué, Samuel, David, Elías y Ester.

Empiece esta activación orando por la persona y pidiéndole al Señor que le dé un nombre bíblico, luego empiece de lleno con lo profético. Incluso "Jezabel" puede surgir al referirse a alguien que está siendo libertado de los ataques de Jezabel. Esta activación ayudará al ministro profético a estar abierto al uso de Dios de los nombres como símbolos durante la profecía. También es posible profetizar un nuevo nombre sobre la persona.

Activación profética #52: libros de la Biblia

Cada libro de la Biblia contiene un mensaje o tema. Por ejemplo:

- Génesis—el principio
- Salmo—alabanza
- Proverbios—sabiduría
- Gálatas—libertad
- Apocalipsis—el reino

Ore por la persona y pídale al Señor que le dé un libro de la Biblia, luego empiece de lleno con lo profético. Esto requerirá algún conocimiento básico de los libros de la Biblia. A veces, usted mencionará el libro favorito de la Biblia de la persona, o incluso la motivará a estudiar un libro específico.

Activación profética #53: minerales bíblicos

Muchas veces, Dios usará minerales o elementos (oro, plata, bronce, diamante, rubí, esmeralda, madera) para darle un mensaje. Ore por la persona y pídale a Dios que le dé un mineral, luego empiece de lleno con el fluir profético. Esto requerirá un conocimiento básico de los minerales, su significado y la forma a la que se les refiere en la Biblia.

Activación profética #54: colores bíblicos

Los colores también son proféticos. La Biblia incluye los siguientes colores:

- Morado—realeza
- Blanco—pureza
- Rojo—redención
- Verde—prosperidad
- Negro—misterio, oculto
- Azul—celestial

Ore por la persona y pídale al Señor que le dé un color bíblico, luego empiece de lleno con la palabra profética. Esta activación le ayudará al ministro profético cuando profetiza a estar abierto a que Dios use colores como símbolos.

Activación profética #55: números bíblicos

Los números también son proféticos: Los números bíblicos más comunes son:

- Uno—principio, Dios
- Dos—doble, testigo, acuerdo
- Cinco—gracia, bondad, favor
- Siete—culminación
- Ocho—nuevo comienzo
- Doce—gobierno, apostólico
- Trece—rebeldía, anarquía
- Cuarenta—prueba, juicio, generación
- Cincuenta—jubileo, libertad, Espíritu Santo, Pentecostés
- Mil—perfección

Pídale al Señor que le dé un número bíblico y entre de lleno en el fluir profético. Esta activación ayudará al ministro profético a estar abierto a que Dios muestre números cuando esté ministrando.

Activación profética #56: elementos bíblicos

Los elementos son símbolos fuertes de los profético. Incluyen: viento, fuego, agua y tierra. Ore por la persona, pídale al Señor que le dé uno de estos elementos, y entre de lleno al fluir profético. Esto también puede incluir ríos, montañas y tormentas.

PROFETAS BÍBLICOS— NOMBRES Y SIGNIFICADO

Amós—"el que lleva la carga"

Ana—"favor" o "gracia"

Asaf—"el recolector" o "el que reúne"

Bernabé—"hijo de la consolación"

Daniel—"Dios es mi Juez"

David—"amado"

Elías—"cuyo Dios es Jehová"

Eliseo—"Dios es salvación"

Ezequiel—"Dedicación"

Gad—"fortuna"

Habacuc—"Dios fortalecerá"

Hageo—"recibir con los brazos abiertos"

Hemán—"fiel"

Oseas—"salvación"

Isaías—"festivo"

Jedutún—"alabanza" o "celebración"

Jeremías—"elevado o asignado por Jehová"

Joel—"Jehová es su Dios"

Jonás—"una paloma"

Malaquías—"mensajero" o "ángel"

Miqueas—"¿quién es como Jehová?"

Micaías—"¿quién es como Yahvé?"

Nahúm—"consolación"

Natán—"regalo de Dios"

Obadías—"siervo del Señor"

Samuel—"escuchado por Dios"

Zacarías—"Yahvé se ha acordado—A quien Dios recuerda"

Sofonías—"el Señor oculta"

Activación profética #57: criaturas bíblicas

Águilas, leones, caballos, halcones, hormigas, serpientes, lobos, ovejas y otros pueden ser símbolos proféticos. Ore por la persona, pídale al Señor que le revele una criatura bíblica, y entre de lleno al fluir profético. Cada animal tiene una característica en particular; incluso la serpiente puede ser una imagen de sabiduría. Esta activación ayudará al ministro profético a estar abierto a recibir animales como símbolos cuando está ministrando.

Activación profética #58: milagros bíblicos

Hay muchos milagros en la Biblia que tienen mensajes proféticos. Uno de mis favoritos es la resurrección de Lázaro. En la Escritura abundan los milagros de: sanidad, liberación y provisión. Ore por la persona, pídale al Señor que le revele un milagro bíblico, y empiece de lleno con el fluir profético.

Activación profética #59: sonidos bíblicos

Sonidos como: el del viento soplando, la lluvia cayendo, alabanza, gozo, guerra, trompetas, gritos y ovaciones también pueden ser proféticos. Ore por la persona, escuche mientras llega a su oído un sonido, y empiece de lleno con el fluir profético. Esta activación romperá la limitación del ministro profético de solamente escuchar palabras o ver imágenes.

Activación profética #60: profetas bíblicos

Cada profeta es único y simboliza un aspecto diferente del ministerio profético. También hay profetas menos conocidos como: Asaf, Hemán y Jedutún, todos profetas musicales. También hay profetas gobernantes como Daniel, Elías, Isaías, Ezequiel, Jeremías y Juan, profetas que la mayoría de los creyentes conoce. Ore por la persona, pídale al Señor que le revele un profeta bíblico, y entre de lleno al fluir profético.

> Cuando nos alimentamos del Señor, lo disfrutamos, bebemos de Él, lo inhalamos, y nos reunimos con los santos, hay algo que borbotea en nuestro interior, ¡unas palabras que salen de nosotros para edificación! Cuando practicamos hablar en las reuniones una y otra vez, somos perfeccionados en nuestro profetizar para la edificación de la iglesia como el Cuerpo de Cristo. [Traducción libre]
>
> —Stefan Misaras[1]

CAPÍTULO 20

ACTIVACIONES PROFÉTICAS DE ORACIÓN

Orando en todo tiempo con toda oración y súplica en el Espíritu.

—Efesios 6:18

El siguiente conjunto de activaciones son algunas de las más fáciles de hacer porque todo mundo puede orar. La oración es como un puente hacia lo profético. Estas son activaciones proféticas de oración que sirven como un fundamento para iniciar el fluir profético. Estas activaciones ayudan al ministro a orar proféticamente. Muchas veces, cuando usted ore por las personas, Dios empezará a darle una palabra para ellos. Aprender a orar proféticamente es, básicamente, orar lo que Dios le revela en ese momento. Este es un tipo de oración espontánea, u orar por inspiración, y luego comunicar lo que Dios está diciendo.

Activación profética #61: finanzas

Esta activación incluye orar proféticamente por las finanzas de la persona. Deje que el Espíritu Santo le indique qué pedir. Podría ser inspirado a orar por incremento, negocios, ahorros, ajustes, deuda, inversiones, nuevo empleo, nueva carrera y similares. Luego, puede empezar de lleno con la palabra profética acerca de las finanzas de la persona.

Activación profética #62: salud

Esta activación incluye orar por la salud de alguien. Deje que el Espíritu Santo le indique qué pedir. Usted podría ser inspirado a orar por sanidad, fortaleza, restauración, descanso, hábitos alimenticios, cansancio y otras cosas que afectan la salud de una persona. Luego, puede entrar de lleno al fluir profético.

Activación profética #63: ministerio

Esta activación incluye orar por el lugar de la persona en el cuerpo de Cristo. Enfóquese en Romanos 12, Efesios 4, y 1 Corintios 12: los capítulos de la Biblia que detallan los dones y ministerios del Espíritu, y permita que el Espíritu Santo le indique qué pedir. Usted podría ser inspirado a orar por su ministerio, llamado, dones (revelación, poder, expresión) y unción. Luego, puede iniciar de lleno el fluir profético.

Activación profética #64: familia

Esta activación incluye orar por la familia de la persona. Permita que el Espíritu Santo le indique qué pedir. Usted podría ser inspirado a orar por salvación, unidad, matrimonios, hijos, hombres, mujeres, y otras cosas relacionadas a la familia. Luego, puede iniciar de lleno el fluir profético.

Activación profética #65: ciudad

Esta activación incluye orar por la ciudad de donde viene la persona. Permita que el Señor le indique qué pedir. Usted podría ser inspirado a orar por la economía, el sistema educativo, la juventud, las iglesias, el clima espiritual, y así sucesivamente. Luego, puede iniciar de lleno el fluir profético.

Activación profética #66: destino

Esta activación incluye orar por el destino y futuro de la persona. Permita que el Señor le indique qué pedir. Usted podría ser inspirado a orar por propósito, camino, decisiones, relaciones, puertas, carrera y así sucesivamente. Luego, puede iniciar de lleno el fluir profético.

Activación profética #67: relaciones

Esta activación incluye orar por las relaciones de la persona. Permita que el Señor le indique qué pedir. Usted podría ser inspirado a orar por nuevas relaciones, relaciones antiguas, relaciones rotas, relaciones restauradas, malas relaciones y similares. Luego, puede iniciar de lleno el fluir profético.

Activación profética #68: estado civil

Esta activación incluye orar por el estado civil de la persona (casada, soltera, o divorciada). Permita que el Señor le indique qué pedir. Usted podría ser inspirado a orar por restauración, paciencia, sanidad, bendición y similares. Luego, puede iniciar de lleno el fluir profético.

Activación profética #69: carrera

Esta activación incluye orar por la carrera de la persona. Permita que el Señor le indique qué pedir. Usted podría ser inspirado a orar por promoción, una nueva carrera, empleo, cambio de carrera, educación y así sucesivamente. Luego, puede iniciar de lleno el fluir profético.

Activación profética #70: sueño y visión

Esta activación incluye orar por los sueños y la visión de la persona para su vida. Permita que el Señor le indique qué pedir. Usted podría ser inspirado a orar por una amplia variedad de cosas porque hay muchísimos sueños diferentes y esperanzas que la gente lleva. Luego, puede iniciar de lleno el fluir profético.

CAPÍTULO 21

ACTIVACIONES DE CANCIONES Y ADORACIÓN PROFÉTICAS

Hablando entre vosotros con salmos, con himnos y cánticos espirituales, cantando y alabando al Señor en vuestros corazones.

—Efesios 5:19

PARA ESTAS ACTIVACIONES se requiere cantar. No tiene que ser un gran cantante para participar. La profecía puede ser hablada o cantada. Estas activaciones ayudarán al ministro profético a fluir en varias canciones del Señor. Cada equipo de alabanza y adoración debería ser activado de esta manera. La canción del Señor es simplemente el Señor Jesús cantando a través de nosotros para la persona que está siendo ministrada, revelando su corazón a ella. Las canciones proféticas son poderosas porque llegan a la profundidad del corazón del receptor.

Activación profética #71: canto nuevo

Esta activación es sencilla y requiere que usted cante un cántico nuevo. Pídale al Señor una melodía o siga la de un trovador, y empiece de lleno en el canto profético.

Activación profética #72: canto de amor

Esto es sencillamente una canción de amor de parte del Señor para la persona a quien usted está ministrando. Pronuncie el amor de Dios sobre la persona y entre de lleno al fluir profético. Permítale al Señor que cante acerca del amor que siente por la persona a través de su voz.

Activación profética #73: canto de motivación

Este canto es para animar a la persona. Pregúntele al Señor en qué áreas necesita la persona motivación y empiece de lleno el canto profético de motivación. Permita que el Señor le cante una canción de motivación a través de usted.

Activación profética #74: canto de sanidad

Pregúntele al Señor qué áreas de la persona necesitan ser sanadas: físicas, emocionales, el pasado y similares, y entre de lleno a la canción profética de sanidad. Pueden ocurrir milagros de sanidad a través de esta activación, y esta capacita al ministro a ser sensible en esta área de ministración para las heridas y dolores de la gente.

Activación profética #75: canto de liberación

Pregúntele al Señor en qué área podría necesitar liberación la persona: heridas, temor, rechazo, falta de perdón y otras. Use sabiduría en esta área, pues puede haber cosas que usted no debe mencionar por nombre, luego entre de lleno en el canto profético sobre libertad, liberación, cadenas que se rompen, pies desatados o lo que sea que el Señor le indique cantar para llevar liberación a la vida de la persona. Dios envía su palabra para sanar y libertar (Salmo 107:20).

> Tú eres mi refugio; me guardarás de angustia; Con cánticos de liberación me rodearás.
> —Salmo 32:7, rva

Activación profética #76: canto de aprobación

Este canto aprueba lo que la persona está haciendo bien o correctamente. Pregúntele al Señor en qué áreas quiere aprobar a la persona, y luego entre de lleno al canto profético. Muchas veces, Dios habla bien de nosotros a través de un canto profético.

Activación profética #77: canto de victoria

El profeta Moisés cantó un canto de victoria después de atravesar el mar Rojo (Éxodo 15:1). Pregúntele al Señor a que área de la vida de la persona quiere Él llevar un canto de victoria, y entre de lleno en el canto profético. Esta canción celebrará la victoria del Señor en la vida de la persona.

Activación profética #78: canto de ascensión

Los Cantos de Ascensión (Salmos 120 al 134) eran cantos que Israel entonaba cuando subían a Jerusalén a adorar. Este canto invita a la persona a ir a un nivel más alto en diferentes áreas de su vida. Pregúntele al Señor en qué área quiere Él que la persona ascienda: fe, esperanza, amor, adoración, oración, santidad, y entre de lleno al canto profético. Este canto desafiará a la persona a subir a un nivel nuevo.

Activación profética #79: canto bíblico

Este sencillamente es cantarle a la persona algo de las Escrituras. Escoja una escritura que el Señor ponga en su corazón y empiece a cantarla sobre la persona, y luego entre de lleno desde allí al canto profético. Esto capacita al ministro profético para estar abierto a usar la Escritura al entonar la canción del Señor.

> Cánticos me fueron tus estatutos en la mansión de mis peregrinaciones.
> —Salmo 119:54, rva

Activación profética #80: canto de restauración

Pregúntele al Señor en qué área podría necesitar restauración la persona y luego pronuncie restauración sobre ella (ejemplo: finanzas, salud, relaciones, familia, ministerio) y permita que el Señor cante a través de usted un canto de restauración. Mucho del ministerio profético tiene que ver con restauración, y esta activación entrenará al ministro profético para ser un vaso de restauración.

CAPÍTULO 22

ACTIVACIONES QUE INCLUYEN MOVIMIENTO Y DEMOSTRACIÓN

Y ni mi palabra ni mi predicación fue con palabras persuasivas de humana sabiduría, sino con demostración del Espíritu y de poder.

—1 Corintios 2:4

ESTAS ACTIVACIONES INCLUYEN movimiento y demostración. Las personas proféticas pueden usar movimiento. Un ejemplo de esto es cuando Elías le dijo al rey que tomara flechas y las destruyera en el suelo antes de que él diera la palabra profética. En esta demostración profética, el profeta Elías usó movimiento y acción para mostrarle al rey lo que se requería para que él tuviera victoria sobre su enemigo:

> Estaba Eliseo enfermo de la enfermedad de que murió. Y descendió a él Joás rey de Israel, y llorando delante de él, dijo: ¡Padre mío, padre mío, carro de Israel y su gente de a caballo! Y le dijo Eliseo: Toma un arco y unas saetas. Tomó él entonces un arco y unas saetas. Luego dijo Eliseo al rey de Israel: Pon tu mano sobre el arco. Y puso él su mano sobre el arco. Entonces puso Eliseo sus manos sobre las manos del rey, y dijo: Abre la ventana que da al oriente. Y cuando él la abrió, dijo Eliseo: Tira. Y tirando él, dijo Eliseo: Saeta de salvación de Jehová, y saeta de salvación contra Siria; *porque herirás a los sirios en Afec hasta consumirlos.* Y le volvió a decir: Toma las saetas. Y luego que el rey de Israel las hubo tomado, le dijo: Golpea la tierra. Y él la golpeó tres veces, y se detuvo. Entonces el varón de Dios, enojado contra él, le dijo: Al dar cinco o seis golpes, hubieras derrotado a Siria hasta no quedar ninguno; pero ahora sólo tres veces derrotarás a Siria.
>
> —2 Reyes 13:14–19, énfasis añadido

Las activaciones en este capítulo ayudarán al ministro profético para ser sensible a los movimientos inspirados que Dios usa a veces en demostración de la palabra profética. Hemos visto profetas que usan todo tipo de movimientos con resultados poderosos para dar la palabra profética.

Activación profética #81: pisotear con los pies

Pisotear con los pies puede ser símbolo de aplastar al enemigo, ponerse firme y similares. Haga que la persona pisotee con sus pies, y luego entre de lleno al fluir profético.

Activación profética #82: levantar las manos

Levantar las manos puede representar adoración, rendirse a Dios o que el Señor nos levanta. Levante las manos de la persona, reciba la palabra y entre al fluir profético.

Activación profética #83: giro radical

Dele un giro a la persona, reciba la palabra y entre de lleno al fluir profético. Palabras de cambio radical son poderosas para hacer que la persona vea un giro radical divino en su vida.

Activación profética #84: un paso adelante

Haga que la persona a quien está ministrando dé un paso adelante; luego, reciba la palabra y entre de lleno al fluir profético. Esto puede representar salir de lo viejo, avanzar, entrar a nuevos campos, y así sucesivamente.

Activación profética #85: manos abiertas

Haga que la persona abra sus manos; reciba la palabra y entre de lleno al fluir profético. Abrir las manos puede representar recibir de Dios, abrirse a Dios, liberar sus dones, y así sucesivamente.

Activación profética #86: derramar

Ponga sus manos encima de la cabeza de la persona y muévalas como si estuviera derramando algo sobre la cabeza de ella; reciba la palabra y entre de lleno al fluir profético. Esto puede representar: derramamiento, aceite nuevo y agua nueva viniendo sobre la persona, o que el Señor la está llenando.

Activación profética #87: soltar las manos

Haga que la persona ponga sus manos juntas, luego suéltelas rápidamente. Reciba la palabra, y entre de lleno al fluir profético. Esto puede representar que Dios está soltando las manos de la persona para el ministerio, para las finanzas, para sanidad, y así sucesivamente.

Activación profética #88: manos sobre el hombro

Coloque su mano en el hombro de la persona; reciba la palabra y entre de lleno al fluir profético. Los hombres representan llevar una carga, un ministerio, una responsabilidad y similares.

Activación profética #89: coronar

Simbólicamente, coloque una corona sobre su cabeza; reciba la palabra y entre de lleno al fluir profético. Dios puede coronar a las personas de gloria, honor, autoridad, favor y similares.

Activación profética #90: rodee a la persona

Camine alrededor de la persona; reciba la palabra y entre de lleno al fluir profético. Rodear a la persona puede representar protección, presencia, muros que se derrumban, y cosas similares.

CAPÍTULO 23

ACTIVACIONES MOTIVADAS POR OBJETOS COMUNES

De tal manera que aun se llevaban a los enfermos los paños o delantales de su cuerpo, y las enfermedades se iban de ellos, y los espíritus malos salían.

—Hechos 19:12

ESTAS ACTIVACIONES USAN objetos que son comunes en Iglesias proféticas, tales como equipos de danza, para ayudar al ministro con la inspiración al usar objetos comunes que son proféticos. Hay muchos objetos que puede usar. Generalmente, los usan las iglesias proféticas en la adoración.

Activación profética #91: use un abanico

Use un abanico o una pieza de papel para soplar a la persona; reciba la palabra y entre de lleno al fluir profético. Los abanicos producen aire y puede representar estimular, avivar, refrescar, aliento o viento.

Activación profética #92: unja con aceite

Unja con aceite a la persona; reciba la palabra y entre de lleno en el fluir profético. Usted puede ungir la frente (pensar), las orejas (oír), la garganta (hablar o cantar), las manos (ministrar) o los pies (viajar, caminar). Estas palabras muchas veces desatan una nueva unción o avivan la unción sobre el receptor.

Activación profética #93: use una espada

Ponga la espada en la mano de la persona; reciba la palabra y entre de lleno al fluir profético. La espada representa batalla, autoridad, intervención angelical, o corte.

Activación profética #94: use un shofar

Ponga el shofar en la mano de la persona; reciba la palabra y entre de lleno al fluir profético. El shofar es una trompeta que representa reunión, advertencia, llamado, guerra, victoria y cosas similares.

Activación profética #95: use un tamborín

Ponga el tamborín en la mano de la persona; reciba una palabra profética y entre de lleno al fluir profético. El tamborín representa alabanza, celebración o victoria.

Activación profética #96: use una pancarta o bandera

Ponga una pancarta o bandera pequeña en la mano de la persona; reciba la palabra y entre de lleno al fluir profético. Las banderas y pancartas representan ejércitos, victoria y al Señor, nuestra Bandera (Jehová Nisi).

Activación profética #97: use un manto

Un manto es una capa que era utilizada por los profetas. Use una capa o una tela y póngala sobre los hombros de la persona; reciba la palabra y entre de lleno al fluir profético. Los mantos representan unción, llamado, cobertura o vestiduras espirituales.

Activación profética #98: use una insignia

Un gafete representa autoridad. Ponga el gafete en la mano de la persona; reciba la palabra y entre de lleno al fluir profético. Los gafetes también representan rango, acceso o poder.

Activación profética #99: use una fruta

La fruta puede representar carácter, dulzura y prosperidad. Ponga la fruta en la mano de la persona; reciba la palabra y entre de lleno al fluir profético.

Activación profética #100: use una vela

Use una vela (¡no la encienda!), póngala en la mano de la persona; reciba la palabra y entre de lleno al fluir profético. Las candelas representan luz, iluminación y el espíritu del hombre.

CAPÍTULO 24

ACTIVACIONES MOTIVADAS POR PASAJES FUNDAMENTALES DE LA ESCRITURA

Porque la palabra de Dios es viva y eficaz, y más cortante que toda espada de dos filos; y penetra hasta partir el alma y el espíritu, las coyunturas y los tuétanos, y discierne los pensamientos y las intenciones del corazón.

—HEBREOS 4:12

ESTAS ACTIVACIONES USAN escrituras que son altamente proféticas como fundamento para ministrar a otros. El ministro profético se beneficiará de estas activaciones siendo sensible a usar la Escritura como un medio para entrar de lleno en el fluir profético.

Activación profética #101: Salmo 23

Jehová es mi pastor; nada me faltará.
En lugares de delicados pastos me hará descansar;
Junto a aguas de reposo me pastoreará.
Confortará mi alma;
Me guiará por sendas de justicia por amor de su nombre.
Aunque ande en valle de sombra de muerte,
No temeré mal alguno, porque tú estarás conmigo;
Tu vara y tu cayado me infundirán aliento.
Aderezas mesa delante de mí en presencia de mis angustiadores;
Unges mi cabeza con aceite; mi copa está rebosando.
Ciertamente el bien y la misericordia me seguirán todos los días de mi
vida, y en la casa de Jehová moraré por largos días.

Permita que el Espíritu Santo ilumine una porción de este salmo para hablarle a la persona. Hay catorce puntos en este salmo desde los cuales usted puede empezar. Estos son:

1. El pastor
2. No hay carencia
3. Pastos verdes, los cuales representan un lugar de alimento y prosperidad
4. Recostarse, descansar
5. Restauración
6. Camino de justicia
7. Sin temor
8. Consuelo

9. Vencer a sus enemigos

10. Una unción fresca o ser ungido

11. Rebosar

12. Bondad

13. Misericordia

14. Casa del Señor

¿Cuál de estos puntos le resalta el Espíritu Santo? El Salmo 23 es el que más se reconoce en la Escritura, y este salmo ha ministrado a la mayoría de las personas en algún momento. Lea el salmo y entre de lleno al fluir profético. Esta activación ayuda al ministro profético a empezar desde la Escritura.

Activación profética #102: Salmo 27

Esta activación se toma de Salmo 27:1–6

> Jehová es mi luz y mi salvación; ¿de quién temeré?
>> Jehová es la fortaleza de mi vida; ¿de quién he de atemorizarme?
> Cuando se juntaron contra mí los malignos, mis angustiadores y mis enemigos,
>> Para comer mis carnes, ellos tropezaron y cayeron.
> Aunque un ejército acampe contra mí,
>> No temerá mi corazón;
> Aunque contra mí se levante guerra,
>> Yo estaré confiado.
> Una cosa he demandado a Jehová, ésta buscaré;
>> Que esté yo en la casa de Jehová todos los días de mi vida,
> Para contemplar la hermosura de Jehová, y para inquirir en su templo.
>> Porque él me esconderá en su tabernáculo en el día del mal;
> Me ocultará en lo reservado de su morada;
>> Sobre una roca me pondrá en alto.
> Luego levantará mi cabeza sobre mis enemigos que me rodean,
>> Y yo sacrificaré en su tabernáculo sacrificios de júbilo;
> Cantaré y entonaré alabanzas a Jehová.

Hay por lo menos trece puntos en este Salmo desde los cuales usted puede empezar; estos son:

1. No temer

2. Fortaleza

3. Vencer a sus enemigos

4. Confianza

5. La belleza del Señor

6. Ser escondido por Dios

7. Exaltación: cabeza levantada sobre sus enemigos

8. Misericordia

9. Buscar a Dios

10. Ayuda

11. Ser guiado por Dios

12. Fe

13. Esperar en el Señor

¿Qué puntos le resalta el Espíritu Santo cuando lee la escritura sobre la persona a la que está ministrando? Entre de lleno en el fluir profético cuando el Espíritu Santo le llama la atención hacia una porción de este salmo.

Activación profética #103: Isaías 60

Esta activación se toma de Isaías 60:1–5

> Levántate, resplandece; porque ha venido tu luz, y la gloria de Jehová ha nacido sobre ti.
> Porque he aquí que tinieblas cubrirán la tierra, y oscuridad las naciones; mas sobre ti amanecerá Jehová, y sobre ti será vista su gloria.
> Y andarán las naciones a tu luz, y los reyes al resplandor de tu nacimiento.
> Alza tus ojos alrededor y mira, todos éstos se han juntado, vinieron a ti; tus hijos vendrán de lejos, y tus hijas serán llevadas en brazos.
> Entonces verás, y resplandecerás; se maravillará y ensanchará tu corazón, porque se haya vuelto a ti la multitud del mar, y las riquezas de las naciones hayan venido a ti.

Estas escrituras resaltan la gloria. Hay por lo menos trece puntos en esta porción de la Escritura desde donde puede empezar. Estos son:

1. Levantarse

2. Resplandecer

3. La gloria del Señor

4. Vencer las tinieblas

5. La gente atraída a la luz que hay en su vida

6. Líderes viniendo

7. Hijos e hijas viniendo, la gente se une a usted

8. Engrandecimiento

9. Abundancia

10. Conversión

11. Riqueza

12. Naciones viniendo

13. Gozo

¿Qué punto profético resalta el Espíritu Santo? Léale los versículos a la persona y entre de lleno en el fluir profético.

Activación profética #104: Salmo 29

Esta activación está tomada de Salmo 29:3–9

> Voz de Jehová sobre las aguas;
>   Truena el Dios de gloria,
> Jehová sobre las muchas aguas.
>   Voz de Jehová con potencia;
> Voz de Jehová con gloria.
>   Voz de Jehová que quebranta los cedros;
> Quebrantó Jehová los cedros del Líbano.
>   Los hizo saltar como becerros;
> Al Líbano y al Sirión como hijos de búfalos.
>   Voz de Jehová que derrama llamas de fuego;
> Voz de Jehová que hace temblar el desierto;
>   Hace temblar Jehová el desierto de Cades.
> Voz de Jehová que desgaja las encinas,
>   Y desnuda los bosques;
> En su templo todo proclama su gloria.

Este pasaje enfatiza la voz del Señor. Léale el pasaje a la persona a quien está ministrando y entre de lleno al fluir profético. Sea sensible a los puntos que el Espíritu Santo le resalte.

Activación profética #105: Joel 3

Esta activación está tomada de Joel 3:18

> Sucederá en aquel tiempo, que los montes destilarán mosto, y los collados fluirán leche, y por todos los arroyos de Judá correrán aguas; y saldrá una fuente de la casa de Jehová, y regará el valle de Sitim.

Este versículo es escogido porque es abundante en simbolismo profético. Hay por lo menos seis puntos desde los cuales puede empezar. Estos son:

1. Vino nuevo
2. Leche, la cual representa prosperidad
3. Ríos de Judá, alabanza
4. Agua o refrescamiento
5. Fuente, vida
6. Agua en lugares secos

Léale el versículo a la persona a quien está ministrando y entre de lleno en el fluir profético. Sea sensible a los puntos que el Espíritu Santo resalta. Esta activación ayudará al ministro profético a usar la Escritura, la cual es rica en simbolismo.

Activación profética #106: el río de Dios: Salmo 46:4–5; Juan 7:37–38

Usando un tema que es común en lo profético, esta activación está basada en el río de Dios. Léale estos versículos a la persona a quien está ministrando, deje que el Espíritu Santo resalte una porción y, luego, entre de lleno al fluir profético.

> Del río sus corrientes alegran la ciudad de Dios, el santuario de las moradas del Altísimo. Dios está en medio de ella; no será conmovida. Dios la ayudará al clarear la mañana.
>
> —Salmo 46:4–5

> En el último y gran día de la fiesta, Jesús se puso en pie y alzó la voz, diciendo: Si alguno tiene sed, venga a mí y beba. El que cree en mí, como dice la Escritura, de su interior correrán ríos de agua viva.
>
> —Juan 7:37–38

Activación profética #107: huesos secos—Ezequiel 37:1–10

Esta activación enfatiza el aspecto que da vida de lo profético y otro tema profético común sobre los huesos secos que vuelven a la vida. Léale los versículos a la persona, permita que el Señor resalte algún punto y entre de lleno al fluir profético.

> La mano de Jehová vino sobre mí, y me llevó en el Espíritu de Jehová, y me puso en medio de un valle que estaba lleno de huesos. Y me hizo pasar cerca de ellos por todo en derredor; y he aquí que eran muchísimos sobre la faz del campo, y por cierto secos en gran manera. Y me dijo: Hijo de hombre, ¿vivirán estos huesos? Y dije: Señor Jehová, tú lo sabes. Me dijo entonces: Profetiza sobre estos huesos, y diles: Huesos secos, oíd palabra de Jehová. Así ha dicho Jehová el Señor a estos huesos: He aquí, yo hago entrar espíritu en vosotros, y viviréis. Y pondré tendones sobre vosotros, y haré subir sobre vosotros carne, y os cubriré de piel, y pondré en vosotros espíritu, y viviréis; y sabréis que yo soy Jehová. Profeticé, pues, como me fue mandado; y hubo un ruido mientras yo profetizaba, y he aquí un temblor; y los huesos se juntaron cada hueso con su hueso. Y miré, y he aquí tendones sobre ellos, y la carne subió, y la piel cubrió por encima de ellos; pero no había en ellos espíritu. Y me dijo: Profetiza al espíritu, profetiza, hijo de hombre, y di al espíritu: Así ha dicho Jehová el Señor: Espíritu, ven de los cuatro vientos, y sopla sobre estos muertos, y vivirán. Y profeticé como me había mandado, y entró espíritu en ellos, y vivieron, y estuvieron sobre sus pies; un ejército grande en extremo.

Activación profética #108: cosas nuevas—Isaías 42:9; 43:19; 48:6

Esta activación se basa en las escrituras de "cosa nueva" en Isaías. La profecía desata cosas nuevas. Léale estos versículos a la persona a quien está ministrando, permita que el Espíritu Santo resalte uno de los puntos y, luego, entre de lleno al fluir profético.

> He aquí se cumplieron las cosas primeras, y yo anuncio cosas nuevas; antes que salgan a luz, yo os las haré notorias.
>
> —ISAÍAS 42:9

> He aquí que yo hago cosa nueva; pronto saldrá a luz; ¿no la conoceréis? Otra vez abriré camino en el desierto, y ríos en la soledad.
>
> —ISAÍAS 43:19

> Lo oíste, y lo viste todo; ¿y no lo anunciaréis vosotros? Ahora, pues, te he hecho oír cosas nuevas y ocultas que tú no sabías.
>
> —ISAÍAS 48:6

Activación profética #109: el águila—Éxodo 19:4; Salmo 103:5; Isaías 40:31

Esta activación utiliza escrituras de águila para empezar. El águila es un símbolo de lo profético, y el Señor usa a esta criatura frecuentemente en las expresiones proféticas. Léale los versículos a la persona a quien está ministrando, permita que el Señor le dé una palabra y entre de lleno al fluir profético. Esta activación ayuda al ministro profético a ser sensible a los símbolos de criaturas utilizados en el fluir profético.

> Vosotros visteis lo que hice a los egipcios, y cómo os tomé sobre alas de águilas, y os he traído a mí.
>
> —ÉXODO 19:4

> El que sacia de bien tu boca de modo que te rejuvenezcas como el águila.
>
> —SALMO 103:5

> Pero los que esperan a Jehová tendrán nuevas fuerzas; levantarán alas como las águilas; correrán, y no se cansarán; caminarán, y no se fatigarán.
>
> —ISAÍAS 40:31

Activación profética #110: el león—Génesis 49:9; Proverbios 28:1; 30:30; Amós 3:8; Hebreos 11:33

Esta activación se basa en las escrituras que contienen la palabra *león*. El león es otro símbolo que se usa con frecuencia en las expresiones proféticas. Léale las escrituras a la persona, permita que el Espíritu Santo seleccione y, luego, entre al fluir profético.

> Cachorro de león, Judá; de la presa subiste, hijo mío. Se encorvó, se echó como león, así como león viejo: ¿quién lo despertará?
>
> —GÉNESIS 49:9

Huye el impío sin que nadie lo persiga; mas el justo está confiado como un león.

—Proverbios 28:1

El león, fuerte entre todos los animales, que no vuelve atrás por nada.

—Proverbios 30:30

Si el león ruge, ¿quién no temerá? Si habla Jehová el Señor, ¿quién no profetizará?

—Amós 3:8

…que por fe conquistaron reinos, hicieron justicia, alcanzaron promesas, taparon bocas de leones.

—Hebreos 11:33

Activaciones de fe basadas en la Palabra

Activación profética #111: Lucas 1:37

Porque nada hay imposible para Dios.

Esta activación parte de Lucas 1:37. Dígale esto al receptor y entre de lleno al fluir profético. Muchas profecías le piden a la gente que crea por lo imposible. Esta activación pulirá la sensibilidad del ministro profético hacia la importancia de la fe al momento de profetizar.

Activación profética #112: Mateo 17:20

Fe como un grano de mostaza…

Qué palabra tan poderosa sale de la boca de Jesús. Dígale esto al receptor y entre de lleno al fluir profético. Hay un número infinito de palabras que pueden darse en el contexto de esta escritura.

Activación profética #113: Marcos 11:22

Tened fe en Dios.

Esta es otra activación que desafía al receptor en el área de la fe. Dígale estas palabras al receptor y entre de lleno en el fluir profético. La profecía puede animar a las personas a esperar que sucedan milagros y grandes avances.

Activación profética #114: Marcos 9:23

Al que cree todo le es posible.

Dígale esta palabra al receptor; reciba una palabra profética y entre de lleno al fluir profético. La palabra profética puede llevar a la gente al campo de la posibilidad.

Activación profética #115: 2 Corintios 5:7

Porque por fe andamos, no por vista.

Dígale esta palabra al receptor; reciba una palabra profética, luego, entre de lleno al fluir profético. Esta es otra activación que sintoniza el oído del ministro profético para escuchar y soltar palabras proféticas acerca de la fe y creer.

CAPÍTULO 25

ACTIVACIONES MINISTERIALES CORPORATIVAS

Pero a cada uno le es dada la manifestación del Espíritu para provecho.

—1 Corintios 12:7

Estas activaciones grupales lo capacitarán para ministrar a más de una persona. Le ayudarán a incrementar su fluir y su fe. Requerirán de usted flexibilidad y espontaneidad; le mostrarán cómo cambiar y adaptarse de ministrar a una persona y luego pasar rápidamente a la siguiente persona con una palabra nueva específicamente para ella. Este grupo de activaciones incrementa la fe porque el profeta tendrá que recibir una palabra para más de una persona. Estas activaciones no le dejarán mucho tiempo para pensar o para que su mente interfiera en lo que está sucediendo en el espíritu.

Activación profética #116: alrededor del círculo

Forme un círculo entre tres y siete personas. El líder del equipo selecciona a una persona que tratará de profetizarle a la persona directamente a su derecha o izquierda. La persona que recibe ministración, a su vez, ministra a quien está a su lado. Esta ministración estilo cadena continua por todo el círculo. Esta activación requiere que todos los que forman el círculo ministren, y que todos reciban una palabra profética.

Activación profética #117: todos sobre uno

Cada persona en el círculo toma un turno para ministrar a un miembro del círculo. El resultado será una ministración a profundidad para una sola persona. Esta activación demuestra el fluir de la ministración profética y activa al ministro profético para funcionar con un equipo.

Activación profética #118: uno sobre todos

Esta activación está diseñada para "estirar" al ministro por encima de sus limitaciones regulares. Se requiere que el ministro profetice sobre cada miembro del círculo. Este ejercicio aumenta la fe y la confianza del ministro.

Activación profética #119: una palabra profética

Se le pide a un ministro que dé una sola palabra profética a cada uno de los que están en su círculo. Cada miembro del círculo ministra de esta forma. Los miembros del círculo deben escribir solamente las palabras que los demás le dieron directamente a él o ella. Después de que todos han sido ministrados, cada miembro del círculo debe leer cada una de las palabras que recibió y determinar lo que el Señor está diciendo a través de todas las palabras juntas.

Activación profética #120: intercambio/cambio

A la señal del líder de grupo, la persona intercambiará/cambiará entre dos personas a quienes él/ella está ministrando. A veces, el cambio será rápido luego de la señal del líder, y otras, lento. Un cambio rápido ayuda a desarrollar precisión y concentración rápida, y un cambio lento forzará a que la ministración profética profundice y se expanda. El intercambio espontáneo de ministros ejercitará la habilidad del ministro para poner en espera una palabra profética y su capacidad para ministrar cuando se le indique. El líder de grupo dice sencillamente: "intercambio", y el ministro voltea y ministra a la siguiente persona, y luego, cuando se dice nuevamente "intercambio", el ministro vuelve y continúa ministrando a la primera persona.

Activación profética #121: profecía grupal

Se elige a un ministro del círculo para que dé una profecía común que corresponda a todos los miembros del círculo. Este ejercicio está diseñado para ayudar a que el ministro llegue a sentirse cómodo ministrando a grupos completos, tal como una congregación.

Activación profética #122: turnos al azar

El líder del equipo seleccionará un ministro y a un máximo de cinco miembros del círculo. El ministro profético debe profetizar a todos los cinco miembros en un lapso de tres minutos. El líder le indicará al ministro cuando el tiempo se termine. El límite de tiempo y la cantidad de palabras para las cinco personas puede variar, pero todas deben haber recibido durante los tres minutos. Este ejercicio ayuda a vencer la timidez y la interferencia del pensamiento. Este obliga al ministro a "sumergirse" y fluir desde su espíritu al profetizar.

Activación profética #123: túnel

Forme dos líneas donde los miembros del círculo estén frente a frente. Seleccione a una persona para que camine entre las líneas. A medida que la persona camina entre las líneas, cada persona pondrá su mano sobre ella y profetizará. Aquellos que están al final de la línea o "túnel" deben prestar atención a las palabras que se han dicho antes de que llegue su turno y luego entrar de lleno al fluir profético cuando la persona que camina entre las líneas llegue hasta ellos.

Activación profética #124: una palabra, desarrolle la palabra

En esta activación, el ministro profético nuevamente da una palabra a cada miembro del grupo. Las personas escriben la palabra. Después de haber dado una sola palabra a cada uno de los miembros, el ministro regresa a la primera persona y desarrolla la palabra, entrando de lleno al fluir profético a partir de esa única palabra. El ministro continúa así con cada miembro del grupo hasta completar el círculo.

Activación profética #125: el profeta ciego

El ministro profético le da la espalda al grupo. Cada miembro del grupo se para detrás de la persona, uno a la vez. El ministro profético da una palabra para la persona a la que no puede ver. Esto "obliga" al ministro a profetizar por fe y a no ser influenciado por lo que ve (o no ve).

PARTE IV

PERMANEZCA EN EL FLUIR

CAPÍTULO 26

RESISTA LA URGENCIA DE HUIR

Vino palabra de Jehová a Jonás hijo de Amitai, diciendo: Levántate y ve a Nínive, aquella gran ciudad, y pregona contra ella; porque ha subido su maldad delante de mí. Y Jonás se levantó para huir de la presencia de Jehová a Tarsis, y descendió a Jope, y halló una nave que partía para Tarsis; y pagando su pasaje, entró en ella para irse con ellos a Tarsis, lejos de la presencia de Jehová.

—Jonás 1:1–3

El Señor me dio una palabra en esta época para todos los Jonás: dejen de huir de su llamado y deber; terminarán en el vientre de una ballena. Tan pronto como obedezcan, esa ballena los escupirá para que puedan cumplir con su deber.

> ¿A dónde me iré de tu Espíritu? ¿Y a dónde huiré de tu presencia? Si subiere a los cielos, allí estás tú; Y si en el Seol hiciere mi estrado, he aquí, allí tú estás. Si tomare las alas del alba y habitare en el extremo del mar, aun allí me guiará tu mano, y me asirá tu diestra.
>
> Si dijere: Ciertamente las tinieblas me encubrirán; Aun la noche resplandecerá alrededor de mí. Aun las tinieblas no encubren de ti, y la noche resplandece como el día; Lo mismo te son las tinieblas que la luz.
>
> —Salmo 139:7–12

¿Es usted un Jonás?

¿Es usted un profeta que huye? ¿Está escapando de su deber de decir la palabra del Señor? ¿Está huyendo de la presencia del Señor? ¿Se está escondiendo? Usted puede huir, pero no puede esconderse de Dios.

El Señor está llamando a los Jonás. Usted no será el primero y no será el último. Hay Jonases en cada generación. Hay profetas huyendo de Dios hoy día. No sea un profeta fugitivo. Usted ha sido llamado a bendecir a su generación. No huya ni se esconda de ese llamado. Recíbalo y obedezca a Dios hoy.

Para quienes no quieren hablar por el Señor, ¡oro que la palabra del Señor en su corazón sea como fuego ardiente metido en sus huesos (Jeremías 20:9)!

Dios le dijo a Jonás que se levantara y fuera a Nínive. En vez de eso, Jonás fue por el lado contrario. Jonás huyó de la presencia del Señor. Hay muchos profetas que son como Jonás. Yo les llamo profetas fugitivos. Ellos perciben y conocen el llamado de Dios para ser profetas; sin embargo, ellos dicen: "no puedo manejar ese llamado".

Si usted es un profeta fugitivo, entonces sabe que no puede esconderse de Dios. No puede esconderse en el fondo de un barco como Jonás. No puede esconderse de la presencia del Señor.

En Salmo 139:8–9 y 12, David escribió: "Si subiere a los cielos, allí estás tú; y si en el Seol hiciere mi estrado, he aquí, allí tú estás. Si tomare las alas del alba y habitare en el extremo del mar…Aun las tinieblas no encubren de ti, y la noche resplandece como el día; lo mismo te son las tinieblas que la luz".

Aun en las tinieblas no puede esconderse de Dios. Jonás trató de esconderse, pero Dios sabía dónde estaba. Dios sabe dónde están sus Jonases. Él sabe dónde está cada profeta.

¡LEVÁNTESE Y VAYA A NÍNIVE!

Jonás sí fue a Nínive. Jonás sí dijo la palabra del Señor para esa ciudad. Los resultados fueron sorprendentes. Toda la ciudad se arrepintió y fue salvada.

El deber de Jonás era hablarle a una ciudad. ¿Cuál es su deber? ¿Cuántas vidas están en la balanza como resultado de su llamado? ¿Cuántas personas serán bendecidas cuando usted obedezca a Dios?

Este es un llamado para que todos los Jonás se levanten y vayan a Nínive. ¿Dónde está su Nínive? ¿A quién ha sido enviado? Estas son preguntas que todo profeta debe responder.

SU EXPERIENCIA TIPO JONÁS TIENE IMPORTANCIA PROFÉTICA

Incluso la experiencia de Jonás fue profética. Él estuvo en el vientre de la ballena durante tres días y tres noches. Esta es una imagen de Cristo estando en el corazón de la tierra durante tres días y tres noches.

> Porque como estuvo Jonás en el vientre del gran pez tres días y tres noches, así estará el Hijo del Hombre en el corazón de la tierra tres días y tres noches.
>
> —MATEO 12:40

Cuando se es profético, hasta sus experiencias serán proféticas. Jonás era profético aun cuando huía de su llamado. El profeta no puede escapar. Usted ha sido asignado por Dios para ser un profeta. Verá cosas aun cuando esté huyendo de su llamado.

> Y le dijeron: ¿Qué haremos contigo para que el mar se nos aquiete? Porque el mar se iba embraveciendo más y más. Él les respondió: Tomadme y echadme al mar, y el mar se os aquietará; porque yo sé que por mi causa ha venido esta gran tempestad sobre vosotros.
>
> —JONÁS 1:11–12

Jonás sabía lo que estaba pasando cuando llegó la tormenta. Los hombres en el barco no lo sabían, pero Jonás sí. Los profetas saben cuando están huyendo. Ellos conocen los problemas de huir del llamado. Jonás les dijo a los hombres que lo tiraran por la borda. Entonces, una ballena se lo tragó. Jonás clamó a Dios desde el vientre del gran pez. Él le prometió a Dios que pagaría sus votos.

Profetas, muchos de ustedes han jurado servir y obedecer al Señor; sin embargo, están huyendo hacia el lado contrario. Es tiempo de cumplir sus votos, promesas, dedicaciones, obligaciones…

> Mas yo con voz de alabanza te ofreceré sacrificios; Pagaré lo que prometí. La salvación es de Jehová.
>
> —Jonás 2:9

> Sobre mí, oh Dios, están tus votos; Te tributaré alabanzas.
>
> —Salmo 56:12

La historia de Jonás nos muestra la importancia del llamado del profeta. Los profetas son diferentes. Son únicos. Ellos no piden ser llamados o escogidos. Los profetas son llamados desde el vientre. Los profetas pagan un precio por huir y esconderse. Jonás terminó en el vientre de un gran pez.

La necesidad le es impuesta

> Pues si anuncio el evangelio, no tengo por qué gloriarme; porque me es impuesta necesidad; y ¡ay de mí si no anunciare el evangelio!
>
> —1 Corintios 9:16

Levántese y obedezca, Jonás. No se meta en problemas. La necesidad le es impuesta. Tiene que obedecer a Dios. Tiene que levantarse. Jonás oró y Dios lo sacó del vientre del pez. Dios lo sacará a usted cuando ore.

Hay muchos ministros que han aceptado el llamado a predicar, pero están huyendo del llamado profético. Quizá su grupo no cree en los profetas. Quizá ha visto gente que no tenía buen carácter llamarse a sí misma "profeta". Quizá ha visto falsos profetas. Estas son razones por las que algunos huyen del llamado.

Dios está llamando y trabajando en la transición de muchos de sus ministros. Muchos han sido llamados a ser profetas, pero tienen temor. No sea un Jonás. No huya del llamado. Acéptelo. El ministerio del profeta está diseñado para llevar liberación y salvación a muchos. Nínive fue conservada y bendecida debido a que Jonás fue allí.

No hay excusas para los profetas

El llamado para ser profeta puede parecer intimidante. El llamado del profeta es una gran responsabilidad. Algunos profetas se inventan excusas, pero Dios no quiere escucharlas.

Jeremías dijo: "Soy muy joven". Moisés dijo: "No soy elocuente". Dios les respondió a ambos.

> Entonces dijo Moisés á Jehová: ¡Ay Señor! yo no soy hombre de palabras de ayer ni de anteayer, ni aun desde que tú hablas á tu siervo; porque soy tardo en el habla y torpe de lengua. Y Jehová le respondió: ¿Quién

dió la boca al hombre? ¿ó quién hizo al mudo y al sordo, al que ve y al ciego? ¿no soy yo Jehová?

—Éxodo 4:10–11, RVA

Y díjome Jehová: No digas, soy niño; porque a todo lo que te enviaré irás tú, y dirás todo lo que te mandaré.

—Jeremías 1:7, RVA

Dios también hará un camino para usted, y Él lo respaldará cuando lo llame. La gracia de Dios es suficiente. No tenga miedo. Usted puede hacerlo.

SOLICITUD A LOS JONÁS

Si ha estado huyendo, entonces, necesita arrepentirse y volver. No desperdicie un día más sin hacer lo que Dios lo ha llamado a hacer. Tome la decisión hoy. Obedezca a Dios. No obedezca a su carne. No se someta a sus temores. No sea rebelde. Arrepiéntase antes de que sea demasiado tarde. Arrepiéntase como Jonás. Jonás clamó al Señor y Dios lo escuchó. Es mejor decir no y, luego, cambiar de parecer, que decir sí, y nunca hacerlo. Observe la parábola de Jesús en el evangelio de Mateo:

Mas, ¿qué os parece? Un hombre tenía dos hijos, y llegando al primero, le dijo: Hijo, ve hoy a trabajar en mi viña. Y respondiendo él, dijo: No quiero; mas después, arrepentido, fue. Y llegando al otro, le dijo de la misma manera; y respondiendo él, dijo: Yo, señor, voy. Y no fue. ¿Cuál de los dos hizo la voluntad de su padre? Dicen ellos: El primero. Díceles Jesús: De cierto os digo, que los publicanos y las rameras os van delante al reino de Dios.

—Mateo 21:28–31, RVA

Entonces, el hijo que dijo "No iré", después se arrepintió y fue al viñedo e hizo la voluntad de su padre. Arrepiéntase y haga la voluntad del Padre. Vaya al viñedo y trabaje.

ORACIÓN DE ARREPENTIMIENTO PARA LOS JONÁS

Señor, me arrepiento de huir de mi llamado. Volveré y obedeceré el llamado. Ya nunca más seré rebelde. No permitiré que el temor o la rebeldía me obliguen a huir del llamado del profeta. Someto mi vida a ti, Señor. Someto mi lengua para hablar tu palabra. Someto mis ojos para ver tu visión. Someto mi vida y tiempo para ser una voz profética. Acepto mi deber y la gracia que necesito para cumplirlo. No seré un Jonás. Iré a mi Nínive. Daré tu mensaje. Que cualquier problema que he experimentado al huir de mi llamado salga de mi vida. Que tu paz regrese a mi vida. Que tu gozo regrese a mi vida. Renuncio y me aparto de todo comportamiento que sea contrario al llamado del profeta. Me aparto de toda tradición religiosa que me impida obedecer este llamado. No tendré temor de hacer lo que me has enviado a hacer.

CAPÍTULO 27

MANTÉNGASE FIRME CONTRA LA OPOSICIÓN

Por tanto, tomad toda la armadura de Dios, para que podáis resistir en el día malo, y habiendo acabado todo, estar firmes.

—Efesios 6:13

COMO PROFETA, SE enfrentará con la oposición. El Señor lo pondrá en situaciones donde se verá obligado a superar cosas como: temor, crítica, rechazo, gente envidiosa, y cosas similares. Esto es parte de la consecuencia de tener una unción fuerte. El Señor hará crecer la valentía en usted. Tendrá que tomar decisiones con las que algunas personas no están de acuerdo. Tendrá que tomar una postura. No puede complacer a todos, y podría perder algunas relaciones.

Pero más que la gente que usted ve, dese cuenta que las batallas que enfrenta para mantener su unción tienen más relación con lo que usted no ve. La Biblia dice que "nuestra lucha no es contra sangre y carne, sino contra principados, contra potestades, contra los poderes de este mundo de tinieblas, contra las huestes espirituales de maldad en las regiones celestiales" (Efesios 6:12). Este versículo trata del diablo y sus demonios.

Los demonios odian a los profetas. Las brujas y los hechiceros odian a los profetas. Jezabel odia a los profetas. Los profetas son una amenaza para las obras de las tinieblas. Los profetas exponen las obras del enemigo. Los profetas están en la lista de víctimas del enemigo. Dios protege a los profetas. Dios los sustenta. No tenga temor del enemigo. Ningún arma forjada contra usted prosperará.

> Ninguna arma forjada contra ti prosperará, y condenarás toda lengua que se levante contra ti en juicio. Esta es la herencia de los siervos de Jehová, y su salvación de mí vendrá, dijo Jehová.
>
> —Isaías 54:17

> Porque cuando Jezabel destruía a los profetas de Jehová, Abdías tomó a cien profetas y los escondió de cincuenta en cincuenta en cuevas, y los sustentó con pan y agua.
>
> —1 Reyes 18:4

Aun en el medio de las pruebas y la adversidad, sustenta a los profetas. Ellos no tienen que depender del hombre o de los sistemas religiosos para sobrevivir. Los profetas dependen de Dios. Ellos deben ser libres para hablar por el Señor. Los verdaderos profetas no comen en la mesa de Jezabel.

> Levántate, vete a Sarepta de Sidón, y mora allí; he aquí yo he dado
> orden allí a una mujer viuda que te sustente.
>
> —1 Reyes 17:9

> Envía, pues, ahora y congrégame a todo Israel en el monte Carmelo, y
> los cuatrocientos cincuenta profetas de Baal, y los cuatrocientos pro-
> fetas de Asera, que comen de la mesa de Jezabel.
>
> —1 Reyes 18:19

Los cuervos alimentaron a Elías. Dios era su fuente y su proveedor. Los profetas dependen de Dios por su sustento. Los profetas necesitan el sustento de
Dios porque ellos son muchas veces rechazados por el hombre. Profeta, espere
recibir provisión milagrosa de parte de Dios.

> Apártate de aquí, y vuélvete al oriente, y escóndete en el arroyo de
> Querit, que está frente al Jordán. Beberás del arroyo; y yo he mandado
> a los cuervos que te den allí de comer. Y él fue e hizo conforme a la
> palabra de Jehová; pues se fue y vivió junto al arroyo de Querit, que
> está frente al Jordán.
>
> —1 Reyes 17:3–5

Dios preserva a sus profetas. No te engañes, Jezabel; no puedes matarlos
a todos.

> ¿No ha sido dicho a mi señor lo que hice, cuando Jezabel mataba a los
> profetas de Jehová que escondí cien: varones de los profetas de Jehová:
> que escondí cien varones de los profetas de Jehová de cincuenta en cin-
> cuenta en cuevas, y los mantuve á pan y agua?
>
> —1 Reyes 18:13, rva

Dios detesta cuando sus profetas son maltratados. Los profetas pueden ser
maltratados, perseguidos, ignorados, llamados locos, rechazados, subestimados,
aislados, amordazados y pasados por alto. Muchas veces, los profetas son perseguidos por los sistemas a los que se oponen. Esto no es nuevo. Dios justifica a
sus profetas, los defiende y trata con los sistemas que los maltrataron.

> No toquéis, dijo, a mis ungidos, ni hagáis mal a mis profetas.
>
> —Salmo 105:15

> Y Jeremías entraba y salía en medio del pueblo; porque todavía no lo
> habían puesto en la cárcel.
>
> —Jeremías 37:4

Ahora que usted ya conoce la postura de Dios en relación a las épocas difíciles en su vida y ministerio como profeta, veamos lo que es su responsabilidad
en lo que se refiere a mantenerse firme contra la oposición.

Superar el temor al hombre

Esta puede ser una batalla mayor para los profetas. El temor al hombre conlleva una trampa. Usted no puede temer al hombre, al llamado, a la crítica, al rechazo, a la persecución o intimidación y estar fuerte en lo profético. El temor cortará su fluir profético. Cada uno tiene que superar algún tipo de temor. Usted no es el único. Dios lo librará de todos sus temores y le dará el valor que necesita.

> No temas delante de ellos, porque contigo estoy para librarte, dice Jehová.
>
> —Jeremías 1:8

> Y no temáis a los que matan el cuerpo, mas el alma no pueden matar; temed más bien a aquel que puede destruir el alma y el cuerpo en el infierno.
>
> —Mateo 10:28

> El temor del hombre pondrá lazo; Mas el que confía en Jehová será exaltado.
>
> —Proverbios 29:25

No puede congraciarse con todos

> Pues, ¿busco ahora el favor de los hombres, o el de Dios? ¿O trato de agradar a los hombres? Pues si todavía agradara a los hombres, no sería siervo de Cristo.
>
> —Gálatas 1:10

El deseo del profeta es complacer a Dios, no a los hombres. Usted no puede ser siervo de Cristo y complacer al hombre. Los profetas no buscan la aprobación del hombre. La prioridad del profeta es complacer a Dios.

El deseo excesivo de complacer al hombre lo lleva a la atadura esclavizándole a todo aquel a quien desea complacer.

Debe obedecer a Dios

> Respondiendo Pedro y los apóstoles, dijeron: "Es necesario obedecer a Dios antes que a los hombres".
>
> —Hechos 5:29

Aunque esto está dicho por un apóstol (y aplica de igual manera a todos los apóstoles), describe perfectamente a un profeta. Cuando se le confronta con una elección, el profeta obedecerá a Dios. El nombre no puede estar por encima de Dios para el profeta. Los mandamientos de Dios los sobrepasa a todos.

No puede vivir de los halagos y la aprobación de la gente

> Al hombre le encantan los reconocimientos de los hombres, particularmente a los hombres que tienen prestigio, pero tenemos que destetarnos de esa necesidad. Es un proceso; no se lleva a cabo en un solo día. Cada

vez que Dios nos lleva al lugar del destete, tenemos que someternos a ello, hasta que lleguemos al punto donde ya no lo necesitemos. Debemos llegar al nivel donde no solamente somos indiferentes al aplauso del hombre, sino también a sus críticas y reproches. [Traducción libre]
—ART KATZ[1]

Porque amaban más la gloria de los hombres que la gloria de Dios.
—JUAN 12:43

Sino que es judío el que lo es en lo interior, y la circuncisión es la del corazón, en espíritu, no en letra; la alabanza del cual no viene de los hombres, sino de Dios.
—ROMANOS 2:29

No busque que la gente lo honre

Jesús no buscaba ni recibía la honra del hombre. Jesús recibía honor del Padre. Los profetas siempre han tenido que vivir sin la honra que viene de los hombres. Dios no quiere que usted dependa de la honra del hombre. La honra del Padre es lo más importante para los profetas.

Mas Jesús les decía: No hay profeta sin honra sino en su propia tierra, y entre sus parientes, y en su casa.
—MARCOS 6:4

Gloria de los hombres no recibo.
—JUAN 5:41

Respondió Jesús: Si yo me glorifico a mí mismo, mi gloria nada es; mi Padre es el que me glorifica, el que vosotros decís que es vuestro Dios.
—JUAN 8:54

Prepárese para quedarse solo

El temor hará que los hombres huyan y se escondan. Solo pregúntele a Jesús y a Pablo.

Mas todo esto sucede, para que se cumplan las Escrituras de los profetas. Entonces todos los discípulos, dejándole, huyeron.
—MATEO 26:56

En mi primera defensa ninguno estuvo a mi lado, sino que todos me desampararon; no les sea tomado en cuenta.
—2 TIMOTEO 4:16

Esté preparado para cuando algunas iglesias rechacen su ministerio

El temor a ser excomulgado: de ser expulsado de la sinagoga, de ser expulsado de la iglesia o la denominación, siempre ha sino una manera en que los sistemas religiosos controlan al hombre. Los fariseos amenazaban con la excomunión a todo el que confesara a Cristo. ¿Está dispuesto a ser excomulgado a causa de la verdad?

Los líderes de la iglesia primitiva fueron excomulgados. Martín Lutero y John Hus fueron excomulgados. Los reformadores fueron excomulgados.

La excomunión es en realidad un tipo de destierro, un castigo que da una iglesia cuando uno de sus miembros quebranta alguna regla importante de la iglesia. La raíz del latín es *excommunicare* que significa "sacarlo de la comunidad", que es justo lo que sucede cuando una persona es excomulgada.

> Esto dijeron sus padres, porque tenían miedo de los judíos, por cuanto los judíos ya habían acordado que si alguno confesase que Jesús era el Mesías, fuera expulsado de la sinagoga.
>
> —Juan 9:22

> Os expulsarán de las sinagogas; y aun viene la hora cuando cualquiera que os mate, pensará que rinde servicio a Dios.
>
> —Juan 16:2

Esté preparado para confrontar

> Anda a verlo por la mañana, cuando salga a bañarse. Espéralo a orillas del río Nilo, y sal luego a su encuentro. No dejes de llevar la vara que se convirtió en serpiente.
>
> —Éxodo 7:15, niv

> Hijo de hombre, échale en cara a Jerusalén sus prácticas repugnantes.
>
> —Ezequiel 16:2, niv

Un profeta no puede funcionar con integridad si su lealtad está en la persona equivocada. El temor al hombre lleva a la transigencia, orgullo, rechazo y mucho más.

Demonios que atacan a los profetas

El espíritu más conocido preparado para derrumbar profetas y ministerios proféticos es el espíritu de Jezabel. Este espíritu odia a los profetas e intenta eliminarlos. En la Biblia, Jezabel era una bruja. Su idolatría y hechizos eran muchos. Otros espíritus que atacan a los profetas incluyen:

- Rechazo (auto rechazo, temor al rechazo)
- Temor
- Intimidación
- Hechicería
- Soledad
- Inseguridad
- Inferioridad
- Enfermedad
- Desánimo
- Dolor
- Depresión
- Frustración
- Agotamiento
- Orgullo
- Confusión
- Envidia (contra los profetas)
- Fatiga

- Aislamiento
- Decepción
- Timidez
- Lujuria
- Aflicción
- Tristeza
- Cansancio
- Amargura
- Falta de perdón
- Enojo Engaño (autoengaño)
- Abstinencia

Deshágase de estos espíritus. Posiblemente no sea atacado por todos ellos, pero debe de lidiar con los que le han afectado.

CUANDO LA GENTE INTENTA ANULARLO

Las personas usarán todo tipo de medios para anular a los profetas, incluyendo falsas acusaciones y hasta citar mal las escrituras y el carácter de Dios para protegerse de que usted vea dentro del corazón de ellas.

A veces, a los profetas se les acusa de estar locos y de tener un demonio. A Jesús lo llamaron Samaritano y lo acusaron de tener un demonio. Muchas veces, los profetas son llamados: "rebeldes", "religiosos", "misteriosos", "raros" y "locos", especialmente por los sistemas religiosos confrontados con la verdad.

> Los judíos le respondieron: —Tú eres como un samaritano, y tienes un demonio que te está volviendo loco. ¿No es cierto que tenemos razón al decir esto?
>
> —JUAN 8:48, PDT

> Respondieron entonces los judíos, y le dijeron: ¿No decimos bien nosotros, que tú eres samaritano, y que tienes demonio?
>
> —JUAN 8:52

La gente usará el versículo "No juzguéis" para callarle la boca al profeta. Un versículo similar que la gente usa para romper el fluir del juicio o advertencia profética es "Dios es amor".

En relación a "No juzguéis", Jesús se refería a un espíritu criticón, condenatorio, quisquilloso y santurrón (juicio externo). La referencia bíblica para "no juzguéis" no significa que la crueldad y el mal no sean expuestos y reprendidos. Jesús se está refiriendo al juicio injusto no al juicio justo. Jesús expuso y reprendió a los fariseos por su crueldad.

> Contestaron los judíos, y le dijeron: ¿No decimos con razón que tú eres samaritano y que tienes un demonio?
>
> —MATEO 7:1, LBLA

> No juzguéis según las apariencias, sino juzgad con justo juicio.
>
> —JUAN 7:24

CÓMO MANTENERSE EN LA BATALLA

Vuélvase rudo

Los profetas deben desarrollar un poco de rudeza. Prepárese para vestir pelo de camello y comer langostas y miel silvestre.

> Y tenía Juan su vestido de pelos de camellos, y una cinta de cuero alrededor de sus lomos; y su comida era langostas y miel silvestre.
>
> —MATEO 3:4, RVA

Usted debe ser rudo, lo suficientemente fuerte para soportar las condiciones adversas o el trato áspero o negligente.

Sacúdase el polvo

Los profetas tienen que aprender a cómo "sacudirse el polvo". Los profetas quieren que todos reciban la verdad y sean bendecidos; sin embargo, a veces, eso no siempre sucede así. Uno no puede obligar a la gente a hacer lo que el Señor dice. A veces, uno tiene que irse y "sacudirse el polvo".

> Y cualquiera que no os recibiere, ni oyere vuestras palabras, salid de aquella casa o ciudad, y sacudid el polvo de vuestros pies.
>
> —MATEO 10:14, RVA

Recuerde, no se trata de usted

Si es rechazado, no agarre demonios de dolor y rechazo. No reciba a esos demonios en su vida. Recuerde la palabra del Señor para Samuel:

> Y dijo Jehová a Samuel: Oye la voz del pueblo en todo lo que te dijeren: porque no te han desechado a ti, sino a mí me han desechado, para que no reine sobre ellos.
>
> —1 SAMUEL 8:7, RVA

No se trata de usted; se trata del Señor. Regocíjese, y esté más que alegre.

> Bienaventurados sois cuando por mi causa os vituperen y os persigan, y digan toda clase de mal contra vosotros, mintiendo. Gozaos y alegraos, porque vuestro galardón es grande en los cielos; porque así persiguieron a los profetas que fueron antes de vosotros.
>
> —MATEO 5:11–12

¡Regocíjese!

Los profetas conocen lo que es llorar. Los profetas conocen lo que es afligirse. Los profetas también necesitan regocijarse. Deben aprender a regocijarse aun cuando las cosas no se vean bien. Aprenda del profeta Habacuc y del salmista.

> Aunque la higuera no florecerá, ni en las vides habrá frutos; Mentirá la obra de la oliva, y los labrados no darán mantenimiento. Y las ovejas serán quitadas de la majada, y no habrá vacas en los corrales; Con todo yo me alegraré en Jehová, me gozaré en el Dios de mi salud. Jehová el

Señor es mi fortaleza, el cual pondrá mis pies como de ciervas, y me hará andar sobre mis alturas.

—Habacuc 3:17–19, rva

Porque su ira es sólo por un momento, pero su favor es por toda una vida; el llanto puede durar toda la noche, pero a la mañana vendrá el grito de alegría.

—Salmo 30:5, lbla

No pierda la esperanza

Juan era un profeta que clamaba en el desierto. Él estaba en el desierto. El desierto representa aislamiento y separación. La gente venía al desierto a escucharlo. No se desespere, profeta. Aquellos que quieren oír, oirán.

Porque éste es aquel del cual fue dicho por el profeta Isaías, que dijo: Voz de uno que clama en el desierto: Aparejad el camino del Señor, enderezad sus veredas…Entonces salía a él Jerusalén, y toda Judea, y toda la provincia de alrededor del Jordán.

—Mateo 3:3, 5, rva

Encomiende al Señor sus obras

Encomienda tus obras al Señor (encárgueselas y confíeselas completamente a Él; Él hará que sus pensamientos estén de acuerdo con Su voluntad), y tus propósitos se afianzarán.

—Proverbios 16:3, lbla, paréntesis añadido

El corazón del hombre piensa su camino; mas Jehová endereza sus pasos.

—Proverbios 16:9

CAPÍTULO 28

PROCURE LA COMUNIDAD PROFÉTICA

No dejando de congregarnos, como algunos tienen por costumbre, sino exhortándonos; y tanto más, cuanto veis que aquel día se acerca.

—HEBREOS 10:25

En EL NUEVO Testamento, el apóstol Pablo menciona el presbiterio profético como una función en la iglesia primitiva. Hay gran necesidad de que las iglesias locales tengan presbiterios proféticos que fortalecerán, liberarán y ayudarán a la iglesia a pasar a un nivel mayor de avance y ministerio. Estoy sorprendido del número de iglesias que nunca han tenido un tiempo para el presbiterio profético, aunque esto era practicado en la iglesia primitiva y ha sido restaurado a la iglesia moderna desde hace más de cincuenta años.

> No descuides el don que hay en ti, que te fue dado mediante profecía con la imposición de las manos del presbiterio. Ocúpate en estas cosas; permanece en ellas, para que tu aprovechamiento sea manifiesto a todos.
>
> —1 TIMOTEO 4:14–15

Las iglesias tienen que tener una revelación del poder de los presbiterios proféticos y, luego, apartar periódicamente un tiempo para ellos. En el libro de David Blomgren, *Prophetic Gatherings in the Church* [Reuniones proféticas en la iglesia] es un libro clásico en el tema de los presbiterios proféticos. Desafortunadamente, está fuera de circulación ahora. Me estaré refiriendo a ese libro en este capítulo.

¿QUÉ ES PRESBITERIO PROFÉTICO?

El presbiterio profético está compuesto por presbíteros, o ancianos, de una iglesia local, quienes también son apóstoles y profetas y que tienen el don residente de la profecía. Cuando un presbiterio se lleva a cabo, estos presbíteros (ancianos) imponen manos y profetizan sobre creyentes seleccionados para decirles la voluntad de Dios para ellos, impartirles dones y enviarlos a los ministerios a donde pertenecen. Los presbíteros no tienen que pertenecer a la iglesia local donde se lleva a cabo el presbiterio. Es decir, las iglesias locales pueden llamar presbíteros de otras iglesias para conducir un presbiterio.

Bill Hamon define *presbiterio profético* como un tiempo en que dos o más profetas o ministerios proféticos imponen manos y profetizan sobre individuos en un lugar y momento específico.[1]

Los presbiterios proféticos se conducen por varias razones:

1. Para revelarles a los santos el ministerio al que pertenecen en el cuerpo de Cristo.
2. Para ministrar una palabra (rhema) profética de parte de Dios para los individuos.
3. Para la impartición y activación de los dones divinamente ordenados, las gracias y los llamamientos.
4. Para la revelación, clarificación y confirmación del ministerio de liderazgo en la iglesia local.
5. Para la imposición de manos y profetizar sobre aquellos que han sido llamados y preparados apropiadamente para ser ministros ordenados sirviendo en uno de los cinco dones ministeriales.

Un presbiterio profético es diferente a recibir palabras proféticas de un equipo profético. Los presbiterios proféticos son gubernamentales, ya que están conducidos por la autoridad (los ancianos) de la iglesia. Los presbiterios deben dar palabras proféticas a las personas por las que ellos se han reunido a orar; sin embargo, los presbiterios proféticos tienen más un aspecto de "ubicar y enviar" para aquellos que reciben ministración. Los candidatos para recibir ministración son escogidos por el liderazgo de la iglesia. El presbiterio profético no es un momento para que cualquiera o todos reciban una palabra.

Equipo del presbiterio
El equipo del presbiterio puede consistir de dos o más presbíteros, aunque lo ideal es tener tres o cuatro presbíteros en el equipo. Cada presbítero toma un tiempo para profetizar sobre los candidatos ante toda la congregación. Cada presbítero tiene una porción de la palabra para dar; ninguno de ellos tendrá la palabra del Señor completa. Los presbíteros tienen que trabajar juntos como equipo. No hay competencia entre los presbíteros, particularmente porque todos ellos deben ser maduros (ancianos).

El presbítero es liderado por un presbítero experimentado (generalmente, un apóstol con la mayor experiencia y madurez entre los presbíteros). Los apóstoles podrán profetizar con autoridad y revelación desde su cargo apostólico. Ellos también tienen una unción para preparar. Sin embargo, los profetas son muy necesarios en un presbiterio porque ellos llevan el detalle y la claridad al dar la palabra del Señor desde la función de profeta. Los apóstoles y los profetas forman un poderoso equipo en un presbiterio.

Los presbíteros con un don residente de profecía pueden profetizar al pueblo de Dios con regularidad. Ellos no tienen que esperar una unción especial para profetizar; pueden hacerlo debido al don residente de profecía. El don simple de profecía es para edificación, exhortación, y consuelo; sin embargo, los apóstoles y los profetas pueden ir por encima de estos y declarar dirección, corrección y revelación. Ellos pueden hacerlo debido a otros dones, tales como: palabra de sabiduría, palabra de conocimiento y fe, los cuales operan a través de sus cargos.

Por lo tanto, un presbiterio profético irá más allá de la edificación, exhortación y consuelo. Incluirá impartición, dirección, confirmación y revelación debido a la combinación del don residente de profecía en los presbíteros y la fuerza y la unción de sus cargos.

La fortaleza de un presbiterio profético particular dependerá de los presbíteros y de los candidatos. Mientras más maduros y dotados sean los presbíteros y más calificados los candidatos, más fuerte será el fluir profético. La fortaleza del presbiterio, creada en parte a través de la oración, el ayuno y la adoración, será determinada por la fe de la iglesia y la atmósfera espiritual.

Expresiones e imparticiones fuertes deben esperarse si un presbiterio es conducido adecuadamente. Dios desea que las iglesias tengan reuniones proféticas fuertes. Estos deberían ser momentos de gran refrigerio y bendición para toda la iglesia. Aun aquellos que no están recibiendo ministración pueden regocijarse y ser bendecidos cuando ven y escuchan mientras otros en el cuerpo reciben tanto del Señor. Siempre sucede que cuando otros en el cuerpo son fortalecidos y enviados, la Iglesia entera es bendecida.

¿Quién debe asistir?

Todo el liderazgo de la Iglesia debe estar presente durante el presbiterio. Ellos necesitan oír las palabras proféticas pronunciadas sobre las personas que están bajo su liderazgo. El liderazgo de la Iglesia está a cargo de supervisar a los miembros y tiene la responsabilidad de ayudar a guiar a los candidatos después de que hayan recibido la ministración profética. Los miembros también deben ser animados a asistir y dar su apoyo. La unción corporativa permite que se lleve a cabo un presbiterio fuerte. Aquellos que no están recibiendo ministración, no deben sentarse sin hacer nada como si fueran simples espectadores de lo que está sucediendo. Ellos deben, por medio de su fe y oraciones, apoyar en la creación de una atmósfera que ayude a los presbíteros y candidatos a recibir la bendición completa del Señor.

Es sabio invitar a presbíteros que sean nuevos en la Iglesia y no demasiado conocidos de la gente que recibe la ministración. También es bueno tener un presbítero que haya llegado antes, que haya operado en el presbiterio antes (si este no fuera el primer presbiterio). Hay muchos líderes dentro de la Iglesia local que pueden operar en un presbiterio; sin embargo, se recomienda que el liderazgo traiga presbíteros externos que no estén familiarizados con los candidatos.

Después que cada presbítero haya profetizado (aunque no es necesario que todos los presbíteros profeticen sobre cada candidato), es momento de que el presbiterio imponga manos y ore por el candidato (o candidatos si es una pareja). Este es un momento de impartición y transferencia de dones y unción. El candidato será motivado, confirmado, fortalecido y enviado a una esfera mayor de ministerio como resultado del presbiterio profético. La Iglesia también será bendecida al escuchar la palabra profética que fue declarada sobre los candidatos. Esto ayudará a la Iglesia y al liderazgo para discernir los dones y el llamado de

248 | El manual del profeta

los candidatos. La iglesia será edificada porque personas claves (los candidatos) han recibido presbiterio profético.

Candidatos

Los candidatos deben ser miembros de la iglesia local quienes han sido seleccionados por su liderazgo. Ellos deben ser salvos y estar llenos del Espíritu, y deben demostrar madurez espiritual. Se recomienda que los candidatos sean miembros de la Iglesia local durante por lo menos un año para evitar que la gente se una a la Iglesia solamente para recibir este tipo de ministración. El presbiterio profético no es el momento para arreglar los problemas que tengan los creyentes. Es injusto para los presbíteros seleccionar personas que no están calificadas para recibir el tipo específico de ministración que ellos ofrecen.

Mientras que todos los creyentes pueden recibir profecía, y las iglesias de hoy están levantando equipos proféticos para lograrlo, el presbiterio profético es un tiempo durante el cual solamente unos pocos seleccionados reciben ministración profética a fondo. Es recomendable que el número esté limitado entre tres y siete. Después de que los candidatos reciban presbiterio profético, se puede dar tiempo para llamar a personas de la congregación y profetizar sobre ellos. Esto es para motivar a los creyentes, pero no es la razón principal por la que los presbíteros han llegado. La iglesia también puede recibir palabra corporativa durante un tiempo de presbiterio profético.

Los creyentes de la iglesia local pueden solicitar ser candidatos para el presbiterio profético. Sin embargo, el liderazgo lleva la responsabilidad de seleccionar a los candidatos. Aquellos que son escogidos deben ser notificados con anticipación para prepararse espiritualmente para el presbiterio profético. El ayuno de parte de los candidatos y de los presbíteros siempre mejorará la fuerza y la precisión de la palabra profética. Toda la Iglesia puede ser motivada a ayunar previo al presbiterio. Esto creará una atmósfera para que el Espíritu Santo le hable a la Iglesia.

Dicho eso, también debería quedar claro que las personas que no desean presbiterio profético no deberán ser forzadas a recibirlo. Si un esposo o esposa desea convertirse en candidato para el presbiterio profético, pero su compañero no, esto no representa una descalificación. Sin embargo, si uno de los cónyuges no está tan calificado como el otro y, aun así, ambos desean ministración, es aconsejable que ellos reciban ministración como pareja (siempre y cuando ambos sean salvos). Si un cónyuge no es salvo, el cónyuge creyente todavía puede recibir ministración del presbiterio solo.

Los candidatos deberían ser personas que el liderazgo de la Iglesia sienta que están por entrar a un nuevo nivel de ministerio. Ellos pueden ser líderes potenciales o ministros potenciales de la Iglesia. Las iglesias grandes tendrán abundancia de candidatos, y ellos deben ser escogidos cuidadosamente y en oración. Podría haber una tendencia de que algunas personas se sientan ignoradas; sin embargo, todos deben entender la limitación del tiempo y ninguno debe ofenderse si no es escogido.

Ubicación y duración

El presbiterio debería suceder en las instalaciones de la iglesia local. No debería hacerse en una célula o en una reunión en casa. La iglesia entera debe comprender la importancia de este tiempo y, si es posible, participar en él. Un mensaje corto debe darse antes de un presbiterio, y la adoración debe ser hecha a intervalos para mantener la fuerza del espíritu profético. Todas las profecías deberían ser grabadas y, luego, revisadas por el liderazgo. El candidato tiene la responsabilidad de prestar atención a la palabra presentada.

El presbiterio puede llevarse a cabo durante varios días. Se necesita tiempo para ministrar en un presbiterio profético. Este no es momento para llamar a los profetas a profetizar sobre todo lo que se mueva en su iglesia.

Una iglesia puede tener un presbiterio anual o cada dos años, dependiendo de la necesidad. Los líderes deben pasar tiempo enseñando y preparando a la Iglesia si nunca han tenido un presbiterio. La Iglesia necesita tener revelación y entender la importancia de tal momento.

Restauración del presbiterio profético

La práctica de la ministración de los presbiterios proféticos se mantuvo ausente de la Iglesia por muchas generaciones después de que la Iglesia primitiva se dispersó hasta el Movimiento Lluvia Tardía de los años 1940 en Norte América. Muchas iglesias empezaron a operar en presbiterios durante el Movimiento Lluvia Tardía. Sin embargo, después de un corto tiempo, la práctica volvió a decaer significativamente. Una de las razones de esto es que había muy pocos libros escritos por los líderes del Movimiento Lluvia Tardía.

Estamos viviendo en tiempos de restauración. El presbiterio profético es parte de la verdad restaurada que las iglesias deben recibir y operar en ella. Las iglesias de la restauración están recobrando la verdad, revelación y ministerio que han estado ausentes o descuidados en la Iglesia durante generaciones. Con la verdad restaurada viene una capacidad más grande para el avance y la liberación del ministerio.

El presbiterio profético es como una "tecnología espiritual" que el enemigo desea impedir en la Iglesia local porque puede ser muy efectiva para fortalecer a la Iglesia. Tengo un gran deseo de verla restaurada por completo. He sido testigo de los beneficios del presbiterio profético en *Crusaders Church*, sobre la cual soy el director apostólico.

Beneficios de la profecía en un presbiterio

David Blomgren menciona nueve beneficios de la profecía en un presbiterio como sigue:

1. Edificación (1 Corintios 14:3)
2. Exhortación (1 Corintios 14:3)
3. Consuelo (1 Corintios 14:3)

4. Dirección (Hechos 13:1–2)

5. Concesión (1 Timoteo 4:14)

6. Confirmación (Hechos 15:32)

7. Corrección (1 Corintios 14:31, "aprender" significa aprendizaje correctivo)

8. Juicio (Oseas 6:5)

9. Equipar a los santos (Efesios 4:11–12) [2]

El presbiterio profético desata gran gracia para los oyentes. La palabra profética es capaz de edificarnos y desatar nuestros legados sobre nosotros.

> Y ahora, hermanos, os encomiendo a Dios, y a la palabra de su gracia, que tiene poder para sobreedificaros y daros herencia con todos los santificados.
>
> —Hechos 20:32

Los creyentes necesitan gracia para servir a Dios. Los creyentes necesitan abundancia de gracia para que puedan "reinar en vida" (Romanos 5:17). Una señal de abundancia de gracia es abundancia de dones (1 Corintios 1:4–7), y ambos, dones y gracia, son impartidos durante el presbiterio profético.

La palabra profética es más que información. La palabra profética desata vida (aliento). Recuerde la experiencia del profeta Ezequiel:

> Y profeticé como me había mandado, y entró espíritu en ellos, y vivieron, y estuvieron sobre sus pies; un ejército grande en extremo.
>
> —Ezequiel 37:10

El presbiterio profético es un tiempo en el cual se sopla vida en el receptor. Los dones y el destino del candidato son revelados y activados. Eso hace que los creyentes se levanten y se paren sobre sus propios pies. Es una clave para levantar un ejército fuerte de creyentes.

Los líderes cambian cuando entran en contacto con la compañía de profetas. Saúl fue enviado como el primer rey de Israel a través de la unción profética:

> Después de esto llegarás al collado de Dios donde está la guarnición de los filisteos; y cuando entres allá en la ciudad encontrarás una compañía de profetas que descienden del lugar alto, y delante de ellos salterio, pandero, flauta y arpa, y ellos profetizando. Entonces el Espíritu de Jehová vendrá sobre ti con poder, y profetizarás con ellos, y serás mudado en otro hombre.
>
> —1 Samuel 10:5–6

El presbiterio profético es un momento para enviar líderes potenciales a sus llamados y ministerios. La fortaleza del presbiterio profético es la combinación de las unciones del equipo. Los miembros del equipo se fortalecen y animan entre sí cuando ministran juntos.

El presbiterio profético es un tiempo para enterarse de la voluntad de Dios y ser animado. Es un momento para permitirles a los profetas que hablen. Los presbíteros ministran como equipo:

> Asimismo, los profetas hablen dos o tres, y los demás juzguen. Y si algo le fuere revelado a otro que estuviere sentado, calle el primero. Porque podéis profetizar todos uno por uno, para que todos aprendan, y todos sean exhortados.
>
> —1 Corintios 14:29–31

Mientras uno ministra, los demás reciben revelación relacionada con los candidatos. De esta manera, los candidatos se benefician de la ministración de varios profetas.

Como mencioné antes, creo que el presbiterio profético es una tecnología espiritual que proviene de Dios y que está diseñada para ayudar a los líderes a edificar iglesias fuertes. Este es el día de la restauración. Las iglesias deben apropiarse de todos los beneficios que los dones de Dios traen a la iglesia.

Creo que cuando las iglesias alrededor del mundo aprovechen el presbiterio profético, entrarán a la fortaleza y el poder apostólico.

Dar poder por medio de la imposición de manos

La palabra hebrea para *imponer* es *camak*[3], y la palabra para *imposición de manos* para una ordenación o un sacrificio es *semicha*.[4] La palabra griega para *imposición de manos* es *epitithēmi*. Esta palabra implica contacto, lo que es un canal de transmisión.[5] La profecía es un canal a través del cual se transfieren gracia y dones. La persona que los recibe tiene la responsabilidad y obligación de administrar los dones y la gracia que recibió. Timoteo recibió un don a través de la profecía con la imposición de manos del presbiterio.

> Este mandamiento, hijo Timoteo, te encargo, para que conforme a las profecías que se hicieron antes en cuanto a ti, milites por ellas la buena milicia.
>
> —1 Timoteo 1:18

Las profecías que Timoteo recibió le ayudaron a pelear la buena batalla. Pablo le recordó (encargó) acerca de estas profecías. El receptor no debe tomar a la ligera el presbiterio profético. Al que mucho se le da, mucho se le requiere. El receptor tiene la responsabilidad y obligación de luchar con la palabra profética. El candidato debe meditar y usar las palabras grabadas durante un presbiterio como un arma contra el enemigo.

David Blomgren menciona trece beneficios de la imposición de manos y la profecía por el presbiterio[6]:

1. Una mayor conciencia de la responsabilidad de uno para funcionar en un ministerio.

2. Una mayor apreciación de los diferentes ministerios en el cuerpo de Cristo y la necesidad de ellos.

3. Un "establecimiento" de ministerios en la asamblea local.

4. Encontrar el lugar de uno en el cuerpo de Cristo.

5. La confirmación de la voluntad de Dios para el candidato.

6. El desarrollo adicional de los ministerios en el cuerpo local.

7. Asistencia especializada por medio de la revelación profética y la vida individual.

8. El fortalecimiento de toda la Iglesia en un mejor entendimiento de los caminos de Dios a través de recibir el ministerio profético.

9. El incremento del nivel espiritual de toda la Iglesia a través de buscar al Señor en ayuno y oración.

10. Recibir dirección profética para toda la Iglesia.

11. Impartición de dones y bendiciones a los creyentes por medio de la imposición de manos.

12. Un mayor reconocimiento del orden de Dios en la autoridad del liderazgo local como supervisores de la vida de las personas.

13. Un depósito de fe en el corazón de la congregación para ver cumplidos los propósitos de Dios.

Las reuniones proféticas son momentos cuando los destinos son revelados y desatados. La profecía siempre ha sido un vehículo por medio del cual el Señor le ha dado dirección, bendición, activación e impartición a su pueblo. Esto se puede ver cuando Jacob reunió a sus hijos. Jacob les habló proféticamente y detalló el destino y el legado de cada uno:

> Y llamó Jacob a sus hijos, y dijo: Juntaos, y os declararé lo que os ha de acontecer en los días venideros. Juntaos y oíd, hijos de Jacob, y escuchad a vuestro padre Israel.
>
> —Génesis 49:1–2

Para las iglesias y los creyentes es importante apartar un tiempo para las reuniones proféticas. Estos pueden ser momentos de poder y liberación cuando están acompañados de la oración y el ayuno y la imposición de manos, lo cual es una de las principales doctrinas de la Iglesia (Hebreos 6:1–2).

A veces, la palabra profética declarada durante el tiempo de un presbiterio no se cumplirá sino hasta años después. Con el presbiterio profético, los creyentes pueden prepararse para el futuro alineándose a sí mismo con la Palabra del Señor. La palabra del Señor será probada; sin embargo, un creyente que anda en fe y obediencia verá el resultado deseado.

Moisés profetizó sobre las tribus de Israel. La Palabra de Dios lo llama una bendición:

Esta es la bendición con la cual bendijo Moisés varón de Dios a los hijos de Israel, antes que muriese.

—Deuteronomio 33:1

El presbiterio profético es un tiempo de bendición. *Bendición* en hebreo es *berakah*, que significa invocar la protección divina. Moisés era un profeta. Los profetas tienen la gracia, autoridad y capacidad para desatar bendiciones tremendas. Por eso es que los presbiterios deben estar formados por profetas que tienen el cargo de profeta en lugar de personas con el don de profecía. Los profetas tienen más gracia y autoridad para enviar y bendecir a las personas en lo que se refiere al destino de ellas.

Qué pasaría si su iglesia no tiene capacitación o reuniones proféticas

Me han hecho esta pregunta muchas veces debido a que he empezado a facilitar mesas redondas por todo el país. Algunos se han preguntado si deberían empezar su propia iglesia o cambiarse a una diferente porque la iglesia a la que asisten no opera en lo profético. A menos que usted tenga la gracia para empezar una iglesia, yo no recomendaría que lo haga. Empezar iglesias es, en realidad, una función apostólica, aunque los profetas pueden comenzar iglesias. No recomiendo que se vuelvan un grupo radical apartado de la iglesia local, donde se reúnan solamente fuera de la iglesia, sino un grupo base de personas unidas; quienes, además, están interesadas en lo profético y que van a orar y estudiar juntas. Obtengan algunos libros sobre el tema. Empiecen un club de lectura. Lean los libros. Reúnanse y discútanlos. Use el grupo para mantenerse enfocados, conectados e inspirados a fin de no resecarse y morir espiritualmente.

Además, recomiendo que sea activado. Usted puede asistir a una conferencia profética para ser activado, aunque tenga que viajar para encontrar una. Luego, conéctese con una asociación o red profética para que pueda estar consistentemente en contacto con personas proféticamente maduras; aun así, usted deberá someterse a una iglesia local, solamente para poder escuchar la palabra. La página web *elijahlist.com/links* tiene un listado de ministerios proféticos a los que puede tener acceso. Pero, repito, todavía necesita someterse a la iglesia local para poder escuchar la Palabra. Además, considere entrar en contacto con los autores de los libros que está leyendo para recibir activación e impartición.

Aun si su iglesia no fluye proféticamente, pero enseñan y predican la Palabra, tienen buena adoración y es una hermandad llena de amor, yo creo que es importante que usted permanezca conectado y que siga rindiendo cuentas allí. Usted no querrá ser un profeta renegado que no está conectado ni le rinde cuentas a nadie, no sometido a una autoridad. A veces, los profetas que andan por su cuenta y no le hacen caso a nadie están caminando en rebeldía. Son orgullosos e independientes. Aquí es donde una persona profética puede verdaderamente meterse en problemas porque si andan por su cuenta y están operando en error, nadie puede corregirlos.

Ser parte de un equipo profético, una comitiva profética, o una iglesia profética hará que usted pueda rendir cuentas a otros profetas. Primera Corintios 14:29, dice: "Asimismo, los profetas hablen dos o tres, y los demás juzguen". Los profetas pueden juzgarse mutuamente porque los profetas conocen a los profetas. Ellos pueden notar cuando un profeta está equivocado o cuando un profeta está amargado, en rebeldía, es independiente, se está metiendo en doctrina falsa o volviéndose controlador.

Sé que los profetas pueden ser perseguidos y rechazados, pero si alguien está diciendo siempre: "Nadie me quiere. Soy perseguido. Nadie confía en mí", podría ser que sea rebelde y no quiera someterse a nadie. Estoy muy cansado de la gente que no tiene amigos, no tiene relaciones, no le rinde cuentas a nadie, no tiene una iglesia local y nunca se somete. Solo quieren aparecer de repente y profetizar.

Recuerde ahora, los profetas son *parte de la iglesia*. "Dios puso a estos en la iglesia…profetas…" (vea 1 Corintios 12:28). Recuerde que, bajo el antiguo pacto, los profetas muchas veces estaban mayormente aislados y solos porque estaban lidiando con una nación apóstata. Ahora, en el nuevo pacto, la Iglesia es diferente. La iglesia es un lugar lleno de personas nacidas de nuevo, nuevas criaturas, quienes, además, están llenas del Espíritu de Dios. Un profeta nunca puede decir: "Estoy fuera de la iglesia", aunque él o ella no pueden estar en ciertas iglesias porque ellas no los aceptan o los combaten. Entiendo eso. Sin embargo, se supone que el profeta sea parte de la Iglesia, que funcione dentro de la Iglesia. El profeta es parte del cuerpo. Su mano no se desprende y dice: "yo ya no soy parte del cuerpo".

Soy pastor. Soy guía. Creo en la Iglesia local. Amo la Iglesia local, y aunque la Iglesia local puede irritarme, nunca me separaré de la Iglesia local. Incluso como apóstol, rindo cuentas a los otros líderes y a mis ancianos. No digo: "Yo soy apóstol. Ustedes no pueden decirme nada". No. Si me aparto del camino o si mi estilo de vida no es correcto, ellos tienen el derecho de corregirme y desafiarme.

Así que es muy importante que usted permanezca conectado a una hermandad buena, que crea en la Biblia, donde se honre y enseñe la Palabra de Dios. Si no hay apertura a lo profético, reúnase con otros creyentes proféticos, ore y estudie con ellos, tal como lo mencioné antes. Únase a una red de profetas. Compre libros proféticos. Asista a conferencias proféticas. Compre CDs, escuche prédicas y siga en las redes sociales a líderes proféticos fuertes, para que así pueda continuar avivando y fortaleciendo su don. Luego, ore y confíe en que Dios levantará el nivel profético en su región. Recuerde, aun cuando Elías pensó que él era el único, Dios le recordó: "tengo siete mil en Israel". A veces, usted podría pensar que es el único, pero siempre hay un remanente moviéndose con Dios.

LUGARES DONDE LOS PROFETAS CRECEN Y FLORECEN

Las activaciones le permiten estar entre aquellos que profetizan. Estar cerca de quienes profetizan puede ponerlo en el fluir profético. Esto es lo que le sucedió a Saul. El profeta Samuel dijo: "...encontrarás una compañía de profetas que descienden del lugar alto, y delante de ellos salterio, pandero, flauta y arpa, y ellos profetizando. Entonces el Espíritu de Jehová vendrá sobre ti con poder, y profetizarás con ellos, y serás mudado en otro hombre" (1 Samuel 10:5–6).

Hay ciertos lugares y ambientes que hacen que los profetas crezcan y florezcan, lugares orientados a la activación, capacitación, equipamiento, impartición y confirmación profética.

Familias proféticas

Dios puede levantar a sus hijos para ser profetas. Dios llamó a Jeremías cuando era niño. Los hijos proféticos deben manejarse de manera diferente. Ellos no son como los demás niños. Son únicos, muy sensibles al Espíritu de Dios y al ámbito espiritual.

> Y levanté de vuestros hijos para profetas, y de vuestros jóvenes para que fuesen nazareos. ¿No es esto así, dice Jehová, hijos de Israel?
>
> —Amós 2:11

> Y me dijo Jehová: No digas: Soy un niño; porque a todo lo que te envíe irás tú, y dirás todo lo que te mande.
>
> —Jeremías 1:7

Comunidades proféticas: una compañía de profetas

> Y cuando llegaron allá al collado, he aquí la compañía de los profetas que venía a encontrarse con él; y el Espíritu de Dios vino sobre él con poder, y profetizó entre ellos.
>
> —1 Samuel 10:10

Primera Samuel 10:10 es donde se menciona por primera vez "una compañía (cable, cadena o banda) de profetas" (Nabhis). Antes había profetas individuales. Y en una ocasión, los setenta ancianos profetizaron (Números 11:25), y Moisés dijo: "Ojalá todo el pueblo de Jehová fuese profeta, y que Jehová pusiera su espíritu sobre ellos". Pero hasta antes del tiempo de Samuel no hubo ninguna asociación o comunidad, escuela o facultad, de profetas. El lenguaje del profeta Samuel muestra su relación íntima con esta "compañía", de la cual, sin duda, él fue el fundador...Su formación se debió al reciente despertar de una nueva vida religiosa entre el pueblo y el propósito era que funcionara como un medio para profundizarla y extenderla.

La compañía surgió casi al mismo tiempo en que se estableció la monarquía, y facilitó una sucesión regular de profetas por medio de quienes el Señor hablaba para guiar y limitar al rey. "Samuel vio la necesidad de proveer un nuevo sistema de capacitación para aquellos que habrían de ser sus sucesores en el cargo profético, y formó, en sociedades arregladas, a los que compartían el místico don, el cual tenía la gran capacidad de ser cultivado y extendido".

Ellos formaron una "compañía", una sociedad voluntaria, organizada, que habitaba unida en el mismo lugar, y seguían el mismo modo de vida. El lazo de su unión era el espíritu que poseían en común; y su asociación contribuyó a su preservación y prosperidad "Ellos representaban el poder unificador, asociativo, del espíritu profético contra la interrupción de la vida teocrática, lo cual fue un legado de la época de los jueces".[7]

La comunidad de profetas también estaba en funcionamiento en el tiempo de Elías y Eliseo. También había compañías de mujeres, como Hulda, la profetiza en 2 Reyes 22:14:

Entonces fueron el sacerdote Hilcías, y Ahicam, Acbor, Safán y Asaías, a la profetisa Hulda, mujer de Salum hijo de Ticva, hijo de Harhas, guarda de las vestiduras, la cual moraba en Jerusalén en la segunda parte de la ciudad, y hablaron con ella.

Estos profetas se unieron en una comunidad para animarse mutuamente y desarrollar sus dones. Ellos adoraban juntos, comían juntos y, a veces, vivían juntos. La fortaleza de sus dones no se desarrolló en el vacío. Ellos recibían nutrición y confirmación a través de otras personas con pensamiento similar.

Que haya compañías (grupos) de profetas en cada ciudad e iglesia. Profeta, usted no está solo.

> Entonces Saúl envió mensajeros para que trajeran a David, los cuales vieron una compañía de profetas que profetizaban, y a Samuel que estaba allí y los presidía. Y vino el Espíritu de Dios sobre los mensajeros de Saúl, y ellos también profetizaron.
>
> —1 Samuel 19:20

Casas proféticas

Las iglesias proféticas fuertes activarán y enviarán a un gran número de profetas y gente profética debido a la fuerte atmósfera profética que es propicia para nutrir y desarrollar profetas. Toda ciudad y región necesita que este tipo de iglesias sea establecido a fin de que el territorio reciba la bendición de los profetas y de las expresiones proféticas. Estas iglesias serán fuertes en adoración y profecía y tendrán líderes proféticos fuertes para ayudar a madurar los dones proféticos emergentes. Estamos viendo, cada vez más, que este tipo de iglesias están siendo establecidas alrededor del mundo.

Los profetas necesitan una comunidad de fe amorosa donde ellos sean aceptados, capacitados y enviados. Esta es una atmósfera apropiada para su crecimiento y desarrollo. (Vea 1 Samuel 19:20.)

Núcleos proféticos

Muchas iglesias se convertirán en núcleos proféticos para su ciudad y región. Un núcleo es un centro de actividad o interés, un punto focal, o un centro en torno al cual giran otras cosas o del cual estas radian. Estos núcleos serán lugares de motivación, entrenamiento, activación e impartición para profetas y gente profética. Ramá era un núcleo profético bajo el liderazgo de Samuel (1 Samuel 19:18–20).

Ore para que estos núcleos sean establecidos en su región. Encuentre un centro para ser motivado y liberado en el fluir profético.

> Huyó, pues, David, y escapó, y vino a Samuel en Ramá, y le dijo todo lo que Saúl había hecho con él. Y él y Samuel se fueron y moraron en Naiot. Y fue dado aviso a Saúl, diciendo: He aquí que David está en Naiot en Ramá.
>
> —1 Samuel 19:18–19

Equipos proféticos

> Cuando las personas fluyen juntas en los equipos proféticos, es fácil avivar y fluir en profecía. Hay una influencia profética establecida sobre el equipo a fin de que a cada uno se le facilite profetizar. Además, cada uno suma al fluir y la experiencia de lo profético.
>
> —Ashish Raichur[8]

Los equipos proféticos son buenos en ayudar a los ministros proféticos jóvenes a trabajar con ministros proféticos más experimentados. Esto ayuda a los ministros más jóvenes a desarrollarse y volverse más fuertes por estar cerca de aquellos que son más maduros y más fuertes. También se puede recibir una impartición y experiencia valiosa que ayuda a que las personas desarrollen fe para ministrar proféticamente.

Escuela de profetas

Encontramos que el desarrollo de la escuela de profetas sucedió bajo la administración del profeta/juez Samuel. En este periodo en particular, aproximadamente 931—1050 a. C., hubo muchos profetas falsos que se levantaron con medios de revelación falso. Samuel, quien fue criado desde niño por un sacerdote llamado Elí, estableció centros donde se les enseñaría a los jóvenes la Ley de Moisés, responder al Espíritu de Dios y la adoración.

Mientras a uno no se le puede enseñar cómo profetizar, las escuelas estaban orientadas a instruir a los hijos de los profetas sobre cómo fluir con el Espíritu cuando Él viniera sobre ellos.[9]

Cuevas proféticas

La iglesia necesita más líderes como Abdías. Abdías protegió, alimentó y albergó a los profetas en cuevas cuando Jezabel trataba de destruirlos. Algunas iglesias tendrán líderes con una unción como la de Abdías y ellos se volverán cuevas proféticas para ocultar, albergar, nutrir y proteger profetas.

Porque cuando Jezabel destruía a los profetas de Jehová, Abdías tomó a cien profetas y los escondió de cincuenta en cincuenta en cuevas, y los sustentó con pan y agua.

—1 Reyes 18:4

Desiertos proféticos

Muchos profetas se desarrollan en el desierto debido a que no hay lugar para el desarrollo en la Iglesia. Juan se desarrolló en el desierto. En el sistema religioso de Jerusalén no había lugar para que él se desarrollara.

En aquellos días vino Juan el Bautista predicando en el desierto de Judea.

—Mateo 3:1

Prophetstown

Hace algún tiempo, iba conduciendo del estado de Illinois hacia Iowa y pasé por un pueblo llamado Prophetstown en Illinois. He vivido en Illinois toda mi vida, y nunca había escuchado de este pueblo. Lo investigué, y esto es lo que encontré:

Prophetstown, nombrado por Wabokieshiek (Nube Blanca) un hombre de medicina conocido como "el Profeta". Él era amigo y consejero del jefe *Black Hawk* (Alcón Negro). Nació en 1794, presidió la aldea conocida como "Prophet's Village" en Rock River. Él era mitad *Winnebago* (Ho-Chunk) y mitad *Sauk* y tenía mucha influencia en ambas tribus[10].

Le pido al Señor que levante "Prophetstowns" en cada región del mundo. Que los profetas verdaderos se levanten y emerjan en cada pueblo y ciudad. Que la Nube de Gloria (Nube Blanca) esté en estos pueblos.

Él le respondió: He aquí ahora hay en esta ciudad un varón de Dios, que es hombre insigne; todo lo que él dice acontece sin falta. Vamos, pues, allá; quizá nos dará algún indicio acerca del objeto por el cual emprendimos nuestro camino.

—1 Samuel 9:6

CAPÍTULO 29

AVIVE SU DON A TRAVÉS DE ORACIÓN Y DECLARACIÓN

Entonces nacerá tu luz como el alba, y tu salvación se dejará ver pronto;
e irá tu justicia delante de ti, y la gloria de Jehová será tu retaguardia.

—Isaías 58:8

UNA DE LAS cosas que pueden impedirle a un profeta que opera con poder es no lidiar con cualquier tipo de herida, rechazo, traición, y cosas similares. Incluso la enfermedad y los padecimientos físicos pueden distraer al profeta y evitar que escuche claramente la voz del Señor. Debido a que los profetas están sujetos sufrir persecución de varios tipos, muchos profetas necesitan sanidad y restauración. Los profetas son muy sensibles y tienen que proteger su corazón. Los profetas toman el rechazo de manera personal. Ellos pueden experimentar heridas y dolor. Aun Elías, uno de los profetas más grandes de Israel, se sintió solo y aislado.

> El respondió: He sentido un vivo celo por Jehová Dios de los ejércitos; porque los hijos de Israel han dejado tu pacto, han derribado tus altares, y han matado a espada a tus profetas; y sólo yo he quedado, y me buscan para quitarme la vida.
>
> —1 Reyes 19:10

Elías también estaba cansado después de su encuentro con los falsos profetas de Jezabel en el Monte Carmelo. Los profetas cansados necesitan la fortaleza de Dios. Los profetas pueden consumir una gran cantidad de virtud en sus funciones. A veces, los profetas se extralimitan. Jesús dijo: "Venid y descansad" (Marcos 6:31). Hay veces en que los profetas necesitan que el cielo los refresque y fortalezca.

No se desanime, profeta. Usted puede cansarse como cualquier otro. Dios lo refrescará y restaurará.

> Y volviendo el ángel de Jehová la segunda vez, lo tocó, diciendo: Levántate y come, porque largo camino te resta. Se levantó, pues, y comió y bebió; y fortalecido con aquella comida caminó cuarenta días y cuarenta noches hasta Horeb, el monte de Dios.
>
> —1 Reyes 19:7–8

Suelte las ataduras de su cuello

Satanás odia a los profetas y hará cualquier cosa para destruirlos. El profeta es una amenaza para las obras de las tinieblas. El profeta es un blanco para los poderes del infierno. Los profetas también pueden caer en orgullo y pueden volverse muy ásperos y críticos.

Sin embargo, usted puede emerger del polvo. Sacúdase. Suelte las ataduras de su cuello. Usted no será prisionero de Satanás ni del hombre. No será prisionero de la tradición religiosa.

> Sacúdete del polvo; levántate y siéntate, Jerusalén; suelta las ataduras de tu cuello, cautiva hija de Sion.
>
> —Isaías 52:2

Hay liberación y restauración para profetas. Hay sanidad del rechazo y el dolor. Hay liberación del temor y del recelo. Hay liberación de las asignaciones espíritu de Jezabel.

Mi oración pidiendo que la sanidad y liberación lleguen a los profetas

Póngase de acuerdo conmigo en esta oración por usted y los profetas entre nosotros. También puede editar esta oración según se sienta guiado y hacerla directamente sobre sí mismo para liberarse y cumplir el llamado de Dios para su vida.

Oro en este momento, en el nombre de Jesús, que toda maldición declarada contra los profetas sea anulada. Que toda palabra negativa pronunciada contra usted sea cancelada. Que todo ataque de hechicería, incluyendo intimidación, sea cancelado.

Les ordeno a estos espíritus a soltar a los profetas y dejarlos ir. Les ordeno que salgan en el nombre de Jesús. Les mando a ustedes, los profetas, que sean sanados y restaurados en sus emociones. Ordeno que todo ataque mental sea cancelado.

Les ordeno a todos los espíritus de temor que se vayan. Cualquier cosa que los intimide y haga que sientan temor de declarar la palabra del Señor tiene que irse, en el nombre de Jesús. Temor al rechazo, fuera. Temor al hombre, vete. Temor de ser malinterpretado, fuera. Temor de ser perseguido, vete.

Todos los espíritus que atacan su mente deben irse en el nombre de Jesús. Todos los espíritus que les hagan pensar que está loco, fuera. Los espíritus que quieren controlar su manera de pensar, fuera.

Todos los espíritus atacando su cuerpo, váyanse en el nombre de Jesús. Todos los espíritus de enfermedad y debilidad, fuera.

Oro para que sus emociones sean sanadas. Ordeno que todo rechazo se vaya en el nombre de Jesús. Ordeno que toda herida y herida profunda se vaya. Ordeno que su corazón sea sanado y restaurado completamente. Ordeno que su alma sea restaurada. Que cualquier profeta con un espíritu herido o corazón roto, sea sanado. Pido que Dios sane su corazón y los consuele. Oro que todas las heridas sean vendadas. Que el aceite y el vino de sanidad sean derramados en su vida.

Ordeno a todos los espíritus que los hacen sentir inferiores o indignos que salgan. Todos los espíritus de culpa, vergüenza y condenación se vayan en el nombre de Jesús.

Ordeno a todos los espíritus de indecisión que se vayan en el nombre de Jesús. Todos los espíritus que los hacen dudar y ser inconsistentes, salgan en el nombre de Jesús.

Ordeno a todos los espíritus de ira y enojo que se vayan. Todos los espíritus de falta de perdón y amargura debidos a heridas y rechazo, fuera.

Ordeno a todos los espíritus de orgullo que se vayan en el nombre de Jesús. Todos los espíritus de arrogancia y altanería, fuera. Todos los espíritus de ego y vanidad, fuera.

Ordeno a todos los espíritus de aislamiento y soledad que salgan en el nombre de Jesús. Todos los espíritus de depresión y desánimo, fuera. Cualquier espíritu que le haga desear rendirse y renunciar, salga ahora.

Ordeno que cualquier espíritu que los quiera atacar de noche se vaya. Todos los espíritus de insomnio y de inquietud, fuera.

Oro para que sean sanados de heridas provocadas por pastores, iglesias, redes, familia y amigos. Pido que sea sanado de cualquier deslealtad y traición. Pido que sean liberados de los amigos y hermanos falsos.

Ordeno a todos los espíritus de decepción que se vayan en el nombre de Jesús. Decepción de pastores, iglesias y los santos, salgan en el nombre de Jesús.

Oro para que su gozo sea restaurado y pleno. Oro para que el celo de Dios sea restaurado en usted. Oro para que una unción fresca para profetizar caiga sobre ustedes. Oro para que tengan una unción fresca para tener sueños y visiones.

Oro para que cualquier bloqueo o impedimento de su fluir profético sea removido en el nombre de Jesús. Que toda represa que esté bloqueando el fluir del Espíritu Santo sea removida.

Oro para que sus oídos sean abiertos. Pido que cualquier cosa que esté deteniendo o impidiendo que escuchen la voz de Dios sea removida. Que sus oídos sean destapados. Que su oído y su mente sean imparables.

Que ríos de agua viva broten de su interior. Que lo profético burbujee y salga a borbotones. Que la palabra del Señor caiga desde los cielos sobre ustedes. Que la palabra caiga como lluvia sobre su vida.

Pido que sean llenos con el Espíritu Santo. Pido que su copa esté rebosando. Oro para que sean llenos con la audacia del Espíritu Santo.

Oro para que sean llenos de la sabiduría de Dios. Tendrán la sabiduría de Dios para cumplir con su deber.

Declaraciones que avivan la unción profética

La palabra del Señor me da vida y aliento.

La palabra del Señor me da luz y dirección.

La palabra del Señor me da esperanza.

Escribiré la visión claramente.

Que el espíritu de profecía sea fuerte en mi vida.

Que pueda declarar la palabra del Señor con precisión.

La palabra del Señor desata sabiduría en mi vida.

La palabra del Señor me revela secretos.

La palabra del Señor me da valentía.

La palabra del Señor aumenta mi fe.

La palabra del Señor me desafía a hacer cosas más grandes.

La palabra del Señor activa y aviva mis dones.

La palabra del Señor expone las obras ocultas de las tinieblas.

Los demonios huyen y son expulsados por la palabra del Señor.

La palabra del Señor me da entendimiento.

La palabra del Señor fluye como un río en y a través de mi vida.

Declararé la palabra del Señor y seré refrescado.

El Señor encenderá mi luz.

Que la maldad sea expulsada por la palabra del Señor.

Que los adivinos y las brujas sean confundidos por la palabra del Señor.

Que la convicción de pecado sea liberada por la palabra del Señor.

Que el arrepentimiento llegue por medio de la palabra del Señor.

Ato todo espíritu de avaricia y codicia que opere a través de los falsos profetas.

Ato y reprendo a todo espíritu de engaño que opere a través de los falsos profetas.

Ato y reprendo a todo espíritu de manipulación y control que opere a través de los falsos profetas.

Que los profetas ministren a las personas con amor y compasión.

Que los profetas operen con excelencia.

Que los profetas operen con sabiduría y conocimiento.

Dale a los profetas un discernimiento fuerte.

ORACIONES QUE LIBERAN REVELACIÓN PROFÉTICA

Tú eres un Dios que revela los misterios. Señor, revélame tus secretos (Daniel 2:28).

Revélame lo profundo y lo escondido (Daniel 2:22).

Déjame entender las cosas escondidas desde la fundación del mundo (Mateo 13:35).

Que los sellos de tu Palabra sean rotos (Daniel 12:9).

Permíteme comprender y tener revelación de tu voluntad y propósito (Salmo 119:130).

Dame el espíritu de sabiduría y revelación y deja que los ojos de mi entendimiento sean iluminados (Efesios 1:17).

Permíteme entender las cosas celestiales (Juan 3:12).

Abre mis ojos, y miraré las maravillas de tu Palabra (Salmo 119:18).

Déjame saber y entender los misterios del reino (Marcos 4:11).

Déjame hablarle a los demás por revelación (1 Corintios 14:6).

Revélales tus secretos a tus siervos, los profetas (Amós 3:7).

Permite que las cosas ocultas sean manifiestas (Marcos 4:22).

Esconde tus verdades de los sabios y los entendidos, y revélaselas a los niños (Mateo 11:25).

Que tu brazo sea revelado en mi vida (Juan 12:38).

Revélame las cosas que me corresponden (Deuteronomio 29:29).

Permite que tu palabra me sea revelada (1 Samuel 3:7).

Deja que tu gloria sea revelada en mi vida (Isaías 40:5).

Permite que tu justicia sea revelada en mi vida (Isaías 56:1).

Déjame recibir visiones y revelaciones del Señor (2 Corintios 12:1).

Déjame recibir abundancia de revelaciones (2 Corintios 12:7).

Permíteme ser un buen administrador de tus revelaciones (1 Corintios 4:1).

Permíteme declarar el misterio de Cristo (Colosenses 4:3).

Déjame recibir y comprender tu sabiduría oculta (1 Corintios 2:7).

No encubras de mí tus mandamientos (Salmo 119:19).

Permíteme declarar la sabiduría de Dios en un misterio (1 Corintios 2:7).

Permíteme dar a conocer el misterio del evangelio (Efesios 6:19).

Dame a conocer el misterio de tu voluntad (Efesios 1:9).

Abre tus enigmas con el arpa (Salmo 49:4).

Permíteme entender tus parábolas y las palabras de los sabios y sus dichos profundos (Proverbios 1:6).

Señor, enciende mi lámpara y alumbra mis tinieblas (Salmo 18:28).

Convierte la oscuridad en luz delante de mí (Isaías 42:16).

Dame los tesoros muy guardados y las riquezas escondidas en lugares secretos (Isaías 45:3).

Permite que tu lámpara resplandezca sobre mi cabeza (Job 29:3).

Mi espíritu es la lámpara del Señor escudriñando lo más profundo del corazón (Proverbios 20:27).

Permíteme comprender lo profundo de Dios (1 Corintios 2:10).

Permíteme entender tus pensamientos profundos (Salmo 92:5).

Deja que mis ojos sean alumbrados con tu Palabra (Salmo 19:8).

Mis ojos son bendecidos por ver (Lucas 10:23).

Permite que toda catarata y escama espiritual sean removidas de mis ojos (Hechos 9:18).

Permíteme comprender con todos los santos cuál sea la anchura, la longitud, la profundidad y la altura de tu amor (Efesios 3:18).

Permite que mi conciencia me instruya en la noche, y déjame despertar con revelación (Salmo 16:7).

ORACIONES QUE ROMPEN EL PODER DE JEZABEL

Yo desato a los perros del cielo contra Jezabel (1 Reyes 21:23).

Reprendo y ato los espíritus de brujería, lujuria, seducción, intimidación, idolatría y promiscuidad sexual conectados a Jezabel.

Yo envío al espíritu de Jehú contra Jezabel y su séquito (2 Reyes 9:30–33).

Yo ordeno que Jezabel sea echada abajo y comida por los perros de los cielos.

Yo reprendo todos los espíritus de doctrina falsa, profecía falsa, idolatría y perversión conectados con Jezabel (Apocalipsis 2:20).

Desato tribulación contra el reino de Jezabel (Apocalipsis 2:22).

Cancelo las asignaciones de Jezabel contra los ministros de Dios (1 Reyes 19:2).

Cancelo la mesa de Jezabel y rechazo toda comida de ella (1 Reyes 18:19).

Me aparto y desligo de todas las maldiciones de Jezabel y sus espíritus que operan en mi genealogía.

Anulo toda asignación de Jezabel y de sus hijas para corromper la iglesia.

Reprendo y anulo al espíritu de Atalía que intenta destruir la descendencia real (2 Reyes 11:1).

Vengo contra el espíritu de Herodías y cancelo toda asignación para matar a los profetas (Marcos 6:22–24).

Reprendo y cancelo el espíritu de promiscuidad sexual (Oseas 4:12).

Reprendo y cancelo a Jezabel y sus hechizos en el nombre de Jesús (2 Reyes 9:22).

Reprendo y cancelo a la ramera y maestra de hechizos y rompo su poder sobre mi vida y familia (Nahúm 3:4)

Corto con toda hechicería de manos (Miqueas 5:12).

Yo venzo a Jezabel y recibo poder sobre las naciones (Apocalipsis 2:26).

CAPÍTULO 30

EXTRAIGA DE LA UNCIÓN

*Y Jesús dijo: Me ha tocado alguien; porque yo he
conocido que ha salido virtud de mí.*

—Lucas 8:46, RVA

Estoy descubriendo que Dios siempre está listo. Yo sé que hay épocas y tiempos y mover diferente de Dios, pero también sé que hay muchas personas que siempre han hablado antes de tiempo. Un ejemplo de esto sería el obispo Charles Mason, fundador de *Church of God in Christ*.

El obispo Mason fluyó en algunas cosas muy fuertes. Él iba muchos años delante de *Church of God in Christ*. Él ya cantaba en lenguas y en el Espíritu antes de que sucedieran los milagros, mientras que la mayoría de la gente no había llegado más allá de aplaudir y danzar. Smith Wigglesworth resucitó personas. Estos hombres siempre parecían estar fuera de lugar. Ellos siempre entraban en el fluir de algo antes que los demás.

Es bueno hacer que el mover de Dios venga a nuestra ciudad. Es bueno tener el tiempo de Dios cuando el Espíritu de Dios dice que es el momento de avanzar y que coincide con todo el cuerpo de Cristo.

Sin embargo, cuando usted entra en el mover profético de Dios, cuando lo provoca, cuando fluye, Dios no va a retenerle algo solo porque los demás no están listos para aceptarlo.

La Biblia dice que, si usted pide, se le dará. Si busca, encontrará. Si llama, las puertas se van abrir. Dios no va a hacer que usted pida, busque y toque y luego dice: "Bueno, lo siento. No puedo abrir la puerta ahora mismo porque no es el tiempo para eso".

Dios dirá: "Bien, tú lo quieres; te lo daré, aunque no voy a enviar esto sobre todo el cuerpo de Cristo hasta, quizá, dentro de veinte años. Dios derramará esa unción sobre usted, y usted será una iglesia o una persona que va delante de su tiempo. Luego, años después, todo el cuerpo de Cristo llegará a eso; todos recibirán la revelación. Ellos pueden esperar por un tiempo si quieren, pero yo no voy a esperar porque estoy convencido de que antes de que Jesucristo regrese, todos vamos a estar fluyendo en lo profético. Todo el cuerpo de Cristo estará fluyendo en milagros y liberación porque Él regresa por una iglesia gloriosa. Requerirá de un mover de Dios, ¡pero Él puede hacerlo!

Si hay demanda por lo profético, si hay apetito de milagros, voy a disponer de esa unción y a fluir en ella ahora, aunque podría parecer que no es la época apropiada para ello.

El Espíritu de Dios me ha dado la revelación de que usted puede fluir en cosas antes de su tiempo. Cuando la madre de Jesús le dijo a Él que no había más vino en la boda, Él le dijo proféticamente que su hora no había llegado todavía (Juan 2:4). En otras palabras, "No es el momento para esto". Aun así, Él hizo el milagro.

Siempre hay un grupo de gente adelantada a su tiempo. Como, por ejemplo, los hermanos Wright. Ellos volaban aviones antes de su tiempo. Todos pensaron que estaban locos. Ahora, nosotros volamos por todo el mundo. La gente probablemente decía: "Están locos. Miren al pobre Wilbur y a Orville". Eso es lo que la gente dirá cuando usted se adelante a su tiempo en el Espíritu.

El resto de las personas siempre se ponen al día con el mover de Dios, después de que han pasado unos diez años. Por ejemplo, en la Iglesia Dios ya ha movido personas para que se metan en la Palabra. Nosotros estamos metidos en la enseñanza. Éramos "iglesias de la Palabra". Sin embargo, aún hay algunas iglesias que no están en la Palabra. Esa ola ya los pasó. Ellos todavía están en la playa con sus tablas de surf, buscando la ola.

Lo que digo es que cuando la ola viene, es mejor que salte y ¡se deslice en ella! Hágalo entonces, o hágalo antes. En lo que concierne a la cultura profética, avívela, aun si nadie más quiere hacerlo. Quizá usted pueda abrir brecha para el resto de su asamblea local.

Vaya a donde está la unción

Una manera muy imitante de asegurarse de que es parte del fluir de Dios y no un espectador ocioso es ir a donde está la unción. Como la mujer con el flujo de sangre, toque el manto de aquel que lleva la unción que usted necesita.

> Porque decía entre sí: Si tocare solamente su vestido, seré salva.
> —Mateo 9:21, rva

La versión La Biblia de Las Américas dice: "Si tan sólo toco su manto, sanaré".[1] El manto representa la *unción*. Como vimos anteriormente, Eliseo recibió la unción de Elías tanto cuando Elías lo llamó echando su manto sobre él (1 Reyes 19:19) como cuando Elías fue llevado en un carruaje celestial, y botó su manto para que Eliseo lo recogiera (2 Reyes 2:13). Esto representaba la unción que venía sobre él para permanecer en el cargo de profeta. Nosotros llamamos a esto *el manto profético*.

Jesús anduvo y ministro como un profeta de Dios. Él ministró bajo un manto profético. Este mando también incluía sanidad y milagros. La mujer con el flujo de sangre se abrió paso entre la multitud para tocar el manto de Jesús. Ella exigía de su manto profético. Como resultado, recibió un milagro.

A diferentes personas se les ha dado diferentes mantos espirituales. Cuando usted toca el manto de un cargo en particular, usted obtendrá virtud y poder de esa unción. No siempre tiene que tocar a la persona físicamente; usted puede obtener de ellos *espiritualmente* sin importar si hay un toque físico involucrado.

La fe es el canal a través del cual usted extrae la unción. Es la tubería.

Continúe suplicando

> Y cuando los hombres de aquel lugar reconocieron a Jesús, enviaron a decirlo por toda aquella comarca de alrededor y le trajeron todos los que tenían algún mal. Y le *rogaban* que les dejara tocar siquiera el borde de su manto; y todos los que lo tocaban quedaban curados.
> —MATEO 14:35–36, LBLA, ÉNFASIS AÑADIDO

Una traducción dice que ellos "le suplicaban". ¿Alguna vez ha tenido alguien que le suplique? Están exigiendo algo de usted. Así es como usted pone una demanda sobre la unción.

Según el Diccionario de la lengua española, suplicar significa rogar, pedir con humildad y sumisión algo.[2] Significa buscar. Es poner a un lado el orgullo. Usted admite que tiene una necesidad y le ruega a alguien que tiene la capacidad para ayudarle. A menos que usted reconozca su necesidad por algo y exprese dependencia sobre la unción, nunca pondrá una demanda sobre ello.

> Y dondequiera que El entraba en aldeas, ciudades o campos, ponían a los enfermos en las plazas, y le *rogaban* que les permitiera tocar siquiera el borde de su manto; y todos los que lo tocaban quedaban curados
> —MARCOS 6:56, LBLA, ÉNFASIS AÑADIDO

A donde Jesús fuera, la gente le ponía una demanda a la unción. Ellos le rogaban poder tocar su manto. Extraían la sanidad y los milagros de Él. Usted podría decir: "Esto sucedió en cada ciudad porque era un mover soberano de Dios". Podría pensar que las personas no tenían nada que ver con eso. Pero recuerde, no sucedió en su pueblo natal de Nazaret. Ellos no le rogaron que los dejara tocarlo. Estos milagros no sucedieron en Nazaret porque la gente no puso una demanda sobre la unción. En otras aldeas y ciudades sí lo hicieron, y ellos fueron sanados.

Jesús siempre les respondió a las personas que pusieron una demanda sobre Él por el apetito por las cosas de Dios. Él nunca los dejó ir con las manos vacías. Aquí, el principio espiritual es lo que yo llamo la ley de la provisión y la demanda. Donde no hay demanda, no hay provisión. Los cristianos apáticos, pasivos, no reciben mucho de los dones de Dios.

Crear una demanda

Las personas llegaban a escuchar a Jesús porque Él creaba una demanda al libertar a las personas. (Vea como ejemplo Marcos 1:26–34.) Cuando la gente oía de los milagros, ellos se reunían para escuchar la palabra de Dios. Llegaban con expectativa y fe y extraían de la unción del siervo de Dios.

No hay substituto para los milagros. Ellos provocarán un apetito en el corazón de la gente. Los corazones hambrientos siempre se reunirán y pondrán una demanda sobre la unción. Los no creyentes no pondrán una demanda sobre la unción, pero los creyentes sí.

Si queremos personas hambrientas, debemos tener milagros. Algunas iglesias se preguntan por qué su congregación es tan despreocupada y apática acerca de servir a Dios. La gente se obliga a ir a los servicios. Algunos pastores probarán todo tipo de programas para subir la emoción de las personas, pero no hay substituto para hacerlo como lo hace Dios. Donde hay milagros, las personas se reunirán voluntariamente. Su nivel de fe subirá y pondrán una demanda sobre la unción para recibir más.

> E inmediatamente se juntaron muchos, de manera que ya no cabían ni aun a la puerta; y les predicaba la palabra.
>
> —Marcos 2:2

Algunos llegarán solamente porque el pastor les dice o porque ellos simplemente tienen el hábito de ir a la iglesia. Entonces, los milagros, profecías y sanidad no fluirán del siervo de Dios al grado que lo harían si hubiera una demanda. Por supuesto, un ministro puede avivar los dones de Dios y ministrar por fe. Sin embargo, cuando la fe de la *congregación* es alta, es mucho más fácil ministrar. Jesús no pudo en su propio pueblo natal hacer obras poderosas a causa de la incredulidad de ellos. La incredulidad siempre entorpece el fluir de la unción. La fe libera el fluir.

LA FE PONE UNA DEMANDA SOBRE LA UNCIÓN

La fe libera la unción. La incredulidad la bloquea. La mujer con el flujo de sangre puso una demanda sobre la unción con su fe:

> Luego Jesús, conociendo en sí mismo el poder que había salido de él, volviéndose a la multitud, dijo: ¿Quién ha tocado mis vestidos?
>
> —Marcos 5:30

> Y él le dijo: Hija, tu fe te ha hecho salva; ve en paz, y queda sana de tu azote.
>
> —Marcos 5:34

La fe es como una aspiradora que atrae la unción. Jesús no solo ministró con la unción, sino también le hizo saber a la gente que Él estaba ungido (Lucas 4:18). Cuando ellos oyeron que Él estaba ungido, era su responsabilidad creer y recibir de la unción de Jesús. Las personas de Nazaret no creyeron y no pudieron extraer de la unción de Jesús. Él no pudo hacer ninguna obra poderosa allí a causa de su incredulidad. Si ellos hubieran creído, podrían haber extraído de su unción.

La fe viene por el oír (Romanos 10:17). Por eso necesitamos *oír* acerca de la unción. Necesitamos enseñanza concerniente a la unción.

¿Qué es la unción?

La palabra *unción* se toma de la palabra griega *charisma*.[3] *Charisma* significa un ungüento (representado por untar con aceite). También significa un don del

Espíritu Santo. Un don es un regalo del Espíritu Santo. Es el poder o habilidad de Dios. Hay diversidad de regalos (dones o facultades milagrosas).

> Pero vosotros tenéis la unción del Santo, y conocéis todas las cosas.
>
> —1 Juan 2:20

> Pero la unción que vosotros recibisteis de él permanece en vosotros, y no tenéis necesidad de que nadie os enseñe; así como la unción misma os enseña todas las cosas, y es verdadera, y no es mentira, según ella os ha enseñado, permaneced en él.
>
> —1 Juan 2:27

Extraer de la unción es recibir del regalo o la habilidad de Dios. De esta forma, usted puede recibir sanidad, liberación y milagros. Apóstoles, profetas, evangelistas, pastores y maestros tienen una unción que Dios les dio. Ellos tienen dones o facultades milagrosas dadas por la gracia. Estos dones se dan para el beneficio de los santos. Debemos poner una demanda sobre estos dones y regalos.

> Pero Jesús dijo: Alguien me ha tocado; porque yo he conocido que ha salido poder de mí.
>
> —Lucas 8:46

Jesús percibió que había salido "virtud" de Él. La mujer con el flujo de sangre extrajo virtud de Él con su fe. Como mencioné previamente en este libro, la palabra *dunamis*, que significa: poder, capacidad, fortaleza o poderío. Cuando pone una demanda sobre la unción, usted extrae el poder de Dios. El poder se libera en su favor. Así, la unción es la virtud o poder de Dios.

> Cuando oyó hablar de Jesús, vino por detrás entre la multitud, y tocó su manto.
>
> —Marcos 5:27

Esta mujer había oído de Jesús. Había oído acerca de la unción de sanidad que estaba sobre Él. Ella había oído que un profeta de Dios estaba ministrando en Israel.

Cuando la gente escuche acerca de la unción, su fe aumentará en esta área y, entonces, tendrá el conocimiento y la fe para poner una demanda sobre la unción. Necesitamos saber acerca de la unción del apóstol, la unción del profeta y la unción del maestro. Necesitamos saber acerca de la unción de sanidad y la unción de milagros. Necesitamos saber acerca de las unciones especiales que da el Espíritu Santo.

Mientras más escuche la gente y se le enseñe acerca de la unción, más será su capacidad para poner una demanda sobre ella. Como pastor de una iglesia local, enseño a los miembros de la congregación acerca de los diferentes dones y unciones. Esto edifica su fe en esa área. Cuando los ministros vienen a ministrar a nuestra iglesia, les cuento a los miembros de la congregación acerca de la unción sobre la vida de la persona. Entonces, ellos tienen la responsabilidad de extraer de esa unción y poner una demanda sobre ella por medio de su fe.

No podemos ser pasivos y esperar recibir de estos dones. Tenemos que ser activos con nuestra fe. Los santos pasivos, apáticos, no reciben de la unción. He ministrado en lugares donde he tenido que pasar las primeras noches haciendo que las personas *activen* su fe. Entonces, ellos pueden poner una demanda sobre la unción en mi vida. Las personas tienen que tener hambre y sed de las cosas del Espíritu. Las almas hambrientas siempre extraerán de la unción.

> Y aconteció que el padre de Publio estaba en cama, enfermo de fiebre y de disentería; y entró Pablo a verle, y después de haber orado, le impuso las manos, y le sanó. Hecho esto, también los otros que en la isla tenían enfermedades, venían, y eran sanados; los cuales también nos honraron con muchas atenciones; y cuando zarpamos, nos cargaron de las cosas necesarias.
>
> —Hechos 28:8–10

Después de que el padre de Publio fue sanado, toda la isla de Melita se acercó para ser sanada. Ellos pusieron una demanda sobre la unción en la vida de Pablo. Observe que ellos honraron a Pablo con muchos honores. Honrar al siervo de Dios es clave para recibir de la unción en su vida. La Escritura dice que ellos llegaron. Ellos llegaron con el enfermo, esperando a ser sanado. Pusieron en acción su fe y llegaron. Usted encontrará que la mayoría de las personas que recibieron milagros de Jesús llegaron o fueron llevados a Él. Muchos lo rogaron.

Muchos en este país se preguntan por qué ocurren tantos milagros en otros países. Muchos de los que asisten a las cruzadas caminan por kilómetros para llegar a una reunión. Algunos viajan varios días. Eso es poner una demanda sobre la unción. La sanidad y los milagros suceden como consecuencia. En Estados Unidos, muchos creyentes no caminarían ni dos cuadras; y se preguntan por qué no reciben milagros.

> Y los que creían en el Señor aumentaban más, gran número así de hombres como de mujeres; tanto que sacaban los enfermos a las calles, y los ponían en camas y lechos, para que al pasar Pedro, a lo menos su sombra cayese sobre alguno de ellos. Y aun de las ciudades vecinas muchos venían a Jerusalén, trayendo enfermos y atormentados de espíritus inmundos; y todos eran sanados.
>
> —Hechos 5:14–16

Aquí, vemos personas llegando de "de las ciudades vecinas a Jerusalén". Donde hay demanda, hay provisión. Había suficiente unción para sanar a *cada uno*. Estas personas pusieron una demanda sobre la unción que fluía de los apóstoles. Cuando las personas llegan a las reuniones, a veces desde distancias largas, y ponen una demanda sobre el don, ellas reciben milagros.

> Aconteció un día, que él estaba enseñando, y estaban sentados los fariseos y doctores de la ley, los cuales habían venido de todas las aldeas de Galilea, y de Judea y Jerusalén; y el *poder* del Señor estaba con él para sanar.
>
> —Lucas 5:17, énfasis añadido

Aquí, la palabra *poder*, también es *dunamis* (repito, la misma palabra se traduce como "virtud" en Lucas 8:46). La mujer con el flujo de sangre extrajo virtud del cuerpo de Jesús con su fe. Así que podemos decir que la virtud sanadora estaba en la casa cuando Jesús enseñaba. Cuando la virtud sanadora (unción) está presente, podemos usar nuestra fe para poner una demanda sobre esa unción. Entonces, esta será liberada para sanidad.

> Y sucedió que unos hombres que traían en un lecho a un hombre que estaba paralítico, procuraban llevarle adentro y ponerle delante de él. Pero no hallando cómo hacerlo a causa de la multitud, subieron encima de la casa, y por el tejado le bajaron con el lecho, poniéndole en medio, delante de Jesús. Al ver él la fe de ellos, le dijo: Hombre, tus pecados te son perdonados.
>
> —Lucas 5:18–20

Ellos pusieron una demanda sobre la unción presente en ese salón a través de su fe. Como resultado, la virtud sanadora fue liberada y el hombre fue sanado de la parálisis. Hay tiempos cuando la presencia del Señor es densa como una nube en un servicio. Cuando la unción está presente a este grado, todo lo que necesitamos hacer es usar nuestra fe para poner una demanda sobre ella. La sanidad y los milagros vienen como resultado de poner una demanda sobre la unción.

Ponemos una demanda sobre la unción con nuestra *fe*. El Señor nos ha dado el don de la fe para este propósito. El Señor desea que usemos nuestra fe para poner una demanda (un retiro) sobre los dones de Dios. Muchos nunca usan su fe para este propósito.

Las congregaciones que se construyen en fe tendrán una herramienta que pueden usar para recibir de los dones de Dios. La fe es un canal a través del cual fluye la unción. La fe es como un interruptor de luz que empieza el fluido eléctrico. Es como el botón de arranque de un carro, el cual enciende el poder que mueve el motor. La fe es la chispa que enciende el poder explosivo de Dios. Enciende los dones de poder de la fe, sanidad y milagros.

La fe enciende los dones de revelación de palabra de sabiduría, palabra de conocimiento y discernimiento de espíritus. Enciende los dones de expresión de lenguas, interpretación y profecía. La fe desata los dones ministeriales de apóstoles, profetas, evangelistas, pastores y maestros.

La fe viene por el oír. Mientras más oigan las personas acerca de los dones de Dios, más fe recibirán para extraer de ellos. Como pastor, enseño sobre diferentes operaciones y administraciones del Espíritu. Envío a las personas con diferentes unciones y administraciones a ministrarle al pueblo. Les enseño acerca de estos dones y los envío a usar su fe y a poner una demanda sobre los dones.

Es sorprendente cuán profundamente pueden ministrar los ministros en la atmósfera que se crea a través de enseñar y enviar. Lo gente usa su fe para extraer la unción de ellos, y el fluir se vuelve tan grande que tenemos que cerrarlo deliberadamente hasta el siguiente servicio.

CÓMO PONER UNA DEMANDA SOBRE LA UNCIÓN

La mujer con el flujo de sangre puso una demanda sobre la unción de sanidad y recibió su milagro. Con demasiada frecuencia, el pueblo de Dios no recibe milagros y sanidad porque no pone una demanda sobre la unción. La unción sobre y en los dones ministeriales es una provisión. Tenemos que aprender cómo poner una demanda sobre esa provisión y extraer de ella.

Hay una provisión del Espíritu disponible para todo creyente. Una provisión es una bodega o un tanque. Cuando veo los dones ministeriales, veo a una persona que es un tanque viviente. En ese tanque está una provisión de unción. Es mi responsabilidad extraer de esa provisión. Los hombres y mujeres de Dios tienen milagros, revelaciones y liberación para usted en ese tanque. Si usted pone una demanda sobre la unción en ese tanque, fluirán los milagros para usted. Fluirán las expresiones para usted.

La virtud salió de Jesús porque la gente extraía de la unción de Él:

> Y toda la gente procuraba tocarle, porque poder salía de él y sanaba a todos.
>
> —LUCAS 6:19

ECONOMÍA ESPIRITUAL: PROVISIÓN Y DEMANDA

El Señor habló a mi corazón: el hecho de que siempre hay una provisión cuando hay una demanda. Los problemas de la droga en nuestras ciudades no existirían si no hubiera demanda de ellas. Debido a que hay una demanda de drogas, hay una provisión. Es lo mismo con la unción. Si no hay demanda, no hay provisión. Los santos con hambre que ponen una demanda sobre los dones ministeriales siempre tendrán una provisión de la unción. He ministrado en iglesias donde había tal hambre y sed por la unción que ellos, literalmente, extrajeron el poder directamente de mí. He ministrado en otros lugares donde no había demanda, y como resultado, nada sucedió. La gente simplemente se acomodó y esperó a que algo sucediera, y no pasó nada. No había hambre ni expectativa de revelación, expresiones o milagros.

Esta gente, la multitud, estaba poniendo una demanda sobre la unción. Extrajeron de ella por buscar tocarlo a Él. Usted puede, literalmente, extraer la unción de los dones ministeriales por medio de su fe. Si estas personas, simplemente, se hubieran acomodado y esperado a que Jesús lo pusiera en ellas, probablemente no habrían recibido nada. Muchas veces los creyentes, simplemente, se acomodan y esperan a que el hombre o la mujer de Dios haga algo. Mientras tanto, Dios está esperando que nosotros hagamos algo. Él ha colocado la provisión en medio de nosotros y nos toca a *nosotros* extraer de ella.

Ya que les enseño a los miembros de nuestra asamblea local a extraer de los dones ministeriales que ministran en nuestros servicios, diciéndoles que pongan una demanda sobre la unción de los apóstoles, profetas, evangelistas, pastores y maestros, ellos reciben la unción. Yo les enseño que estos dones de Dios contienen una provisión y que es responsabilidad de ellos extraer de esa provisión.

Muchos ministros que han ministrado en nuestra iglesia local están sorprendidos por el alto nivel de unción en el que han sido capaces de fluir. Esto ha sucedido porque yo he enseñado a la congregación a extraer de ellos. A los ministros les encanta ministrar en ese tipo de atmósfera. El fluir es mucho más fácil porque la gente está extrayendo *de* usted en lugar de bloquearlo a usted.

Cuando Jesús iba pasando a la par de los dos hombres ciegos, ellos tuvieron que hacer algún ruido para atraer la atención de Jesús. Ellos también atrajeron la atención de menosprecio de la multitud. Sin embargo, ¿quién obtuvo el milagro? No fueron los que trataron de hacerlos callar:

> Y dos ciegos que estaban sentados junto al camino, cuando oyeron que Jesús pasaba, clamaron, diciendo: ¡Señor, Hijo de David, ten misericordia de nosotros! Y la gente les reprendió para que callasen; pero ellos clamaban más, diciendo: ¡Señor, Hijo de David, ten misericordia de nosotros!
> —Mateo 20:30–31

Estos hombres pusieron una *demanda* sobre Jesús. Ellos clamaron aun cuando la multitud los reprendía diciéndoles que se callaran. Ellos tuvieron que seguir por encima de la oposición de la multitud para recibir su milagro. Si ellos se hubieran quedado callados, no habrían recibido un milagro. Ellos tuvieron que poner una demanda sobre la unción. Jesús estaba pasando por ahí. Si ellos no hubieran puesto una demanda sobre su unción, Él los habría pasado por alto.

Es como sacar dinero de un banco. Tiene que ir a la ventanilla con una boleta de retiro y hacer una demanda sobre la cuenta. Si usted nunca hace una demanda sobre la cuenta, nunca sacará nada de la cuenta.

Jesús le estaba diciendo a la gente de su pueblo natal de Nazaret que Él estaba ungido:

> El Espíritu del Señor está sobre mí, por cuanto me ha ungido para dar buenas nuevas a los pobres; me ha enviado a sanar a los quebrantados de corazón; a pregonar libertad a los cautivos, y vista a los ciegos; A poner en libertad a los oprimidos; a predicar el año agradable del Señor.
> —Lucas 4:18–19

Les correspondía a ellos poner una demanda sobre la unción de Jesús. Ellos pudieron haber extraído el evangelio, la sanidad y la liberación directamente de

Él. Pudieron haber extraído la virtud y el poder de Él. Pero no lo hicieron. Su incredulidad bloqueó el fluir de la unción. En vez de recibir milagros, recibieron nada. Entonces, Jesús dijo:

> Mas Jesús les decía: No hay profeta sin honra sino en su propia tierra, y entre sus parientes, y en su casa. Y no pudo hacer allí ningún milagro, salvo que sanó a unos pocos enfermos, poniendo sobre ellos las manos.
> —MARCOS 6:4–5

Allí, justo en medio de ellos, estaba la provisión: un tanque de unción. En ese tanque había salvación, sanidad, liberación y milagros. Jesús era un tanque de unción ambulante. Tuvieron la oportunidad de poner una demanda sobre él y extraer de él, pero no lo hicieron a causa de la incredulidad. Ellos no lo vieron a Él como un tanque de unción sino como un carpintero: "¿No es éste el carpintero, hijo de María, hermano de Jacobo, de José, de Judas y de Simón?" (Marcos 6:3). Ellos lo vieron a Él y los juzgaron en lo natural. Sin embargo, si lo hubieran visto en el Espíritu, lo habrían visto como un tanque o un estanque de unción. Ellos pudieron haber extraído milagros y sanidad de Él por fe.

Debemos aprender de esto. Debemos poner una demanda sobre la unción y extraer milagros de Él. No hay nada de malo en que los ministros le digan a la gente para que están ungidos. Si usted tiene una unción profética, dígaselo a la gente. Deje que ellos extraigan el conocimiento, el entendimiento y la revelación de usted.

Eliseo tuvo suficiente unción *en sus huesos* como para resucitar a un hombre. ¡Imagine la unción que estaba disponible para Israel mientras él estaba vivo! Pero debido a que ellos no pusieron una demanda sobre la unción en su vida, ellos no recibieron los milagros que necesitaban. Cada leproso en Israel necesitaba un milagro. El Señor en su misericordia vio la necesidad y proveyó al hombre de Dios con su unción. Le correspondía a Israel poner una demanda sobre ella. Sus necesidades no fueron cubiertas porque no había demanda. No había fe. No había honra. Si ellos hubieran honrado al profeta de Dios, habrían sido sanados. La unción estaba disponible. Era lo suficientemente fuerte. Pero no había demanda. Ya que no había demanda, no hubo provisión.

¡PREPARE SU CUBETA!

Hay otros ejemplos en la Escritura de personas poniendo una demanda sobre la unción:

> Vino luego a Betsaida; y le trajeron un ciego, y le *rogaron* que le tocase.
> —MARCOS 8:22, ÉNFASIS AÑADIDO

> Entonces Jesús se levantó y salió de la sinagoga, y entró en casa de Simón. La suegra de Simón tenía una gran fiebre; y le *rogaron* por ella.
> —LUCAS 4:38, ÉNFASIS AÑADIDO

Y le trajeron un sordo y tartamudo, y le *rogaron* que le pusiera la mano encima.

—MARCOS 7:32, ÉNFASIS AÑADIDO

Y faltando el vino, la madre de Jesús le dijo: No tienen vino. Jesús le dijo: ¿Qué tienes conmigo, mujer? Aún no ha venido mi hora. Su madre dijo a los que servían: Haced todo lo que os dijere.

—JUAN 2:3–5

En la última escritura, María extrajo el milagro de Jesús poniendo una demanda sobre Él. Ella le presentó una necesidad y Él respondió, aunque no era su tiempo para actuar.

Este fue el principio de su ministerio de milagros. "Ésta, la primera de sus señales [milagros], la hizo Jesús en Caná de Galilea" (Juan 2:11, NBD). Todo empezó porque su madre le presentó a él la necesidad del vino. Muchas veces, en la ministración empiezo a fluir en profecía, milagros o sanidad porque percibo una demanda. La gente puede presentarle esas necesidades de tal manera que empezarán a provocar un fluir milagroso que sale de usted. Es como cebar la bomba. Una vez el agua empieza a fluir, sale a borbotones.

Jesús dijo que de nuestro interior fluirían ríos de agua viva. Todo lo que necesitamos hacer es que el fluido empiece. Empezará cuando haya una demanda. Una vez empieza, continuará fluyendo hasta que toda necesidad sea cubierta.

Extraiga del pozo

La historia del primer milagro de Jesús en Caná de Galilea es profética. (Vea Juan 2:6–10.) Las seis tinajas de piedra para agua representan las vasijas terrenales que el Señor usa. (Vea 2 Corintios 4:7.) Seis es el número del hombre. El hombre fue creado en el sexto día. Jesús ordenó que llenaran las vasijas con agua. El agua representa la Palabra (Efesios 5:26). Los siervos de Dios deben llenarse de la Palabra de Dios. Apóstoles, profetas, evangelistas, pastores y maestros deben llenarse de la Palabra. El Señor lo llenará con la Palabra para que otros puedan extraer de usted.

Entonces, Jesús les dijo que sacaran de las vasijas. Cuando lo hicieron, el agua se había convertido en vino. El vino representa al Espíritu Santo. Representa la unción de Dios. Debemos extraer de los dones ministeriales. *Sacar* es en griego *antleō*, que significa extraer agua con una cubeta o jarro.[4]

Debemos usar nuestras cubetas para extraer de las vasijas terrenales lo que Dios ha llenado con su Palabra. Cuando ando cerca de dones ministeriales ungidos, saco mi cubeta y estoy listo para extraer. Cuando las vasijas del Señor vienen a la iglesia local, debemos de sacar de ellas. Extraemos porque tenemos necesidades. La madre de Jesús le dijo: "No tienen vino" (Juan 2:3). Había una necesidad de vino en el banquete de bodas. Cuando hay una necesidad por la unción y el fluir del Espíritu, debemos extraer de las vasijas terrenales que el Señor nos ha dado. Debemos usar nuestra fe para extraer el vino cuando hay una necesidad.

Los profetas deben pasar tiempo llenándose en la Palabra. Permita que el Señor llene su vasija con el agua de la Palabra. Cuando ministra, permita que los santos de Dios extraigan de usted. Hay tantos que tienen necesidad. La gente necesita el vino del Espíritu Santo que fluye de nosotros.

Verdaderamente, ya sea que nos llenemos o extraigamos del Espíritu Santo, necesitamos el poder de Dios fluyendo en nuestra vida. Es mi sincera esperanza y oración que la revelación compartida en este libro bendiga tremendamente al pueblo de Dios para empezar a recibir en abundancia la plenitud de todos los dones de Dios en el cuerpo de Cristo, especialmente el totalmente importante don profético.

PRINCIPIOS SELECTOS DEL MINISTERIO PROFÉTICO

LA PROFECÍA Y LA PALABRA DE CONOCIMIENTO

El don de la palabra de conocimiento puede ser activada y empezar a manifestarse durante las activaciones proféticas. La palabra de conocimiento es un hecho dado, acerca de una persona, que solo Dios puede revelar. Puede ser un nombre, un evento, una fecha, una situación, algo de su pasado, algo en su presente, etcétera. La palabra de conocimiento ha sido descrita como una "palanca espiritual" que puede abrir a una persona al hecho de que lo que usted está diciendo proviene de Dios. La palabra de conocimiento es un don "interruptor" porque puede abrir personas y situaciones que han estado cerradas.

Cuando la palabra de conocimiento opera en el contexto de profecía, lleva la palabra profética a otro nivel. La palabra de conocimiento es como un don "gemelo" del don de la profecía. Estos dos dones, operando juntos, producen rompimientos poderosos en nombre del beneficiario y confirman que Dios sabe los detalles de su vida y situación. Estos dones declaran consuelo y dirección para su tiempo de necesidad.

LENGUAS Y PROFECÍA

Hablar en lenguas es una de las formas en que nos edificamos (desarrollamos) a nosotros mismos. La profecía edifica a otros. Entre más desarrollado esté, más podrá edificar a otros. También podemos orar en lenguas para impulsar una palabra profética. Pablo escribió: "Así que, quisiera que todos vosotros hablaseis en lenguas, pero más que profetizaseis" (1 Corintios 14:5). La palabra griega traducida "que" es *hina*. *Hina* también se puede traducir "para que".[1] Esto significa que una traducción alterna para el mensaje de Pablo es: "Desearía que todos ustedes hablaran en lenguas, pero para que profeticen".

> En otras palabras, Pablo está diciendo que él deseaba que todos hablaran en lenguas para que estas guiaran hacia la profecía. Esto indica que las lenguas se pueden utilizar como una herramienta eficaz para "dar un impulso" a una palabra profética. Al orar en lenguas por alguien o algo, Dios puede dejar caer algo en su espíritu, puede recibir una visión, una frase específica, mensaje o una palabra podría moverse en usted, etc., la cual puede declararla a fin de traer edificación, exhortación y consuelo.
>
> —Dr. Stuart Pattico [2]

DIFERENTES TRADUCCIONES DEL VERSÍCULO "PROCURAD PROFETIZAR"

"Procurar" es una palabra fuerte. Procurar significa "desear fuertemente". Esta debe ser nuestra actitud en cuanto a la profecía. 1 Corintios 14:39 dice: "Así que, hermanos, procurad profetizar, y no impidáis el hablar lenguas" (RVR1960). Voy a compartirles una lista de varias traducciones del mismo versículo para reforzar el significado. La palabra *procurar* algunas veces ha sido utilizada en sentido negativo, pero hay un sentido positivo especialmente cuando se trata de lo profético.

Por tanto, hermanos míos, anhelad el profetizar, y no prohibáis hablar en lenguas.

—LBLA

Así pues, hermanos míos, aspiren al don de profecía, y no prohíban que se hable en lenguas.

—DHH

Por lo tanto, mis amados hermanos, con todo corazón deseen profetizar y no prohíban que se hable en lenguas.

—NTV

Así que, hermanos míos, ambicionen el don de profetizar, y no prohíban que se hable en lenguas.

—NVI

Mis queridos hermanos, ustedes deben procurar hablar de parte de Dios, y no impidan que se hable en idiomas desconocidos.

—TLA

ENRIQUECIDOS EN EXPRESIÓN

Podemos ser enriquecidos por Dios en poder de palabra y profundidad de conocimiento. Esta es una manifestación de la gracia de Dios.

Porque en todas las cosas fuisteis enriquecidos en él, en toda palabra y en toda ciencia.

—1 CORINTIOS 1:5

Porque en todo ustedes fueron enriquecidos en Él, en toda palabra y en todo conocimiento.

—1 CORINTIOS 1:5, NBLH

Esto incluye ser ricos en el ámbito profético, y en los dones espirituales de palabra.

Unidos a Cristo ustedes se han llenado de toda riqueza, tanto en palabra como en conocimiento.

—1 CORINTIOS 1:5, NVI

El Espíritu Santo enriquecerá a cada uno de nosotros en toda expresión. Cuando alguien o algo ha sido "enriquecido", tiene algo adicional. La palabra conlleva la idea de riqueza o abundancia. Ya que hemos sido llenos con el Espíritu Santo, debemos abundar la expresión. El Espíritu Santo es un espíritu libre (Salmo 51:12); es decir, Él es libre, generoso, magnánimo (dispuesto a compartirse a sí mismo con nosotros). Él se derrama a sí mismo sobre nosotros y su vida fluye dentro de nosotros. Muchas veces, el fluir del Espíritu Santo se libera en el fluir de la profecía. Es por eso que se nos llama a no apagar o limitar al Espíritu Santo al apagar su inspiración.

Las expresiones inspiradas están ungidas por el Espíritu Santo. Estas palabras contienen tremendo poder y autoridad. Las palabras ungidas pueden traer liberación, sanidad, fortaleza, consuelo, renovación, sabiduría y dirección.

Las palabras inspiradas tienen un efecto dramático en hombres y mujeres. Su vida está enriquecida a través de las palabras proféticas declaradas. Simples palabras humanas no pueden lograr tales resultados. Las palabras inspiradas no son la obra del hombre sino la obra del Espíritu Santo.

El Espíritu Santo habla a través nuestro, y Él pone su palabra en nuestra boca.

> El Espíritu de Jehová ha hablado por mí, y su palabra ha estado en mi lengua.
> —2 Samuel 23:2

David entendió que sus expresiones fueron divinamente inspiradas. David incluso cantaba bajo inspiración cuando tocaba el arpa. Con la palabra del Señor en su lengua, su boca puede convertirse en un instrumento de lo divino. Dios desea liberar su palabra por medio de su lengua y la mía. Él le ha dado a cada creyente el don del Espíritu Santo para cumplir su voluntad.

La profecía es el resultado de estar lleno del Espíritu Santo. Zacarías estuvo mudo y no pudo hablar hasta que su lengua se soltó a través de la llenura del Espíritu Santo. Entonces él no solo dijo algunas palabras por primera vez en meses, sino que también profetizó:

> Y Zacarías su padre fue lleno del Espíritu Santo, y profetizó, diciendo
> —Lucas 1:67

Los creyentes y las iglesias llenas del Espíritu deben profetizar. Debido a que estamos llenos del Espíritu Santo, debemos desbordarnos. *Llenos* es la palabra griega *pietho*, que significa empapar, influenciar o proveer.

Los creyentes llenos del Espíritu deben hablar por la influencia del Espíritu Santo porque han sido empapados, influenciados y provistos con una abundancia de la vida del Espíritu de Dios.

Bajo la influencia del Espíritu Santo expresamos palabras que edifican, exhortan, consuelan; y siempre hay una provisión abundante de dichas expresiones que el Espíritu Santo nos ha dado.

DIFERENTES CLASES DE EXPRESIONES PROFÉTICAS

Hay diferentes clases de palabras proféticas para diferentes situaciones. La palabra profética puede tratar con el pasado, presente y futuro. La palabra profética es capaz de tratar con todos los problemas que enfrentamos en la vida. Dios tiene muchos pensamientos para nosotros y si los dijéramos, no podrían ser enumeradas (Salmo 40:5). La Palabra de Dios es lámpara a mis pies, y lumbrera a mi camino (Salmo 119:105).

1. Ahora—trata temas que están sucediendo en este momento en la vida de una persona. Esto da entendimiento de lo que una persona está tratando y ayuda a eliminar la confusión. También le llamo palabra oportuna (Isaías 50:4).

2. Confirmación—establece y fortalece, edifica la fe y quita la duda; un ejemplo es "está en el camino correcto".

3. Futuro—habla a la siguiente fase o etapa en su vida. Esquematiza las direcciones o áreas de preparación necesarias para tareas futuras. Puede incluir instrucciones de qué hacer. Las palabras de Dios iluminan nuestro camino para que sepamos a dónde ir.

4. Pasado—estas son palabras que tratan con los problemas del pasado, muchas veces dando entendimiento y resolviendo cosas del pasado. Estas palabras ayudan a introducirnos a nuestro futuro. Hay muchas personas atadas al pasado, y necesitan ser libertadas. José entendió que su pasado era necesario para su propósito con su pueblo.

5. Nuevo—una nueva palabra es algo completamente nuevo. Muchas veces puede sorprender a quien la recibe. Por lo general es algo que no estaban pensando o planificando (1 Corintios 2:9–10).

6. Advertencia––estas palabras advierten de peligros que pueden estar por delante y lo que se puede evitar.

7. Liberación—estas palabras liberan a las personas de cosas tales como dolor, rechazo, temor y enfermedad y desatan sanidad y restauración a quien las recibe (Salmo 107:20).

8. Revelación—estas palabras nos dan conocimiento y revelación a los planes y el propósito de Dios para nuestra vida (Deuteronomio 29:29).

9. Identificación—estas palabras identifican y ayudan a que las personas entiendan y conozcan quienes son y para lo que Dios les creó (Jueces 6:12).

10. Corrección—estas palabras nos corrigen y hacen los ajustes necesarios en nuestra vida (Proverbios 3:11).

11. Elogio—Dios nos elogia cuando estamos haciendo lo correcto. Cada iglesia en Apocalipsis fue elogiada y luego corregida.

12. Exposición—estas palabras exponen e identifican las obras de pecado y oscuridad (Hebreos 4:13)

13. Condicional—Estas palabras son condicionales en su obediencia; por ejemplo, es: "Si oras y buscas mi rostro, entonces te llevaré hacia un nuevo nivel de avance y bendición".

14. Impartición—Dios usa estas palabras, muchas veces acompañadas con imposición de manos, para impartir dones en nuestra vida (1 Timoteo 4:14).

Estas palabras pueden declararse sobre personas y congregaciones. Debemos estar dispuestos a permitir que Dios nos hable en estas formas diferentes. Cada forma será de gran bendición para la iglesia.

Otro tipo de palabras que son de gran beneficio a quienes la reciben, incluye:

- Palabras que sanan
- Palabras que libertan
- Palabras que consuelan
- Palabras que edifican
- Palabras que exhortan
- Palabras que liberan valentía
- Palabras que desatan vida
- Palabras que refrescan
- Palabras que abren puertas nuevas
- Palabras que permiten el cambio
- Palabras que envían ángeles
- Palabras que desatan gloria
- Palabras que desatan ministerios
- Palabras que exponen al enemigo
- Palabras que desatan las finanzas
- Palabras que rompen la sequía
- Palabras que pueden abrir brecha
- Palabras que confirman
- Palabras que liberan cosas nuevas
- Palabras que redarguyen
- Palabras que traen arrepentimiento
- Palabras para los quebrantados de corazón
- Palabras para los maltratados
- Palabras para los pobres
- Palabras para los marginados
- Palabras para los cansados (agotados)
- Palabras para los solitarios
- Palabras para los avergonzados
- Palabras para los amargados
- Palabras para familias
- Palabras para iglesias
- Palabras para ciudades
- Palabras para naciones
- Palabras para viudas
- Palabras para los solteros
- Palabras para quienes están divorciados
- Palabras para los abandonados

- Palabras para líderes de gobierno
- Palabras que disuelven dudas
- Palabras que rompen ciclos
- Palabras para romper la infertilidad
- Palabras que desatan estrategias
- Palabras que traen incremento
- Palabras que desatan visión
- Palabras que imparten dones
- Palabras que imparten autoridad
- Palabras que envían ministros
- Palabras que plantan nuevas cosas

- Palabras para los afligidos
- Palabras para los temerosos
- Palabras para pastores
- Palabras para apóstoles
- Palabras para profetas
- Palabras para evangelistas
- Palabras para maestros
- Palabras que dicen a dónde ir
- Palabras que dicen qué hacer
- Palabras que advierten
- Palabras que mueven montañas
- Palabras que arrancan
- Palabras que derrumban fortalezas

En la profecía, las expresiones tienen un verdadero poder que levanta y que les da luz verdadera a quienes las escuchan. La profecía nunca es una reflexión de la mente, es algo mucho más profundo que esto. Por medio de la profecía, recibimos aquello que está en la mente del Señor; y cuando recibimos esas expresiones bendecidas, frescas a través del Espíritu del Señor toda la asamblea es elevada al reino de lo espiritual. Nuestro corazón y mente, y todo nuestro cuerpo recibe un estímulo a través de la palabra dada por el Espíritu. Cuando el Espíritu revela la profecía encontramos sanidad y salvación y poder en cada línea. Por esta razón, este es el don que debemos anhelar.

—SMITH WIGGLESWORTH[3]

NOTAS

Capítulo 1—¿Es usted un profeta?

1. *American Heritage Dictionary of the English Language, quinta edición* (Houghton Mifflin Harcourt Publishing Company, 2016), s.v. "Apasionado".

2. *Ibíd.*, s.v. "radical".

3. *English Oxford Living Dictionaries*, s.v. "intense," consultado el 15 de febrero de 2017, https://en.oxforddictionaries.com/definition/intense.

4. *Ibíd.*, s.v. "espontáneo", 3 de marzo de 2017, www.en.oxforddictionaries.com.

5. *Merriam-Webster's Collegiate Dictionary*, (Merriam-Webster Inc., 2003), s.v. "severo".

6. Sandy Warner, *Discernment: Separating the Holy from the Profane* (N.p.: SOS Publications, 2014).

7. TheFreeDictionary.com, s.v. "medida", consultado el 1 de febrero de 2017, http://www.thefreedictionary.com/measure.

8. *American Heritage Dictionary of the English Language*, quinta edición, s.v. "seducir".

9. *Oxford Dictionaries*, s.v. "hipocresía", consultado el 15 de febrero de 2017, https://en.oxforddictionaries.com/definition/us/hypocrisy.

10. *American Heritage Dictionary of the English Language*, quinta edición, s.v. "acción".

11. TheFreeDictionary.com, s.v. "sincero", consultado el 4 de marzo de 2017, http://www.thefreedictionary.com/sincere.

12. *Dictionary.com*, s.v. "tolerar", consultado el 1 de febrero de 2017, http://www.dictionary.com/browse/tolerate.

13. *American Heritage Dictionary of the English Language*, s.v. "estar de acuerdo".

14. *English Oxford Living Dictionaries*, s.v. "contender" consultado el 15 de febrero de 2017, https://en.oxforddictionaries.com/definition/us/contend.

Capítulo 2—¿Qué mueve su corazón?

1. David K. Blomgren, *The Song of the Lord* (Bible Press, 1978), citado en David K. Blomgren, "The Power of Anointed Worship Music", Secret Place Ministries, consultado el 28 de abril de 2015, www.secretplaceministries.org.

2. *American Heritage Dictionary of the English Language*, s.v. "palabrería".

Capítulo 3—Lo necesitamos a usted

1. Eric Rafferty, "Five-Fold Partnership: What Prophets Need", Release the Ape, 3 de agosto de 2014, consultado el 6 de febrero de 2017, http://www.releasetheape.com.

2. *Merriam-Webster*, s.v. "confirm", consultado el 20 de abril de 2017, https://www.merriam-webster.com/dictionary/confirm.

Capítulo 4—Hecho por Dios

1. Blue Letter Bible, Strong's H597, s.v. "nataph", consultado el 13 de febrero de 2017, https://www.blueletterbible.org/lang/lexicon/lexicon.cfm?Strongs=H5197&t=KJV.

2. Blue Letter Bible, Strong's H5012, s.v. "naba'", consultado el 13 de febrero de 2017, https://www.blueletterbible.org/lang/lexicon/lexicon.cfm?Strongs=H5012&t=KJV.

3. Blue Letter Bible, Strong's H5030, s.v. "nabiy'", consultado el 13 de febrero de 2017, https://www.blueletterbible.org/lang/lexicon/lexicon.cfm?Strongs=5030&t=KJV.

4. Blue Letter Bible, Strong's H5031, s.v. "nĕbiy'ah", consultada el 13 de febrero de 2017, https://www.blueletterbible.org/lang/lexicon/lexicon.cfm?Strongs=H5031&t=KJV.

5. Blue Letter Bible, Strong's H5414, s.v. "nathan", consultada el 13 de febrero de 2017, https://www.blueletterbible.org/lang/lexicon/lexicon.cfm?Strongs=H55414&t=KJV.

6. Blue Letter Bible, Strong's G4130, s.v. "pimplēmi", consultado el 13 de febrero de 2017, https://www.blueletterbible.org/lang/lexicon/lexicon.cfm?Strongs=G4130&t=KJV.

7. Patricia Bootsma, "The Hidden Life of the Prophetic Voice", Catch the Fire, 7 de mayo de 2013, 28 de abril de 2015, http://revivalmag.com/article/hidden-life-prophetic-voice.

8. "John Emerich Edward Dalberg Acton, 1st Baron Action Quotes", Britannica.com, consultada el 28 de abril del 2015, http://www.britannica.com/Ebchecked/topic/4647/John-Emerich-Edward-Dalberg-Acton-1st-Baron-Acton.

9. R. C. Sproul Jr., "Ask RC: Why Did the Pharisees Hate Jesus So Much," RCSproulJr.com, conslutado el 28 de abril de 2015, http://rcsprouljr.com/blog/ask-rc/rc-pharisees-hate-jesus-much/.

10. Art Katz, "The Prophetic Function", Authentic Theology.com, consultado el 28 de abril de 2015, http://www.authentictheology.com/blog/terms-concepts/the-prophetic-function-by-art-katz/.

11. Ron McKenzie, "Role of the Prophet", KingWatch.co.nz, consultado el 28 de abril de 2015, http://kingwatch.co.nz/Prophetic_Ministry/role.htm.

12. Helen Calder, "Prophetic Intercession, Its Power and Pitfalls", *Enliven* (blog), consultado el 10 de marzo de 2017, http://www.enlivenpublishing.com/blog/2012/08/06/prophetic-intercession-its-power-and-pitfalls/.

13. Michael Sullivant, "How to Stay humble in Prophetic Ministry", Charisma Media, consultada el 10 de abril de 2015, http://www.charismamag.com/life/1370-j15/slw-spiritual-growth-/prophecy/9594-humility-in-the-prophetic-ministry.

CAPÍTULO 5—CÓMO OPERAN LOS PROFETAS HOY DÍA

1. Blue Letter Bible, Strong's G3874, s.v. "paraklēsis", consultado el 13 de febrero de 2017, https://www.blueletterbible.org/lang/lexicon/lexicon.cfm?strongs=G3874&t=KJV.

2. Blue Letter Bible, Strong's G3875, s.v. "paraklētos", 13 de febrero de 2017, https://www.blueletterbible.org/lang/lexicon/lexicon.cfm?strongs=G3875&t=KJV.

3. Blue Letter Bible, Strong's G3889, s.v. "paramythia" consultado el 13 de febrero de 2017, https://www.blueletterbible.org/lang/lexicon/lexicon.cfm?strongs=G3889&t=KJV.

4. *Merriam-Webster*, s.v. "administrar", consultado el 1 de febrero de 2017, https://www.merriam-webster.com/dictionary/administer.

5. Blue Letter Bible, Strong's H5273, s.v. "na'iym", consultada el 14 de febrero de 2017, https://www.blueletterbible.org/lang/lexicon/lexicon.cfm?strongs=H5273&t=KJV.

6. Blue Letter Bible.com, Strong's H7692 s.v. "shiggayown", consultado el 16 de marzo de 2017, https://www.blueletterbible.org/lang/lexicon/lexicon.cfm?strongs=H7692&t=KJV.

7. Theresa Harvard Johnson, "The Ministry of the Scribal Prophet", consultada el 10 de marzo de 2017, http://chamberofthescribe.com/91-general-information/191-emotionalism-kills-godly-relationships.

8. Joseph Mattera, "The Difference Between Apostolic and Prophetic Roles", Charisma Media, 23 de enero de 2013, http://www.charismamag.com/spirit/prophecy/16593-how-do-you-know-the-difference-between-apostolic-and-prophetic-functions.

9. William O. Odom y Cristopher D. Hayes, "Cross-Domain Synergy: Advancing Jointness", National Defense University Press, 1 de abril de 2014, consultado el 15 de febrero de 2017, http://ndupress.ndu.edu/Media/News/News-Article-View/Article/577517/jfq-73-cross-domain-synergy-advancing-jointness/.

CAPÍTULO 7—DECENTEMENTE Y CON ORDEN—PROTOCOLO PROFÉTICO

1. Stanley M. Horton, "Rediscovering the Prophetic Role of Women", enrichmentjournal.ag.org, consultado el 19 de diciembre de 2015.

Capítulo 8—Los profetas protegen

1. Blue Letter Bible, Strong's H8104, s.v. *"shamar"*, consultado el 14 de febrero de 2017, https://www.blueletterbible.org/lang/lexicon/lexicon.cfm?strongs=H8104&t=KJV.

2. Jim Goll y Lou Engle, *Elijah's Revolution* (Shippensburg, PA: Destiny Image, 2002).

3. John Paul Jackson, *Unmasking the Jezebel Spirit* (Streams Publications, 2002), 33.

Capítulo 9—Los profetas vigilan

1. Blue Letter Bible, Strong's H1696, s.v. "dabar", consultado el 14 de febrero de 2017, https://www.blueletterbible.org/lang/lexicon/lexicon.cfm?strongs=H1696&t=KJV.

2. Blue Letter Bible, Strong's H2803, s.v. "chashab", consultado el 14 de febrero de 2017, https://www.blueletterbible.org/lang/lexicon/lexicon.cfm?strongs=H2803&t=KJV.

3. Blue Letter Bible, Strong's H4931, s.v. "mishmereth", consultado el 14 de febrero de 2017, https://www.blueletterbible.org/lang/lexicon/lexicon.cfm?strongs=H4931&t=KJV.

4. Blue Letter Bible, Strong's H4929, s.v. "mishmar", consultado el 14 de febrero de 2017, https://www.blueletterbible.org/lang/lexicon/lexicon.cfm?strongs=H4929&t=KJV.

5. Blue Letter Bible, Strong's H5324, s.v. "natsab", consultado el 14 de febrero de 2017, https://www.blueletterbible.org/lang/lexicon/lexicon.cfm?strongs=H5324&t=KJV.

6. Blue Letter Bible, Strong's H6822, s.v. "tsaphah", consultado el 14 de febrero de 2017, https://www.blueletterbible.org/lang/lexicon/lexicon.cfm?strongs=H6822&t=KJV.

7. Blue Letter Bible, Strong's H5341 s.v. "natsar", consultado el 14 de febrero de 2017, https://www.blueletterbible.org/lang/lexicon/lexicon.cfm?strongs=H5341&t=KJV.

Capítulo 11—Los profetas confirman e imparten dones espirituales

1. Blue Letter Bible, Strong's G3330, s.v. "metadidōmi", consultado el 14 de febrero de 2017, https://www.blueletterbible.org/lang/lexicon/lexicon.cfm?strongs=g3330&t=KJV.

2. Versión Reina Valera 95® © Sociedades Bíblicas Unidas, 1995. Usada con permiso, www.biblegateway.com, consultado en línea el 31 de mayo de 2017.

3. Ronald Knox, Knox Bible (n.p.: Baronius Press, 2012).

Capítulo 12—Los profetas confrontan la cultura

1. Dennis Bratcher, "Prophets Today?" Christian Resource Institute, consultado el 30 de marzo de 2015, http://www.crivoice.org/prophetstoday.html.

Capítulo 13—Active los dones ministeriales proféticos

1. Tim y Theresa Early, "Apostolic Impartation and Prophetic Activation for Destiny", ReadBag.com, consultado el 6 de enero de 2016, http://www.readbag.com/apostlesandprophets-teaching-documents-pdfs-apostolic-impartation-and-prophetic-activation-for-destiny.

2. Benjamin Schafer, "Prophetic Activation Exercises", A Yearning Hearts Journey, consultado el 9 de diciembre de 2015, http://yearningheartsjourney.blogspot.com/2012/02/prophetic-activation-exercises.html.

3. *Ibíd.*

4. Geoff y Gina Poulter, *The Gift of Prophecy for Today* (Morning-Star Publications).

5. Steve Thompson, *You May All Prophesy* (MorningStar Publications).

Capítulo 16—Activaciones generadas de los nombres de Dios

1. Blue Letter Bible, "The Names of God in the Old Testament", consultado el 19 de diciembre de 2015, https://www.blueletterbible.org/study/misc/name_god.cfm.

Capítulo 19—Activaciones bíblicas

1. Stefan Misaras, "We All Have Capacity to Prophesy as We Eat, Drink, and Enjoy the Lord", A God-man in Christ, 7 de junio de 2012, consultado el 19 de diciembre de

2015, http://www.agodman.com/blog/we-all-have-the-capacity-to-prophesy-as-we-eat-drink-and-enjoy-the-lord/.

CAPÍTULO 27—MANTÉNGASE FIRME CONTRA LA OPOSICIÓN

1. Art Katz, "The Prophetic Function", AuthenticTheology.com, consultado el 25 de marzo de 2015, http://www.authentictheology.com/blog/terms-concepts/the-prophetic-function-by-art-katz/.

CAPÍTULO 28—PROCURE LA COMUNIDAD PROFÉTICA

1. Bill Hamon, *Prophets and Personal Prophecy* (Destiny Image, 1987).

2. David Blomgren, *Prophetic Gatherings in the Church* (Temple Publishing, 1979).

3. Blue Letter Bible, Strong's H5564, s.v. "camak", consultado el 14 de marzo de 2017, https://www.blueletterbible.org/lang/lexicon/lexicon.cfm?strongs=H5564&t=KJV.

4. Yehuda Shurpin, "What Is a Rabbi?" A Brief Story of Rabbinical Ordination (Semicha), Chabad.org, consultado el 14 de febrero de 2017, http://wwwchabad.org/library/article_cdo/aid/19933944/jewish/What-Is-a-Rabbi.htm.

5. Blue Letter Bible, Strong's G2007, s.v. "epitithēmi", consultado el 14 de febrero de 2017, https://www.blueletterbible.org/lang/lexicon/lexicon.cfm?strongs=G2007&t=KJV.

6. Blomgren, *Prophetic Gatherings in the Church.*

7. B. Dale, "A Company of Prophets", Biblehub.com, consultado el 11 de diciembre de 2014, http://biblehub.com/sermons/auth/dale/a_company_of_prophets.htm.

8. Ashish Raichur, *Understanding the Prophetic* (N.p.: All Peoples Church, 2010), 202.

9. Napolean Kaufman, "School of the Prophets in the Bible", The Well Prophetic Institute, consultado el 30 de marzo de 2015, http://www.thewellchurch.net/ministries/training-and-equipping/prophetic-insititue/. Usado con permiso.

10. Don A. Hoglund, "History of American Towns—Prophetstown, Illinois", Hubpages.com, consultado el 14 de marzo de 2017, https://hubpages.com/travel/History-of-American-Towns-Part-IX-Prophetstown-Illinois.

CAPÍTULO 30: EXTRAIGA DE LA UNCIÓN

1. La Biblia de las Américas®, copyright © 1986, 1995, 1997 por Lockman Foundation. Usada con permiso, www.biblegateway.com, consultado en línea el 31 de mayo de 2017.

2. *Diccionario de la lengua española*, www.rae.es, consultado en línea el 30 de mayo de 2017.

3. Blue Letter Bible, Strong's G5545, s.v. "charisma", consultado el 14 de febrero de 2017, https://www.blueletterbible.org/lang/lexicon/lexicon.cfm?strongs=G5545&t=KJV.

4. Blue Letter Bible, Strong's G501, s.v. "antleō", consultado el 14 de marzo de 2017, https://www.blueletterbible.org/lang/lexicon/lexicon.cfm?strongs=G501&t=KJV.

APÉNDICE

1. Joseph H. Thayer, *Thayer's Greek-Hebrew Lexicon of the New Testament* (Hendrickson Publishers, 1995).

2. Stuart Pattico, "How to Prophesy and Move in the Prophetic", StuartPattico.com, consultado el 19 de diciembre de 2015, http://www.stuartpattico.com/how-to-prophesy-and-move-in-the-prophetic.html.

3. Smith Wigglesworth, *Ever-Increasing Faith* (Wigglesworth Books, 2013).

JOHN ECKHARDT

Te invitamos a que visites nuestra página web, donde podrás apreciar la pasión por la publicación de libros y Biblias:

www.casacreacion.com

Para vivir la Palabra